THE GUIDING ART
OF THE PUBLIC OPINION

高站位 大视野 宽角度 多侧面

领 导
必 读

舆论引导艺术

领导干部如何面对媒体（上）

任贤良◎著

人民日报出版社

图书在版编目（CIP）数据

舆论引导艺术：领导干部如何面对媒体（全二册）／
任贤良著． -- 北京：人民日报出版社，2019.4
ISBN 978-7-5115-5941-8

Ⅰ．①舆… Ⅱ．①任… Ⅲ．①新闻工作－舆论－中国－
干部教育－学习参考资料 Ⅳ．① G219.2

中国版本图书馆 CIP 数据核字（2019）第 063052 号

书　　名：舆论引导艺术：领导干部如何面对媒体（全二册）
作　　者：任贤良

出 版 人：董　伟
责任编辑：郭晓飞
封面设计：金　刚

出版发行：人民日报出版社
社　　址：北京金台西路2号
邮政编码：100733
发行热线：（010）65369527　　65369846　　65369509　　65369510
邮购热线：（010）65369530　　65363527
编辑热线：（010）65363486
网　　址：www.peopledailypress.com
经　　销：新华书店
印　　刷：大厂回族自治县彩虹印刷有限公司

开　　本：710mm×1000mm　　1/16
字　　数：480千字
印　　张：34
印　　次：2019年5月第1版　　2019年5月第1次印刷
书　　号：ISBN 978-7-5115-5941-8
定　　价：99.00元

目　录
catalog

上　册

再版前言 /001

第一章　"顺风耳"与"千里眼"——新闻传媒事业及其发展

　　第一节　试将新水煮新茶——新闻新解 /005

　　　　一、新闻的定义和特征

　　　　二、事实是新闻的本源

　　　　三、新闻与事实的关系

　　　　四、新闻与信息的关系

　　　　五、新闻与历史的关系

　　　　六、新闻与宣传的关系

　　第二节　道可道，非常道——新闻传播的形式 /014

　　　　一、口头传播

　　　　二、文字传播

　　　　三、广播传播

　　　　四、电视传播

五、多媒体传播

第三节　生存还是毁灭——战争年代的新闻传播 /025

一、古代战争中的新闻传播

典型案例：陈胜、吴广巧用舆论传播

二、第一次国内革命战争时期的新闻传播

三、第二次国内革命战争时期的新闻传播

四、抗日战争时期的新闻传播

五、解放战争时期的新闻传播

典型案例：近代战争中的新闻舆论战

第四节　舆论一律——计划经济时期的新闻传播 /039

一、计划经济时期新闻事业的发展

二、计划经济时期新闻报道的成就

三、计划经济时期新闻工作的失误

第五节　百花齐放——改革开放中的新闻传播 /046

一、有力推动思想解放运动

二、改革开放中的新闻工作

三、恢复和加强了舆论监督

四、新形势下新闻工作方针的确立

第二章　忽如一夜春风来——新形势下新闻传播的新特点

第一节　萝卜白菜各有所爱——社会意识多元化倾向 /052

一、关于是非观念问题

典型案例：昆山宝马男砍人被反杀事件

二、关于价值取向问题

　　典型案例：关于国民党军官件德厚的报道

三、关于理想信念问题

　　典型案例：一些影视剧存在的问题

四、关于民族大义问题

　　典型案例：剖析电影《色·戒》的社会影响

第二节　为价值观而战——舆论斗争成为政治较量 /064

一、西方媒体伺机围攻中国的冷战思维没有改变

二、国际传媒肆意美己丑我

三、新闻传媒话语权之争愈演愈烈

四、我国对舆论斗争重要性认识的深化

五、实施国家公关战略，夺取新闻舆论斗争的主动权

第三节　风起于青萍之末——正确引导舆论的作用 /074

一、深化改革遇到的矛盾

二、制约发展的实际问题

三、充分发挥媒体的作用

第四节　衣带渐宽终不悔——新闻媒体的管理越来越开放 /088

一、"流动、交流、融合"——新闻生产全球化越来越明显

二、"松动、开放、自由"——媒体管理政策越来越宽松

三、"全面、灵活、突破"——新闻报道内容越来越进步

第五节　乱花渐欲迷人眼——新闻报道界限 /096

一、跨国新闻采访报道——"我们也是受益者"

二、跨省新闻采访报道——"资源共享实现多赢"

典型案例：时政微视频刷屏朋友圈

三、跨媒体新闻报道——"混合舆论场势不可当"

典型案例：孙志刚事件

第六节　黑马激起万里尘——新兴媒体异军突起 /113

一、认识新兴媒体的新特点

二、重视新兴媒体的新挑战

三、研究新兴媒体的新规律

典型案例：红黄蓝幼儿园事件的涉军舆情

典型案例：山西尾矿库特大溃坝事件中的洼地效应

典型案例：滴滴公司系列舆情事件

第三章　欲知朝中事，上山问野人——熟悉新闻和媒体

第一节　要想知道梨子的滋味——了解新闻采编过程 /140

一、新闻媒体的新闻来源

二、舆论监督报道的采编

典型案例：从《焦点访谈》栏目看采编程序

三、如何接待新闻采访团

典型案例：A市接待新闻采访团失误案例

第二节　好雨知时节——建立融洽的媒体公共关系 /154

一、社会公众拥有的权利

二、表达权、知情权、参与权、监督权的相互关系

三、社会公平正义的捍卫者：新闻媒体的职能

四、政府如何确立与媒体的关系

五、建立融洽的媒体关系是大势所趋

　　典型案例：水门事件

第三节　两岸猿声啼不住——如何建立高效的新闻发布机制 /175

一、主要领导干部必须真正重视

二、主要领导干部必须转变观念

三、主要领导干部必须真心鼓励

四、主要领导干部必须切实支持

五、主要领导干部必须直接参与

　　典型案例：云南省省长回应旅游乱象

第四节　塞翁失马，焉知祸福——如何搞好新闻发布工作 /189

一、新闻发布工作的基础和内容

二、辩证认识正面事件与负面事件

三、实现正面事件社会效益最大化

　　典型案例：雷锋事迹的发现和推介

四、如何避免正面事件形成负面效果

　　典型案例：陕西华南虎照片事件新闻发布的反思

　　典型案例：湖北神农架野人事件

五、如何使负面事件产生意想不到的正面效果

　　典型案例：平陆事件负面事件产生正面效果

第五节　有心栽花花不开，无意插柳柳成荫——新闻发布的禁忌 /220

一、要提供尽可能丰富的材料

　　典型案例：湖北石首事件带来的启示

二、内容要科学巧妙

典型案例：杞县新闻发布不科学造成群众集体外逃

三、不能自相矛盾

典型案例：杭州飙车案"70 码"的尴尬

典型案例：陕西凤翔县"血铅事件"新闻发布的失误

四、给记者提问的机会

典型案例：石家庄雷击塌房事件新闻发布会的不足

再版前言

　　随着改革开放的不断深化，我国的经济结构、社会结构、传媒结构正在发生着急剧而深刻的变化。风乍起，吹皱一池春水。处在问题多发期和矛盾凸显期的各级党政领导，面对汹涌而来的突发事件，特别是在人人都有麦克风、人人都有照相机、人人都是自媒体的网络时代，是掩？是拖？是压？是在"沉默"中错失良机，因处置失当，进而使突发事件演变为"新闻事件"，将社会情绪积聚为溃坝能量，引发更大的社会冲突，还是准确、及时、公开、透明地发布新闻，抢占舆论先机，占领舆论制高点，正确引导社会舆论，科学疏导群众情绪？这不仅是一个如何面对媒体、如何引导舆论的问题，更是一个考验各级领导干部执政能力的问题。

　　早在2009年3月1日，在中央党校春季学期开学典礼上，时任中央政治局常委、中央书记处书记、国家副主席、中央党校校长的习近平同志特别强调，领导干部"要提高同媒体打交道的能力，尊重新闻舆论的传播规律，正确引导社会舆论，要与媒体保持密切联系，自觉接受舆论监督"。党的十八大以来，以习近平同志为核心的党中央高度重视党的新闻宣传和舆论引导工作，把新闻宣传和舆论引导工作视作治国理政、定国安邦的大事。可见，正确面对媒体、有效引导舆论，绝不仅仅是宣传部门的事，而是一种高级的领导艺术，是一级党委和政府执政能力、领导艺术、工作水平的具体体现，是一位党政干部必须具备的基本素质。

　　笔者曾任新华社记者和新华社陕西分社社长，从事新闻采编工作15年；后任中共西安市委副书记，陕西省广播电影电视局党组书记、局长，中共陕西省委宣传部副部长，并连任三届中华全国新闻工作者协会副主席；2013年又出任国家互联网信息办公室和中央网络安全和信息化管理办公室副主任，一直身处舆论工作的第一线，在长期从事新闻管理工作和党政工作过程中，对如何面对媒体、正确引导舆论有着切身体会。为了进一步提高领导干部同媒体打交道的能力，笔者还密切跟踪和研究国内外特别事件中的新闻舆论效应，深入分析总结其成功的经验和失误的教训，不断探索运用新闻舆论解决社会矛盾、维护社会稳定的规律，从新时期新闻传播的新特点、有效引导舆论的基本经验、正确面对媒体和记者的基本方法等方面，曾总结形成了《领导干部如何面对媒体》文稿。文稿面向各级领导干部和普通党政干部，从实际操作切入，通过分析典型案例阐述正确面对媒体、有效引导舆论的基本方法和步骤，并介绍了一些必备的新闻理论知识，具有较强的实用性。

时任中共陕西省委书记的赵乐际同志对笔者的研究成果予以了充分肯定，安排笔者在中共陕西省委中心组集体学习时进行专题宣讲，并提出要把如何面对媒体作为领导干部培训的重要内容。

2009年3月下旬，应中共山西省委中心组之邀，笔者赴晋进行宣讲交流。26日上午，时任山西省委书记的张宝顺、省长王君以及全省170多个单位的主要负责同志，在主会场参加了报告会。同时，各市、县也组织有关干部在分会场进行了收看。专题宣讲报告受到了山西省党政干部的广泛好评。人民网、新华网、新浪网等门户网站以及山西省主要新闻媒体，对辅导报告会进行了充分报道。

2009年4月中旬，时任中共中央政治局委员、中央书记处书记、中宣部部长的刘云山同志在笔者文稿《领导干部如何面对媒体》上做了重要批示。求是杂志社主办的《红旗文稿》在2009年第9期头篇刊登了该文。5月14日，人民网、新华网、中国共产党新闻网等新闻门户网站都在显著位置对该文进行了全文转载。之后，笔者又将如何面对以互联网为标志的新媒体的部分内容也加入其中，并就有关案例进行了增删，补充了一些新论述。

为了进一步加大领导干部如何面对媒体知识的普及，不断扩大新闻工作的干部基础和群众基础，应人民日报出版社之邀，笔者结合多年工作实践和研究探索，在原有书稿的基础上，又增添了一些新的研究成果和实际案例，形成了《舆论引导艺术——领导干部如何面对媒体》再版一书，使得该课题的内容更为丰富，更具针对性和可操作性。

本书可供各级党政干部、企业高级经营管理人员、各类社会组织负责人以及相关院校教学人员参考。书中许多观点，属一己之见，不妥之处，请各位读者批评指正。

任贤良

二〇一九年元月于北京

第一章
"顺风耳"与"千里眼"
——新闻传媒事业及其发展

新闻是顺应人类的社会交流而产生的。新闻也叫"消息",是指人类社会发生的、具有一定社会价值的人和事。与现代含义相同的"消息"一词,最早出现在唐代诗人杜甫的《对雪》一诗:"数州消息断,愁坐正书空。""新闻"一词,最早也是出现在唐朝尉迟枢的《南楚新闻》一书,书中主要记载了当时南方民间的一些奇闻趣事。随着人类社会的发展,新闻成为一个独特的行业,种类也越来越多、越来越细,有政治新闻、经济新闻、军事新闻、社会新闻、文教新闻、动态新闻、评论新闻、国际新闻等。目前,新闻已成为人类社会不可缺少的物质和精神需求。

第一节
试将新水煮新茶——新闻新解

新闻是客观事物的反映，是根据人类在社会活动中沟通交流和了解情况的需要而产生的。陆定一同志当年给"新闻"做出了科学的定义："新闻是新近发生的事实的报道。"随着形势的发展，新闻的定义也应与时俱进。

一、新闻的定义和特征

新闻是新近发生、发现或正在发生的，广大受众未知、应知、欲知的重要事实。新闻具有以下特征。

（一）新闻是客观存在的事实

新闻是自然、社会和人类活动中发生的真实事件，而不是主观臆断形成的、虚无缥缈的东西，这是新闻领域唯物主义认识论和唯心主义认识论的本质区别。为此，我们平时报道新闻或向新闻媒体记者提供新闻线索时，一定要以事实为依据，实事求是，有就是有，没有就是没有，是什么样子，就说成什么样子，切不可为了实现某种目的而夸大其词，甚至无中生有。新闻原材料的提供者和新闻产品的生产者，都有义务确保新闻的真实性。

（二）新闻必须是新近发生的事实

新近发生的事实，对于大多数受众来说都很新鲜，容易引起受众的兴趣，能够及时满足大众的知情欲。报道新近发生的事实，是确保新闻有用性的前提，也是确保新闻吸引力、感染力的基础。过去发生的、许多人都已经知道的、熟悉的甚至是媒体已经报道过的事实则不能作为新闻线索向媒体提供，更不宜采编成新闻在大众媒体上广泛报道。

（三）新闻必须是新近发现的事实

过去发生的、不为人知的事实，被新近发现了，也是有价值的新闻。过去发生和存在的、谜团一样的事实，如今有了明确的结果，能够满足大众的好奇心，这也是很有价值的新闻。自然、社会、人类生活中普遍存在的，过去没有被人类认识和把握的客观规律，现在被人类掌握了，而且会对人类社会的生产、生活产生较大影响的事件，更具新闻价值。科学发现、考古发现等新闻，均属此类。

（四）新闻必须是正在发生的事实

正在发生的事实，对大众生产、生活影响越大则越受关注，如正在召开的重大会议、正在实施的重大改革、正在执行的重大政策等，以及正在发生的自然灾害、社会动荡、战争纠纷、重大事故等，都是备受关注的新闻，这也是各大媒体新闻报道最主要的内容。

（五）新闻必须是广大受众未知的事实

不管是新近发生的事实，还是过去发生的、新近发现的事实，必须是大多数受众目前不知道的事实，分三种情况。

1. 对于新近发生的事实，越新、不知道的人越多，其新闻价值就越高；反之，其新闻价值就越低。

2. 过去发生的、新近发现的事实，与现实中的受众关联度越高，其新闻价值就越高；反之，其新闻价值就越低。

3. 过去发生的、谜团一样的事实，被发现前知道的人越多，其新闻价值就越高；反之，其新闻价值就越低。

（六）新闻必须是广大受众应知的事实

新闻必须是广大受众应该知道的重要事实。新闻传播的目的，首先是为了满足广大受众的知情权，为广大人民群众提供可靠的信息咨询服务。广大受众应知的事实大致有三类：一是政务类事实，对此，《中华人民共和国政府信息公开条例》做了详细的规范；二是社会类事实，即现实社会中存在和发生的、与广大受众相关的各类事实；三是自然类事实，即自然界中发生或将要发生的、对受众具有直接影响或潜在影响的事实。另外，还有一些客观存在的事实或新闻资源，虽然是广大人民群众未知的，但作为新闻报道出来后，会对广大人民群众造成危害，是大众不应该知道也不想知道的，这样的事实不能作为新闻来进行采编处理和公开报道。因为这样的"新闻"充其量是有害新闻，会对广大人民群众和经济社会健康发展造成危害。

（七）新闻必须是广大受众欲知的事实

新闻不仅必须是广大受众未知、应知的重要事实，而且应该是受众欲知的事实。关于新闻的定义，这一点非常重要。特别需要强调的是，一条好的新闻，要想实现理想的传播效果，必须具有广大人民群众"欲知"的特点。一个具有重要内容的事实，主观上，我们急于将其进行广泛传播；客观上，此事实虽然也是广大受众未知的、应知的，但如果新闻的表现形式不符合新闻规律、不适应受众的接受心理，让受众厌烦，造成群众不想听、不想看、不想知，我们就很难实现新闻传播的目的。目前，问题比较突出的是政务类新闻的报道。在党政机关召开的各种会议、各级领导发表的有关讲话之中，包含了大量涉及国计民生的信息，与广大人民群众的生产、生活和切身利益密切相关。报道此类新闻是我们党报党台长期、经常性的工作。长期以来，政务性报道大多是由党政机关提供新闻通稿，或由有关机关干部审稿、改稿，党报党台照发，造成了政务报道公文化，常常表现为突出了领导、淡化了事实，突出了事件的形式和规模、淹没了实质性内容和信息。这样的公文化新闻，连机关干部都不感兴趣，广大群众就更不想看、不爱听，很难实现政务新闻报道的意图，这是严重制约党报发展的最主要瓶颈。

二、事实是新闻的本源

马克思主义新闻观认为，事实是客观世界中已经发生或正在发生的各类事件，新闻是人类对客观事实的能动反映。事实是第一性的，新闻是第二性的。事实是新闻的基础和本源，先要有事实，而后才能有新闻；没有事实，就没有新闻。背离事实，歪曲事实，无中生有，就会形成虚假新闻。

客观事实可以分为两类：一类是自然界中发生的事实，称为自然事实；另一类是人类社会中发生的事实，称为社会事实。在所有客观事实中，一部分属于新闻资源，可以成为新闻来进行传播和报道。比如，自然事实中的日食、月食、雷雨、冰雹、台风、洪水等，这些正在发生或将要发生的事实，与人类社会密切相关，会对广大人民群众的切身利益产生直接影响，是受众未知、应知、欲知的事实，经过加工处理，就是极具价值的新闻。另一部分属于非新闻资源，不能成为新闻来进行传播和报道，如星外星系某个遥远星体的变化、孩子一天一天在长大、树木一日一日在长高、滚滚长江东流水等，此类正在发生的事实就不具有新闻价值，不能作为新闻来公开报道。在所有社会事实中也是如此。需要特别重视的是，有一些社会事实，虽然是客观存在的，但向社会公开传播，会危害国家安全，不利于社会的健康发展，不利于广大受众的根本利益，这类客观事实也不能作为新闻资源进行采编利用。比如，国家机密、公民隐私、犯罪分子详细的作案手法、龌龊事件等。

新闻资源不一定全部成为新闻。在所有新闻资源中，只有极具新闻性的一部分能够被加工成新闻进行传播报道。但由于受媒体数量、记者人数、采编认知、政治影响、价值取向等许多客观因素的制约，很大一部分新闻资源无法转化为新闻，不能在大众媒体上公开传播报道。

三、新闻与事实的关系

一般来讲，新闻应该是对客观事实及时、准确、完整、真实的反映。但在处理新闻的实际操作中，由于受到现实科学技术、生产力、采编人员的认识能力、媒体的价值取向、政治集团的影响等多种因素的局限和制约，新闻采编与传播的形态大致可分为一个常态、三种变异、四种形态。

（一）真事实真新闻

这是新闻唯一的正常形态，是在新闻的采编和传播过程中，正确反映客观存在的事实，客观真实地报道事实真相的形态。各类新闻媒体每日每时刊播报道的绝大多数新闻和消息，都属于这类形态的新闻。

（二）真事实假新闻

这是新闻的一种变异形态，是指某些人为了达到某种目的，人为制造或导演具有新闻价值的事件，新闻采编人员基于此类事实采编成新闻，公开进行传播和报道。事实虽然客观存在，新闻也客观报道了这一事实，但新闻反映的内容，可能与事实真相相反。比如，有些独裁者为了达到自己不可告人的目的，指使手下人事先导演好"民主选举"或"民意支持"的假戏，然后，广泛邀请新闻媒体记者到现场进行采访和报道。最后，记者看到的结果，很可能就是独裁者"广受支持""强势当选"的事实。记者看到的事实，可能是真实的，但和真实的情况恰恰相反。根据这样的事实，采编、报道的新闻就是有违民意的假新闻。所以，新闻记者和新闻媒体，如果不具备敏锐的目光和深刻的洞察力，就有可能采编、传播虚假新闻，背离新闻传播的职业精神和职业道德。

（三）假事实真新闻

这也是新闻的一种变异形态。这类新闻的产生原因大致有以下三种：一是新闻采编人员别有用心；二是采编人员粗枝大叶；三是采编人员一时无法辨别真假。比如，2003年4月5日，在美国对伊拉克发动的侵略战争中，美军新闻发言人称：美军已经攻占巴格达萨达姆国际机场。而伊拉克新闻部长萨哈夫面对媒体，坚决否认了美军的说法，称萨达姆国际机场仍然在手，伊拉克士兵仍然在继续战斗。在当时激烈的战争环境下，双方尔虞我诈，战场扑朔迷离，情况瞬息万变；双方发布的信息，既有客观存在的事实真相，又包含宣传战、心理战等因素，事实的确真假难辨。此时，即使双方提供的事实存在虚假，但客观地进行报道，形成的新闻也是真的。在这种情况下，新闻记者和新闻媒体要特别注意的是，必须进行及时的跟进报道，通过后续报道，反映事实真相。

（四）假事实假新闻

这是新闻最为恶劣的表现形态。这类新闻，通常是为了实施某种计谋和实现某种目的，由政治集团、新闻媒体和采编人员，沆瀣一气，无中生有，制造假事实，炮制假新闻，来实现本集团或自身的利益。最具代表性的案例就是西方媒体对"星球大战"计划的报道。1983年，美国时任总统里根炮制了"星球大战"计划，目的就是为了拖垮苏联。由于技术原因，这一计划根本就不可能实现，而以美国为首的西方新闻媒体，为了配合美国政府的战略，凭借其发达传播系统和强势的国际话语权，大肆渲染、炒作美国的"星球大战"计划，震惊了全世界，使苏联产生了强烈不安和极大恐慌，从而迅速把苏联拖入了旷日持久的军备竞赛陷阱，耗尽了国力和民力，经济陷入困境，人民群众困苦不堪，最终导致了苏联的快速解体。事实上，"星球大战"计划是一个虚假的事实，美国政府根本就没有实施。

四、新闻与信息的关系

新闻和信息都是客观事物的形态、特征及其运动状态在人脑中的反应。对于受众来说，新闻和信息都应该是新的、未知的。受众得到新闻或信息后，就能够消除或部分消除对客观事物认识的某种不确定性，加深对客观事物的了解，从而能够正确地认识世界、改造世界。这是新闻与信息的相同之处。

新闻是信息的子集。新闻是信息，但信息不一定是新闻。新闻和信息是两个不完全相同的概念，存在许多区别。新闻除了具有信息的一般特征，还有不同于信息的其他特征。也就是说，新闻是一种特殊的信息。新闻和信息具有以下区别。

（一）新闻和信息的外延不同

信息的外延远远大于新闻的外延，新闻肯定都是信息，而信息则不一定都是新闻。自然、社会和人类生产生活中发生的一切客观事实都是信息，而只有那些新近发生或正在发生的、具有新闻价值的信息，才有可能成为新闻。新闻只不过是信息中的一部分，是一种特殊的信息。

（二）新闻和信息的服务范围不同

信息的服务范围侧重于专业化、个人化，新闻的服务范围侧重于公共化、大众化。信息服务具有针对性，新闻服务则具有广泛性。比如，广告的服务对象是个别商家和某一类受众，而不是全体受众，更不是全社会公众。所以，广告是一种信息，但不是新闻。个人编发的手机短信也是一种典型的信息，因为普通短信不能满足一般社会大众的需求，所以，它不完全是新闻。需要说明的是，在特定条件下，特殊的手机短信能够转化为新闻。

（三）新闻与信息的传播媒体不同

信息可以通过所有媒体、所有传播形式实现传播，而新闻则只能通过报纸、广播、电视、网络等大众传媒实现传播。随着信息技术的进步，信息传播的形式越来越多样化、个性化，可以通过电话、信件、手机短信、电子邮件等多种方式进行传播。但这些信息要转变为新闻，则必须借助具有一定公信力的新闻媒体传播才能实现。

需要特别注意的是，如果出现了具有新闻价值的信息，政府运用行政手段实施干预和压制，阻止主流新闻媒体的采编，强行使之成为隐匿信息或失真信息，就很可能会出现"大道不传小道传"的现象，轻则信息从其他途径传播，重则出现以讹传讹的被动局面。

五、新闻与历史的关系

新闻的属性，决定了新闻与历史具有天然的、不可分割的必然联系。新闻是自然、社会和人类生产生活中新近发生或正在发生的具有鲜明时代特征，而被人们广泛关注的事实，从这个意义上讲，新闻就是最新的历史。也就是说，昨天发生的新闻，就是今天的历史；今天发生的新闻，就是明天的历史。新闻，报道的是每日每时发生的、最精彩的客观事实，所以，新闻也就是最精彩、最珍贵的历史。

新闻采编人员每日每时都在书写、记录和传承历史。所以，每一个采编人员必须具备崇高的历史责任感、严谨的工作作风、高尚的职业精神和职业道德，以对历史高度负责的精神，确保新闻的真实性、准确性和严肃性。所有新闻工作者应该科学地把握好两方面：一方面，不能把新闻做成记录历史的"流水账"，丧失新闻性；另一方面，更不能为了新闻的需要而篡改历史，而要真正做到这一点，有时需要有史学家司马迁的胆量和勇气。这是一个问题的两个方面，两者是一个统一的整体。

作为新闻资源的提供者，党政机关、企事业单位等更要以对党、对人民、对国家、对政府、对单位，特别是对历史高度负责的态度，认真对待党和人民赋予的各种权力和工作任务，实事求是地向新闻采编人员提供准确、可靠的新闻资源。发现新闻素材错误、失真和不完整，应立即与新闻媒体进行有效协调沟通，及时纠正、修改和完善新闻报道，体现坚强的党性和磊落的人格。

六、新闻与宣传的关系

新闻与宣传的关系比较特别，两者既密切相关，又有明显的区别。长期以来，我国许多人都分不清两者之间的关系，常常将其混为一谈。"宣传"一词，最早出现于陈寿的《三国志·蜀志·马忠传》："延熙五年，还朝，因至汉中，见大司马蒋琬，宣传诏旨，加拜镇南大将军。"当时，"宣传"是"宣布传达"

之意。现在，所谓宣传，是指政治团体或个人，为了达到一定的目的，灌输或扩散一定的观念，以劝服特定对象群体的合目的性的社会行为。宣传具有鲜明的合目的性、社会性、阶级性、工具性和依附性等特点。

新闻和宣传具有许多相同之处。新闻和宣传都是一种信息传播活动，都具有传播一定信息、反映客观事实、影响社会舆论的目的。同宣传一样，新闻传播也具有鲜明的阶级性和工具性，这决定了新闻传播也必定要承担政治宣传的任务。常常是新闻用于宣传，宣传也是新闻。特别是在战争年代和阶级斗争比较尖锐激烈的情况下，新闻传播与政治宣传几乎没有多大区别。

新闻和宣传又具有明显的区别。

一是传播的内容不同。新闻传播的内容是新近发生的事实信息，宣传传播的是某种观点和观念信息，这是两者最根本的区别。

二是服务的对象不同。新闻的服务对象是受众，是传播主体满足客体需求的活动；而宣传的服务对象则是传播主体自己，是满足自身需要的活动。

三是两者的目的不同。新闻的目的，是通过信息传播，消除受众认识上的不确定性，从中谋取直接现实利益和直接经济利益；而宣传的目的，则是通过传播和灌输带有倾向性的观点，劝说受众了解、理解和接受，争取受众的同情、信任和支持，从而谋取直接政治利益和长远经济利益。

四是传播的方式不同。新闻是报道事实，用事实说话，就事论事，以事感人，要求准确、真实、客观、公正；宣传则重在说理，以理服人，有时摆事实，是为了用事实说明道理，要求观点和材料要统一，观点要鲜明、正确，材料要真实、典型。

五是所处的地位不同。新闻是平行传播、平等实施；宣传是上传下受、我说你听。

第二节
道可道，非常道——新闻传播的形式

新闻传播，实质上是信息传播，是信息传播的重要形式。信息传播是人类沟通交流的基本形式，是人类生产生活中不可缺少的重要组成部分，是人类社会发展进步最重要的助推器。

一、口头传播

口头传播是最早的信息传播方式。人类在生产生活中，信息交流必不可少。最早期的原始人，就出现了举手、投足之类的体态语言传播形式，随之出现了召唤、呼叫之类的口头语言传播形式。口头语言传播形式经历了原始人由生存本能反应，到主动自觉行为的渐进式演变过程。口头传播是最早、最大众化的新闻信息传播形式。

进入原始社会后，获取新闻信息、交流新闻信息逐渐成为人类的普遍需求和自觉行为，口头新闻传播成为人类族群之中、族群之间普遍存在的一种独特的社会现象。

（一）口头传播起源于"元谋人"

"元谋人"是目前发现的最早直立行走的人，这是人类最重要的有声语言形成时期，此时的"元谋人"已经有了比较完善的体态语言。

（二）口头传播成熟于"北京人"

距今70万～23万年的"北京人"，已有了清晰、固定的口头语言，口头传播新闻信息的形式也基本成熟。

（三）口头传播发展于"山顶洞人"

距今约3万年的"山顶洞人",已经能够比较充分地运用口头传播形式,相互交流狩猎、避险、采食、生活、传情、达意等十分复杂的各类信息,能够运用口头语言进行及时、到位的信息交流和沟通。这一时期,口头传播形式得到了空前的发展与完善,为人类的生存提供保障,为文明的发展奠定了基础。

三皇五帝赋予了口头传播政治使命。三皇五帝时代,口头传播形式的功能被大大拓展,口头传播不仅被用来保障人类的基本生存需要,而且被一些政治集团用作增强内部凝聚力、扩大自己的影响、扩充集团实力的有效工具,口头新闻传播形式被赋予了政治使命,成为实施统治的重要工具。

《史记·五帝本纪》中,关于舜帝开展口头"新闻传播宣传"的记载,至少有两处:一是舜帝"谋于四岳,辟四门,明通四方耳目,命十二牧论帝德,行厚德,远佞人,则蛮夷率服"。大意是说舜帝注重运用口头传播的形式开展"新闻宣传",教育了民众,大大提高了自己的威望,促进了边远民众的臣服。二是"舜曰:龙,朕畏忌谗说殄伪,振惊朕众,命汝为纳言,夙夜出入朕命,惟信"。大意是说舜帝为了防止被谗言和虚假"新闻信息"欺骗导致灭亡,专门设置了"纳言"这一官职,确保上下沟通顺畅。西汉学者孔安国诠释:"纳言,喉舌之官,听下言纳於上,受上言宣於下,必以信。"

《史记》的这些记载,向我们传达了丰富的信息。

一是舜帝十分重视"新闻宣传"。舜帝是当时"新闻宣传"的直接组织者和策划者,其集团最高决策层也十分重视"新闻宣传",并把"新闻宣传"确立为最重要的基本国策之一。

二是舜帝十分重视"新闻宣传"的研究和策划。舜帝"命"其集团的主要骨干成员,随时随地讨论研究"新闻宣传"基调、主题和主要内容。

三是舜帝确定了以弘扬帝尧之德、敦厚淳朴民风、抨击奸佞人事为"新闻宣传"的主旋律,以促进边远民众臣服、增强自身综合实力为目的。

四是舜帝十分重视"新闻宣传"基础理论的研究。注重组织有识之士深入研究、挖掘、提炼、整理帝尧的光辉事迹和高尚品德,为开展"新闻宣传"提供理论支撑和典型素材。

五是舜帝较好地发挥了"新闻宣传"的喉舌和耳目的作用。舜帝不仅注重运用口头传播宣传自己的主张,而且重视运用口头传播形式"明通四方",及时了解社情民意,适时调整集团的方略。

六是舜帝设置了专职"新闻官"。舜帝不仅设立了人类历史上最早的新闻官"纳言",而且赋予"新闻官"上情下达、下情上传的职责,并授予"新闻官"不管是清早还是深夜随时可以出入舜帝左右的特权,足见当时舜帝对新闻宣传的重视程度。

通过口头语言传递新闻,是人类传播信息最早、最基本的方式。口头传播新闻的特点是口传耳闻,直接、简明、快捷。公元前490年,希腊的一名战士为了向国人传递战胜波斯入侵者的喜讯,长距离奔跑,口头传播新闻,最终力竭身亡。为了纪念这一壮举,人们专门设立了国际性体育竞赛项目马拉松赛跑。

口头传播已有上万年的历史,沿袭至今,拥有十分广大的传播者和受众,百姓口口相传,影响深远。口头传播的最大缺点是,容易造成传播信息的失真,致使新闻内容的可靠性不高,甚至以讹传讹。

二、文字传播

文字传播起始于仰韶文化时期。河南仰韶文化遗址出土了大量古文字传播记录的文物。20世纪50年代,陕西省西安市半坡村,发现了一个非常完整的原始社会村落遗址。在出土的众多陶器上,发现了大量文字符号。考古专家认为,这些文字符号就是文字传播的萌芽阶段。这一时期,距今6000年左右,略早于舜帝时期。这时的文字传播,还处于刚刚开始形成阶段,而舜帝时期的口头传播已经非常成熟。

文字传播成熟于商周时代。商周时代，出现了甲骨文和金文，中国的文字基本形成。

河南省安阳市西北25公里处发现的殷墟，是公元前14世纪前后，殷商王朝后期都城的遗址，此地古代地名为"殷"。史学家称之为"殷商王朝"。公元前11世纪，武王伐纣，纣王失败，自焚于鹿台。繁华殷商都城逐渐荒芜，殷商文化被湮没地下，沦为一片废墟，后人称之为"殷墟"。

经过前后80多年的发掘，殷墟共出土甲骨16万余片，甲骨文总字数达160余万个，单字4500多个，能认识和确定为汉字的1700多个。经研究，专家们普遍认为，甲骨文是一种比较成熟的文字系统，与仓颉造字处于同一个时代。甲骨文是我国象形文字的起点，后来演变为金石、简牍、锦帛等形式，最后产生了隶书、楷书、行书、草书等不同字体，形成了独具特色的书法艺术。

文字的出现，促进了文字传播事业的快速发展。文字传播，大大提高了信息传播的可靠性和准确性，成为信息传播的重要形式和手段，对维护国家的统一、促进民众的交流发挥了不可替代的重要作用。

春秋战国时期，出现了周游讲学、馆舍养士之风，促进了信息交流和文化传播。特别是秦王朝建立后，实行中央集权统治，大力发展交通事业，统一了全国的文字，极大地推动了文字的传播和各地的信息交流。

"新闻""编辑"等名词，最早出现于唐代典籍中。杜牧《樊川文集》卷十二所载《与人论谏书》中写道："前数月见报，上披阅阁下谏疏……明白辩婉，出入有据。"可以看出，当时已经出现了"报纸"。唐代孙樵《经纬集》在《读"开元杂报"》一文中，详细记述了当时的"杂报"，称其内容多为"政务性报道"，主要是记录皇帝、大臣及官员的一些活动情况。"杂报"是手抄的，皇帝十分重视，发行量很少，传播范围很小，普通官员和老百姓很难见到。

唐代的报纸通称"邸报"，这种称呼一直延续到清朝。当时的报纸与现在差别较大，主要是刊登圣旨、奏折、任免令、奖惩通报、朝廷动态等政务类新闻信息，不分栏，无标题，也没有固定的格式和版面，更没有形成独立的产业。

我国近代的报纸，是受西方外报的影响，在清朝后期产生的。戊戌变法形成了办报热潮，辛亥革命促进了新闻事业的发展，五四运动则诞生了无产阶级新闻事业。

1922年9月13日，我党第一张政治机关报《向导》在上海创刊。1946年5月15日，《人民日报》创刊，当时为晋冀鲁豫解放区机关报，邓小为报纸题词。1948年6月15日，中共中央华北局机关报《人民日报》正式创刊，毛泽东题写报头。

1949年8月，《人民日报》由华北局机关报改为中共中央机关报。毛泽东为《人民日报》题写的报头一直沿用至今。

《人民日报》既是广大干部群众了解中共中央精神的最主要媒体，也是世界了解和观察中国的重要窗口，是中国最具权威性、发行量最大的综合性日报，被联合国教科文组织评定为世界十大主要报刊之一。后又创办《人民日报》海外版，特别是以人民网为标志的一批极具权威性和影响力的新媒体，极大提升了《人民日报》的覆盖面、时效性和影响力，走出了一条媒体融合发展的新路。

三、广播传播

广播传播发明于19世纪末。美国亚历山大·格拉汉姆·贝尔、巴纳特·史特波斐德分别致力于研究有线电广播和无线电广播，终获成功。20世纪初，广播正式投入应用，并逐步形成广播事业和广播产业。

广播传播的主要制式有中波、短波、调频和长波。其中，长波广播是早期广播制式，传播距离远，但信号昼夜变化较大，极易受到干扰。目前，除欧洲少数国家，大部分国家已淘汰民用长波广播。

相对于其他传播形式，广播具有明显的优势。首先，广播传播范围广、速度快、穿透能力强。在这一方面，广播远远优于报纸和电视。其次，多语种广播，针对性强，覆盖面广。针对不同的国家和地区，采用不同的语言进行广播，这是其他媒体无法比拟的。截至2018年，中国国际广播电台用65种语言进行广播，在全球拥有广大的受众。最后，成本低，接收方便。广播节目相对于电视、报纸和互联网，制作成本要低得多，投入的人力、设备以及工作人员的劳动时间要少得多。从听众的角度讲，接收广播的费用，要比买电视、电脑和订报纸低得多，也方便得多。

中央人民广播电台是中华人民共和国国家广播电台，是我国最重要、最具有影响力的权威传媒之一。英文译名为CHINA NATIONAL RADIO，英文缩写为CNR。

中央人民广播电台的前身，是延安新华广播电台，于1940年12月30日在革命圣地延安诞生，是我国第一个人民广播电台。解放战争初期，胡宗南率领国民党军队进攻延安期间，延安新华广播电台随中共中央机关从延安撤出，转移到瓦窑堡，于1947年3月21日改名"陕北新华广播电台"，继续向国内外广播，确保了党中央的声音不中断。1949年3月25日，延安新华广播电台移至北平，使用北平新华广播电台呼号。1949年12月5日，正式定名为中央人民广播电台。

中央人民广播电台设有中国之声、经济之声、音乐之声、经典音乐广播、中华之声、神州之声、华夏之声、民族之声、文艺之声、老年之声、藏语广播、维吾尔语广播、娱乐广播、香港之声、中国交通广播、中国乡村之声、哈萨克语广播等17套广播节目，全天累计播音354.5小时，覆盖全国。同时，播出4套数字广播节目和开办2套数字电视节目。以广播为依托，中央人民广播电台全面推进在线广播、网络电台、数字电视、手机电视、报刊出版的发展，拥有全国最大的音频网站"中国广播网"，以及网络电台"银河台"、有线付费电视"家庭健康"频道、《中国广播报》《中国广播》杂志、中国广播音像出版社、央广传媒发展总公司等。中央人民广播电台中国广播平台项目一期建设工作基本完成，移动互联网（车载）集成播控平台已汇集400余套直播频率节目及超过百万时长的版权音频节目，此外，媒体资源系统内容建设初见成效，年均入库播出节目约3.8万小时，各类音频素材9.2万余条，成为国内广电行业中数量最庞大、内容最丰富的数据库。

四、电视传播

1928年，英国工程师约翰·洛吉·贝尔德经过长期研制，在伦敦与纽约之间，成功地进行了电视收发试验，发明了机械式扫描电视。1929年，英国广播公司允许贝尔德公司开展公共电视广播业务，之后，贝尔德又转向了彩色电视的研究。从此，电视传播事业开始逐步发展壮大。

电视传播技术从诞生之日起，就显示出了与众不同的特点和十分明显的优势。

首先，电视具有很强的直观性。电视是一种视听合一的传播手段，能给人以身临其境的感觉。电视传播通过展示直观事实和现场，更能使受众产生真实感和信服感，更具吸引力。

其次，电视极具大众化特点。电视传播形式，超越了阅读障碍，对受众的知识水平要求不高，即使不识字的人，也能够看懂或理解传播的内容。电视是一种最具平民化、大众化的传播手段，对广大普通受众更具亲和力。

最后，电视具有较强的冲击力和感染力。电视是一种能够进行场景再现和动态展示的感性媒体，能够真实地记录和再现新闻事实，直接刺激人们的感官和心理，以取得受众感知上的认同和经验上的认可，使受众感觉特别真实。电视在给人以视觉刺激和听觉刺激的同时，使两者产生叠加效应，对受众形成强烈的冲击力、感染力。

目前，电视传播技术已经非常成熟，传播制式主要有NTSC制（简称N

制）、PAL制和SECAM制三种。

NTSC制式，即正交平衡调幅制。NTSC制式采用正交平衡调幅的技术方式，是美国国家电视标准委员会于1952年制定的彩色电视广播标准。美国、加拿大等大部分西半球国家以及日本、韩国、菲律宾等均采用这种制式。我国台湾地区也采用这个制式。

PAL制式，即正交平衡调幅逐行倒相制。PAL制式采用逐行倒相正交平衡调幅技术，克服了NTSC制相位敏感造成色彩失真的缺点，是德国在1962年制定的彩色电视广播标准。德国、英国等一些西欧国家，新加坡、澳大利亚、新西兰等国家均采用这种制式。我国大陆也都使用这种制式。

SECAM制式，即顺序传送与存储恢复彩色信号制，是法国1966年制定的一种新的彩色电视制式。SECAM制采用时间分隔法来传送两个色差信号，也较好地克服了NTSC制式相位失真的缺点。使用SECAM制的国家主要集中在法国、东欧和中东等国家和地区。

中央电视台是中华人民共和国国家电视台，中文简称央视，英文简称CCTV。中央电视台于1958年5月1日试播，9月2日正式播出。初名北京电视台，1978年5月1日正式改名为中央电视台。中央电视台是我国重要的新闻舆论传播机构，是党、政府和人民的重要喉舌，是中国重要的思想文化阵地，是当今中国最具竞争力的主流媒体之一，具有传播新闻、社会教育、文化娱乐、信息服务等多种功能，是全国公众获取信息的重要渠道，也是中国了解世界、世界了解中国的重要窗口，在国际社会的影响日益增强。

此外，中央电视台还办有"央视国际"网站以及《中国电视报》《电视研究》《现代电视技术》等面向全国发行的刊物。中央电视台已初步形成了以电视传播为主业，电影、互联网、报刊、音像出版等相互支撑的多媒体宣传、广告经营的多元化经营格局。

改革开放以来，中央电视台发展迅速、日益强大，共开办529个电视栏目，年播出总量33.8万小时，使用中、英、法、西、俄、阿、韩7种语言和朝、蒙、藏、维、哈5种少数民族方言向国内外播出。在全球共设有63个驻外记者站（2015年年底统计数字），及时报道世界各地的重大新闻事件。

2016年12月31日，中国国际电视台正式开播，包括6个电视频道、3个海外分台、1个视频通讯社。特别是历年来央视新媒体、融媒体发展异军突起，一体化协同制作，多渠道协同发展，多终端互动呈现，全媒体精准传播逐渐成形。截至2017年年底，"央视新闻"新媒体用户突破3.5亿，央视网多终端月度全球覆盖用户达11.28亿，"央视影音"客户端累计下载量超过6.1亿，"央视财经"新媒体总粉丝和订阅户突破6532万，"央视体育"移动客户端累计用户突破750万。大小屏互动直播、大小屏融合互动报道等已成常态。

2018年3月，中央人民广播电台与中央电视台、中国国际广播电台建制被撤销，公共组建中央广播电视总台。

五、多媒体传播

顾名思义，多媒体传播是多种媒体、多种形式传播的混合体和集成体。从技术上讲，多媒体传播是最大限度地应用现代信息技术，运用文、图、声、光、影等多种形式，传播新闻信息的技术。多媒体一词之"媒体"，既包括传统媒体，也包括互联网、手机短信、移动电视、手机电视等新型媒体。

多媒体传播是以计算机为核心的信息传播系统集成技术。多媒体技术是一门综合技术，是多领域、跨学科集成技术体系，是核心技术相同、应用技术各异的一个交叉学科。

多媒体传播具有狭义和广义之分。狭义的多媒体传播，指集成两种以上信息传播手段和方式的、人机交互式信息传播技术。具体而言，是指在计算机控制下，把文字、声音、图形、影像、动画和电视等多种类型的信息，集成在一起进行信息交换的传播技术，如多媒体电脑、互联网等。广义的多媒体传播，泛指能够传播文字、声音、图形、图像、动画和电视等多种类型信息的信息传播技术。

相对于其他传播形式，多媒体传播具有其独特的特点和优势。

（一）集成性

能够对文本、图形、静止图像、照片、动画、音乐、影片等信息进行统一获取、编码、存储、组织和集成。多媒体传播的这一特点，充分满足了人们的感观需求。

（二）控制性

多媒体传播技术是以计算机为核心，按照人的指令综合处理和传播综合信息，并通过人的控制，以满足人们需要的多种媒体形式表现出来。多媒体传播的这一特点充分满足了人们的差异性需求。

（三）交互性

传统媒体只能单向、被动地传播信息，而多媒体技术则可以实现人对信息的主动选择和控制。更重要的是，多媒体传播技术可以便利地实现媒体与受众之间顺畅的双向传播和互动交流。交互性是多媒体传播技术优于传统媒体传播的最主要特点之一，这一特点，极大地满足了现代人对话语权的需求。

（四）非线性

以往受众从平面媒体、广电媒体等传统媒体获取信息，主要采取单一的文字阅读和循序渐进的收听、收看两种方式。多媒体传播技术表现的全方位、多角度、多层次、可选择等非线性特点，把传播内容以更丰富、更灵活、更具变化的多种方式呈现给受众。多媒体传播的这一特点满足了受众的多样性需求。

（五）实时性

运用多媒体传播技术，极大地降低了传播内容的生产成本和传播门槛，大大缩短了传播内容的生产周期，新闻信息可以实现实时传播，用户随心所欲地发出操作指令，实时获取自己需要的多媒体信息。

（六）方便性

受众可以按照自己的兴趣和需要，甚至可以根据自己的偏爱和认知特点来选择、下载、保存和使用多种形式的信息。

（七）丰富性

多媒体传播的信息不仅具有多样性，而且是海量的。这是传统传播形式无法比拟的。

第三节
生存还是毁灭——战争年代的新闻传播

战争年代，作为战时的势力集团和政府，其职能主要是动员群众、打击敌人，特别是在敌我情况不明、尔虞我诈、形势瞬息万变的情况下，统治者对媒体进行管制，对舆论实行控制，几乎是一条铁律，无论古今中外都无一例外。就如同莎士比亚在《哈姆雷特》一剧中所道出的"生存还是毁灭"中间没有第三条道路可供选择，因为这是战争的最高准则。战争年代，有时甚至把新闻传媒作为战争机器的一个重要组成部分，结合战争的进程，巧妙地开展舆论战、心理战，争取战争的主动权，夺取战争的胜利。

一、古代战争中的新闻传播

中国是人类历史上开展新闻传播活动最早的国家。在中国漫长的文明发展史上，特别是在古代战争中，新闻传播为战争双方赢得胜利发挥了不可替代的重要作用。

（一）舜帝传德服天下

在我国历史上有文字的记载中，如上节所述，舜帝最早、最成功地运用了新闻传播手段。司马迁在《史记·五帝本纪》中记载，舜帝"以孝闻"天下，着力传播尧帝之德，并注重实施双向传播，既宣传自己的主张，又重视倾听民声、民意，一心为民，泽被天下。可以说，舜帝实施的新闻传播是实事求是的，是光明磊落的，不仅有效地增强了集团内部的向心力和凝聚力，而且受到了边远民众的依赖和爱戴，成功地实现了兵不血刃、"不战而屈人之兵"。舜帝不愧为中华民族最伟大、最仁厚的祖先。

（二）舆论助周灭殷商

为政治服务，自古以来就是新闻传播的重要使命之一。在特定的历史背景下，一些政治集团为了达到自己的目的，大力宣扬己方之义，刻意回避己方之弊；大力传播敌方之害，闭口不谈敌方之益。通过有选择地开展舆论传播，达到壮大自己的声势、分化瓦解敌人的目的。

历史上关于殷商王朝纣王的传播，影响十分深远，是最为典型的案例。公元前11世纪，纣王继位后，取得开拓山东、淮河下游和长江流域等历史功绩；努力经营东南，实现了东夷和中原的巩固统一，大大扩展的商朝疆域，促进了中原文明的传播，推动了华夏大地生产力的发展。同时，纣王建立了装备精良的军队，当时商军已用上了战车，装备了青铜兵器，能够随时投入战斗的精锐部队达1.3万人，称雄黄河和长江流域。由于纣王统治集团的内部矛盾激化，出现了分裂和纷争。殷商王朝位列三公之首的周国西伯昌及其儿子周武王，暗中积蓄力量，伺机造反。他们利用社会舆论，广泛传播纣王宠纵妲己、骄奢淫逸、残害臣民等恶行，同时，大力宣传周国的仁义，导致纣王众叛亲离，"诸侯叛殷会周者八百"。于是，周武王起兵伐纣，纣王失败，自焚于鹿台。

当时，周国、周朝主要是为了有利于推翻殷商王朝的统治需要，对纣王的行为进行了片面传播，只渲染了纣王的种种恶行，而没有宣传纣王的各种功绩。于是，纣王成了世世代代、口口相传、人人皆知的暴君。直到西汉时期，司马迁以伟大史学家超人的胆识，在《史记·殷本纪》中比较客观、全面、真实地记载了纣王的功过是非。其中，先是叙述纣王"资辩捷疾，闻见甚敏；材力过人，手格猛兽；知足以距谏，言足以饰非；矜人臣以能，高天下以声"等优点，后是记述纣王"乐戏于沙丘，以酒为池，县肉为林，使男女裸相逐其间"等荒淫恶行，但千百年来，丝毫没有改变人们对纣王的鞭笞。由此可见，新闻传播自古以来就有"先入"就能"为主""先声"才能"夺人"的特点。

（三）陈胜巧打舆论战

另一个成功运用舆论传播的古代战例，就是秦末陈胜、吴广起义。

《史记·陈涉世家》记载，陈胜是阳城人。他是贫雇农出身，从小就有志气，具有追求公平、平等的理想。秦二世元年（公元前209年），朝廷征用许多贫苦百姓去驻守渔阳，陈胜、吴广都被编入队伍并担任队伍的小头目。行至大泽乡，也就是现在的安徽宿县一带，正巧天降大雨、道路不通，贻误了期限。误了期限，按照秦王朝的法律，都要被杀头。陈胜、吴广经反复商议决定起义造反，从而推翻秦王朝的统治。在起事过程中，陈胜十分重视运用"新闻宣传"和社会舆论，为起义营造了强有力的舆论氛围。

【典型案例】

陈胜、吴广巧用舆论传播

通过笔者考证，陈胜、吴广仅在策划起义的过程中，至少策划了五起"新闻"事件，成功地实施了五场舆论战，可以说是场场巧妙、场场精彩。

一是制造并传播"丹书鱼腹"新闻事件。陈胜用丹砂在白绸子上书写"陈胜王"三个字，暗中放入鱼腹，并巧妙地混入渔民所捕鱼中。士兵买鱼加工时，发现了鱼肚子中的丹书，感到十分惊奇，并迅速把这一消息在士兵中间进行了传播。

二是制造并传播"篝火狐鸣"新闻事件。陈胜暗中指使吴广躲在驻地旁丛林的神庙中，夜里用竹笼罩着火假装鬼火，又装作狐狸嗥叫，向士兵喊道："大楚兴，陈胜王。"神庙里鬼火凄凄、狐声阵阵，士兵又惊又惧，皆以为陈胜称王是鬼神的安排，对陈胜充满敬畏。

三是制造并传播"天神护佑"新闻事件。起义之前，陈胜当众焚香祭拜，使用百枚一面涂丹的铜钱，乞求天神护佑：若起义能够成功，则铜钱红面向上者居多。祭礼之后，陈胜将袋中百枚铜钱抛撒祭坑。众人上前一看，满地皆红，百枚铜钱全部红面向上。士兵目瞪口呆，坚信起义反秦是天神的旨意。

四是制造"突发事件"激化矛盾。吴广一向爱护戍卒，戍卒多愿听他差遣。一天，借押送戍卒的军官酒醉之机，陈胜指使吴广故意再三扬言要逃跑，引诱军官处罚吴广，借此激怒吴广的部下，制造"突发事件"，激化阶级矛盾。军官果然中计，不仅责骂、鞭打吴广，而且拔剑想杀吴广，使矛盾迅速被激化。在陈胜的带领下，忍无可忍的戍卒"斩木为兵，揭竿为旗"，斩杀了军官，发动了起义。

五是顺应人心举义旗。秦始皇的大儿子公子扶苏，深受天下百姓爱戴，因扶苏不满朝廷的暴政，不但不能继承皇位，还受到了迫害。楚国大将项燕，战功卓著，爱兵如子，深受楚国人爱戴。于是，陈胜大造舆论，假称自己是公子扶苏和大将项燕领导的队伍，举起了义旗，顺应人民的意愿，倡导天下反秦，受到了热烈响应，秦王朝很快土崩瓦解。

陈胜、吴广起义是中国历史上第一次农民起义。在起义的组织策划中，陈胜以卓越的政治智慧、敏锐的时局洞察力和杰出的组织领导才干，成功地策划、导演了一系列假事实真新闻、假事实假新闻，充分发挥了战时新闻宣传鼓舞士气、凝聚人心、激发斗志、瓦解敌人的独特作用，很好地实现了自己的战略意图。可以说，陈胜、吴广在古代战争中，把舆论宣传的作用发挥到了极致。

二、第一次国内革命战争时期的新闻传播

（一）中国共产党创办的报刊

1921年7月，中国共产党诞生。当时，中共中央尚未创办机关报刊，只是将

原来的《新青年》作为党的理论刊物继续出版。1922年9月13日，中共中央第一个政治机关报《向导》在上海创刊，是时事政治评论性周报，16开本。《向导》文如其名，集中宣传党制定的打倒帝国主义、打倒封建主义、统一中国为真正的民主共和国等革命纲领，在中国人民反对帝国主义、封建主义斗争的道路上，起到了引导者的作用。《向导》共出版201期，蔡和森、彭述之、瞿秋白先后担任主编，陈独秀、李大钊、毛泽东、罗章龙、赵世炎等都是主要撰稿人，有的还参加了编辑等具体工作。

中国社会主义青年团也先后创办了自己的刊物，如《先驱》《青年周刊》《中国青年》以及全国性工人报纸《劳动周刊》《中国工人》等。

中国共产党领导创办的报刊，在大革命时期，积极开展广泛的新闻斗争，及时、有效、有力地引领和指导学生运动、工人运动，有力推动了革命事业的健康发展。

（二）中国广播事业的产生和发展

与此同时，中国的广播事业开始萌发。

1923年年初，美国人奥斯邦创办的中国无线电公司与英文《大陆报》合作，办起"大陆报——中国无线电公司广播电台"，同年1月23日晚首次播音。这是外国人在中国设立的第一座广播电台。

1924年8月，北洋政府交通部公布了《装用广播无线电接收机暂行规则》，这是中国历史上第一个关于广播的规则，允许民间装设收音机，从而改变了原来严加禁止的做法。这个规则，客观上促进了中国广播事业的发展。

1926年10月1日，哈尔滨广播电台开始广播，每天播音两小时。这是我国由政府自办的第一座广播电台。1927年5月15日，天津广播无线电台开始播音。同年9月1日，北京广播无线电台也开始播音。1928年年初，沈阳广播电台正式广播。

初创时期的广播事业，设备简陋，规模很小，收听范围只限于广播电台所在地区附近。特别是由于收音机价格昂贵，听众大多是政府官员、有钱的商人以及外国人等。当时全国有收音机一万台左右。

（三）中国通信事业的发展

在此期间，中国通信事业也有所发展。据统计，1926年，全国有通讯社155家。其中，国闻通讯社在当时最有影响。

国闻通讯社于1921年9月在上海成立，1922年4月在汉口设立分社。同年11月，在北京设立分社。1924年8月3日，创办《国闻周报》。

1925年7月，民间报刊《申报》和《时事新报》联合创办申时通讯社，并在南京、汉口、天津、香港等地设立分社。

1927年，南京国民政府成立后，建立和发展了以"中央通讯社"为中心的庞大的新闻通讯事业网，以《中央日报》《扫荡报》为中心的党、政、军报纸网和以"中央广播电台"为中心的广播网。国民新闻通讯事业网，是在"剿共"枪炮声中建立并扩大起来的，"反共"成为其主要宣传基调。它一方面造谣、污蔑、攻击中国共产党领导的人民革命斗争，另一方面鼓吹"以党治国"和实行"训政"，宣扬法西斯主义，为中国建立独裁统治制造舆论。

三、第二次国内革命战争时期的新闻传播

（一）中国共产党在国统区的新闻事业

"4·12"反革命政变之后，中国共产党被迫转入地下。为了打破国民党的新闻封锁，让国统区人民听到党的声音，中国共产党坚持在上海出版报刊。

《布尔塞维克》于1927年10月24日在上海创刊，是中共中央的理论性机关刊物。在一片白色恐怖的漫漫长夜中，继续举起反帝反军阀的民主革命旗帜，宣传党的土地革命和工农武装暴动的总方针，凝聚革命队伍，开展对敌斗争。

《上海报》是中国共产党在上海创办的报纸，1929年4月17日公开出版。以工人大众为主要读者对象，报道工人运动，支持工人斗争。

《红旗日报》是第二次国内革命战争时期中共中央的机关报。1930年8月15日，由《红旗》3日刊和《上海报》合并而成，目标是要成为全国广大工农群众反对帝国主义与国民党的喉舌。

（二）红色革命根据地的新闻事业

大革命失败后，中国共产党领导的革命力量被迫由城市转向农村，走农村包围城市、武装夺取政权的道路，创建了工农红军和革命根据地。各个革命根据地都创办了新闻报刊。其中，中央革命根据地的报刊最多，并创办了通讯社。

据不完全统计，从1931年年底到1934年10月中央红军撤离中央苏区开始长征为止，中央革命根据地出版的报刊有160余种。

红色中华通讯社于1931年11月7日成立，与《红色中华》报是同一机关，两块牌子，一个编辑部，编辑人员既编报纸，又编广播稿件。"红中社"向全国播发电讯，向各根据地和上海地下党报刊发稿，让外界及时知道苏区和红军的情况。上海地下党还把"红中社"电讯转发国外。除播发新闻，它还出版《参考消息》（原名《无线电材料》《每日电讯》），刊登新闻台抄收的国内外通讯社的电讯稿，每天油印五六十份，供中央领导同志参阅，是我党最早的内参。

《红星报》于1931年在瑞金创刊，是中国工农红军军事委员会的机关报，由红军总政治部主办。原为铅印，长征途中改为油印。邓小平和陆定一曾先后担任主编。

到1933年下半年，中国共产党领导工农红军先后在14个省的边界地区开辟出10多个革命根据地，建立起红色工农民主政权，出版了一批根据地党、政、军组织的机关报刊，如《红旗日报》《工农日报》《红旗报》等。

四、抗日战争时期的新闻传播

（一）延安的新闻报刊

抗日战争时期，延安是陕甘宁边区的首府，是中共中央所在地，也是全国革命新闻事业的中心。抗日战争前，延安已有《解放》周刊和《新中华报》。1939年2月7日，《新中华报》改组为党中央机关报。

1939年10月20日，中共中央在延安创办了《共产党人》杂志，这是以党的建设为中心的党的刊物，毛泽东为它写了《〈共产党人〉发刊词》，指出：统一战线，武装斗争，党的建设，是中国共产党在中国革命中战胜敌人的三个法宝，"三个主要的法宝"。

《八路军军政杂志》于1939年1月15日创刊，由八路军总政治部出版。《中国青年》杂志于1939年4月16日出版，由全国青年联合会延安办事处主办。《中国妇女》于1939年6月1日创刊，由中共中央妇女运动委员会主办。《边区群众报》于1940年3月25日创刊，是陕甘宁边区文化协会主办的，1941年成为中共中央西北局的机关报。

1941年5月16日，中共中央的机关报《解放日报》在延安创刊，这是在抗日革命根据地出版的第一份铅印对开大型日报，也是抗日战争时期到解放战争时期，革命根据地出版的最重要的报纸。

（二）新华通讯社的发展

抗日战争开始后，新华社发稿范围逐渐扩大，中共中央的宣言、声明、决议，《解放》周刊和《新中华报》的评论都经新华社传播。当时各抗日根据地被敌人封锁，党中央的方针政策的及时传播、各根据地情况的交流等，在极大程度上要靠新华社。从1938年起，新华社逐渐在各大抗日根据地建立了分社，但仍与地方党报一体。新华社内部设立了编辑科、通讯科、译电科、油印科。1944年8月成立了英文广播部，9月1日对外播发英文电讯稿。到1945年，新华社由抗日战争开始时的20多人增加到110多人。

（三）延安新华广播电台的创建

1940年春天，党中央成立广播委员会，由周恩来任主任，负责领导筹建广播电台的工作。1940年3月，周恩来从苏联治病回国时带回一台广播发射机，但由于长途转运颠簸，受到损坏，经过多次改装、调试才适合广播电台使用，实际发射功率约300瓦。

1940年12月30日，解放区的第一座广播电台——延安新华广播电台开始播音，呼号为XNCR，其广播稿由新华社广播科编辑。最初每天晚上播音一次，1941年4月以后，每天又增加了两次，每次一小时。广播内容主要是中共中央文件、《新中华报》社论、国内外新闻、名人演讲等。

1941年12月3日，开办了日语广播，这是延安创办的最早的外语节目。当时广播中也有文艺节目，但大多数是播音员自己在话筒前直接唱歌或演奏简单的乐器。

党中央对广播十分关心和重视，多次指示各根据地党组织按时收听广播。

1941年"皖南事变"发生，《新华日报》在报道真相上受到国民党的刁难和阻拦时，刚刚建立的延安广播电台显现出了强大的优势，及时播出毛泽东为"皖南事变"起草的命令、谈话及有关报道，在全国人民面前揭露了国民党顽固派反共反人民的行径。

（四）敌后抗日根据地的新闻事业

从1937年年末到1939年，仅华北和华中根据地抗日小型报刊达700多家。其中，在晋冀鲁豫根据地，1939年1月，中共中央北方局机关报《新华日报》（华北版）在山西沁县创刊；在晋察冀根据地，1937年12月，《抗敌报》在河北阜平创刊，1940年11月改名为《晋察冀日报》，4开4版，是中共中央晋察冀分局的机关报；在晋绥根据地，1940年9月，《抗战日报》在山西兴县创刊；在山东根据地，1939年1月，《大众日报》在山西沂水创刊；在华中根据地，1940年12月2日，中共中央中原局机关报《江淮日报》在苏北盐城创刊。

《新华日报》是中国共产党在国统区公开出版的机关报，1938年1月11日，在汉口创刊，主要宣传抗日、开展群众运动、传播马列主义。《新华日报》自创刊以来，在中共中央南方局和周恩来的领导下，高举"坚持抗战，反对投降；坚持团结，反对分裂；坚持进步，反对倒退"的旗帜，在国内外产生了重要影响。国民党统治区人民称它为"灯塔""北斗报"。

五、解放战争时期的新闻传播

到抗日战争胜利后的1946年年初，中国共产党领导下的解放区面积发展到近300万平方公里，人口占全国总人口的三分之一。在广大的解放区内，人民新闻事业迅猛发展，报刊的出版条件大为改善，绝大多数由油印改为铅印，不少扩版或改版为大型日报。《晋察冀日报》《人民日报》《大众日报》《吉林日报》《东北日报》等各解放区的报业迅速发展。

人民广播事业也出现了前所未有的发展，人民广播电台网初具规模。1948年8月下旬，延安新华广播电台恢复播音，呼号仍为XNCR。新华社编辑科内专设口播组，负责编写延安台所需的广播稿件。至1946年6月，哈尔滨、张家口、大连、长春、吉林、齐齐哈尔、承德等地先后建立了人民广播电台。

新华社进入了一个新的发展阶段。在组织建设方面，新华社总社的工作机构较前扩大充实，分为国内新闻、国际新闻、英文广播、口语广播4个编辑部门。各解放区的总分社、新的解放区和重庆、北平、南京3个大城市的分社也先后建立。至1946年4月，新华社在国内已建成总分社9个、分社40多个。

1947年下半年，人民解放军转入反攻后，新华社以及其他新闻机构全力投入大反攻的报道与宣传，新华社总编辑部还抽出专人负责撰写军事综合报道与军事评论。在辽沈、淮海、平津三大战役和渡江战役期间，新华社以及其他新闻机构做了有声势、有规模、迅速及时的报道，多侧面地充分反映了战役的主要进程、胜利成果和伟大意义，出现了一批优秀的新闻报道与通讯。毛泽东为新华社撰写了一系列的新闻报道与评论，如《中原我军占领南阳》《我三十万大军胜利南渡长江》《中国军事形势的重大变化》《将革命进行到底》《丢掉幻想，准备斗争》《别了，司徒雷登》等评论，笔调豪放，声势夺人，至今读来仍震撼人心。

土地改革的宣传报道，是解放区人民新闻事业工作的重要内容。新华社和解放区的其他报刊、电台，满腔热情地宣传中国共产党的土改路线、方针与政策，揭发封建剥削罪恶，为农民伸张正义，传播与推广土改工作的典型经验。

【典型案例】

近代战争中的新闻舆论战

（一）毛泽东巧施空城计

1948年10月，在国共之争中，中国共产党渐居上风，两军决战激烈进行，中共中央移居石家庄西柏坡，指挥全国的解放战争。蒋介石为了挽救连连受挫的被动局面，亲赴北平，与国民党华北"剿总"司令傅作义想出了一计，准备偷袭西柏坡，摧毁以毛泽东为首的中国共产党最高统帅机关。

中共华北地区地下党的敌工工作"无孔不入"、很有成绩。在傅作义身边，有中国共产党的耳目。偷袭西柏坡的计划，很快被中共华北局城市工作部获悉，部长刘仁从河北沧县泊镇向党中央发来特急电报，报告了蒋、傅偷袭西柏坡的计划：10月28日拂晓开始行动，敌人10万机械化装备的部队正向保定集结，请以毛泽东为首的党中央务必做好准备，以防不测。

此时，中央机关以及机要文书档案、中央保育院、托儿所、幼儿园等，都刚刚从延安搬来，西柏坡只有负责保卫党中央机关的一个警卫连的兵力及部分地方武装，总共不过1000人，可偷袭之敌竟达10万之众。相比之下，敌我双方力量悬殊，情况万分危急。主力部队徐向前的第一兵团、杨成武的第三兵团远在山西、绥远一线战场，石家庄虽已解放，也无部队驻守，实际上是一座空城。而保定到石家庄不到150公里，蒋、傅军队如果突袭石家庄，西柏坡危在旦夕。

毛泽东异常镇静，决定上演一场空城计，挫败蒋介石、傅作义的偷袭计划。10月26日，毛泽东忙完手头的工作后，自言自语："要给傅作义一点厉害看看。"身边的工作人员不明白："我们身处险境，如何给傅作义厉害看？"毛泽东拿起笔，很快以新华社的名义写了一篇评论：《动员一切力量歼灭可能向石家庄进扰之敌》（见《毛泽东文集》第五卷），立即交新华广播电台向全国广播。

毛泽东在这篇评论中，首先把傅作义的偷袭计划予以公布。评论说，为了紧急动员一切力量，配合人民解放军歼灭可能进扰石家庄一带的蒋傅军，党中央已向保定至石家庄沿线及其两侧各县发出了命令，限令3天之内，动员一切民兵及地方武装，准备好一切可以使用的武器，以利于作战。尤其要注重打击敌人的骑兵。闻蒋傅军进扰石家庄一带的兵力，除九十四军，尚有新骑四师和骑十二旅，并附属爆破队及汽车百余辆，企图捣毁我后方机关、仓库、工厂、学校、发电厂、建筑物。据悉，该敌将于27日集中保定，28日开始由保定南进。进扰部队为首的有九十四军军长郑挺锋、新编骑四师师长刘春芳、骑十二旅旅长鄂友三。请各界做好充分准备，诱敌深入，聚而歼之，决不让敌人一兵一卒逃回老巢……

这篇评论马上由新华广播电台向全国公开播发，并在解放区各报公开刊登。毛泽东一方面发表公开评论，虚张声势；一方面急调主力部队防止意外，命令华北军区第7纵队、华北第2兵团，迅速赶到保定以南，阻击敌人。同时，电令四野第11纵队迅速进入冀东，威胁北平，迫使南下的傅作义部回头。

蒋介石、傅作义听到消息，大吃一惊，偷袭石家庄的绝密计划竟被中共新华广播电台和盘托出，包括参战各部队番号、将领以及作战方案、任务等中共全部了如指掌，并做了充分的准备和严密的部署，深感已失去了偷袭的意义。蒋介石、傅作义生怕遭到埋伏，只好急令刚刚集结的部队撤回北平。在回撤途中，其一部遭到迅速集结的解放军先头部队的截击。傅作义损失官兵3700余人、战马

240匹、汽车90多辆，包括大批战略物资。

蒋介石、傅作义突出奇兵、偷袭石家庄的作战计划，被毛泽东充分运用新闻媒体，轻而易举地瓦解。11月3日，蒋介石、傅作义才搞清，当时中共机关并无重兵守卫，后悔莫及；试图卷土重来时，但战机已失，不可复得，只有扼腕长叹。

可谓：主席一篇评论，喝退雄兵十万。

之后，中共中央一直驻在西柏坡，直到进驻北京城。

（二）林彪巧施金蝉脱壳之计

在解放战争期间，林彪曾经巧妙地运用新闻媒体为自己助力，成功地实现了自己的战略意图。

1948年11月，辽沈战役取得胜利之后，国共双方的力量对比发生了历史性的逆转，中国共产党的军队数量首次超过了国民党。林彪的情绪显得很好，人也多了和气、活跃。林彪一边命令作战一个多月的解放军东北野战军100万大军暂时休整，一边给远在西柏坡的毛泽东发去战报，报告战况，并提出了休整的请求。

此时，国共双方正在紧锣密鼓地筹备淮海战役，驻守平津一带的国民党华北"剿总"司令傅作义，陷入进退两难、首鼠两端的矛盾之中。当时，淮海战场上国民党拥有装备精良的中央军70万，而共产党解放军只有50万。为了防止傅作义指挥其60万国民党军队南下加入淮海战役，或经天津塘沽从海上向南撤退，毛泽东电令林彪：东北野战军不能休整，立即秘密入关，对华北傅作义所属的60万傅军实施分割包围。之后，再转入休整。

林彪深感毛泽东的深谋远虑和决策高明，立即指挥东北野战军，秘密进关。为了掩人耳目，林彪一边指挥部队悄悄向关内运动，一边在沈阳频繁出席和参加各种公开的社会活动，并组织沈阳各大报纸、广播电台等新闻媒体逐日刊登和广播其本人及其他军政领导在沈阳的活动情况，大肆渲染，以迷惑蒋介石、傅作义。

11月30日，林彪、罗荣桓、刘亚楼率东野指挥机关从沈阳乘火车出发，到锦州后换乘吉普车，经义县、彰阳、建平、平泉、宽城，从喜峰口入关。一路夜行晓宿，风尘仆仆。

东北野战军经过喜峰口、冷口入关时，被傅作义的军队察觉。傅作义给蒋介石发电报，反映这一情况，蒋介石电告傅作义，称据可靠情报，"林彪尚在沈阳"。

鉴于夜行晓宿已失去意义，林彪决定改变原定计划，命令各纵队日夜兼程。同时，林彪命令由沈阳近郊出发的三个纵队及特种兵部队主力不再绕行进关，而是取捷径由山海关向冀中快速穿插。

当东北野战军80万之众突然出现在华北，林彪等人在河北通县露面后，蒋介石大吃一惊、目瞪口呆，更是出乎华北"剿总"总司令傅作义的意料，其南下、海退之路瞬间被封死，完全陷入被动挨打的局面。

第四节

舆论一律——计划经济时期的新闻传播

中华人民共和国成立后，新民主主义性质的新闻事业在中国内地出现。共产党的新闻机构与非共产党的新闻机构并存，国营的新闻机构与私营的新闻机构并存，反映了当时新民主主义的社会性质。经过中华人民共和国成立初期对新闻机构的社会主义改造，中国建立了一个具有社会主义性质的公营新闻事业系统。这个具有社会主义性质的公营新闻事业系统，包括以《人民日报》为中心、以党报为主体的公营报刊系统，以新华通讯社为主体的国家通讯社系统和以中央人民广播电台为中心的国营人民广播电台系统。

一、计划经济时期新闻事业的发展

据统计，1950年全国各类铅印报纸有382种，1951年增至475种。截至1954年10月，全国共有报纸1248种：按报纸种类划分：综合性报纸68种，工人报纸55种，农民报纸84种，青年报纸16种，少数民族文字报纸20种，外文报纸2种，专业报纸3种；各类报纸的期发行总数比1950年增加了将近3倍。

中华人民共和国成立后，《人民日报》迅即发展成为全国最大的报纸，并向国外发行。《中国青年报》《经济日报》《解放军报》《工人日报》《光明日报》等，也相继发展壮大。

党和国家迅速将新华社组建为国家通讯社。新华社在华北、东北、华东、中南、西南、西北6个行政大区建立6个总分社，在省会城市建立分社，对一些城市则派驻记者组或记者。新华社集国内报道、对外报道、国际新闻报道等多种功能于一身，并主办了一系列报刊，如《参考消息》《参考资料》《时事手册》《内部参考》《新华社电讯稿》《新闻图片》《新华社新闻稿》等。

1949年12月5日，北京新华广播电台改名为中央人民广播电台。1950年4月10日，中华人民共和国对国外广播正式建台，称为北京广播电台。东北、华东、西北、中南、西南5个大行政区在中华人民共和国成立前后均建立了本大区的广播电台。至1954年，全国各省均建立起本省的人民广播电台。与此同时，许多有条件的地市也创建起本地区的人民广播电台。

党和政府对旧中国遗留下来的新闻事业进行清理、整顿与改造工作，如《大公报》《文汇报》《新民报》，对这些私营的新闻机构，最初根据公私兼顾的政策，在经济上予以支持，改善私营报纸的困难处境，对私营报纸实行社会主义改造。

中央人民政府政务院于1949年10月19日设置了新闻总署，作为领导与管理全国各类新闻媒介与新中国新闻工作的行政机构。新闻总署由胡乔木任署长，范长江、萨空了任副署长。

党对新闻工作认识的不断深化、新闻工作者的辛勤劳作和大胆革新，取得了显著成果，促进了新闻事业的大发展。1957年夏季以后，毛泽东多次提出"要政治家办报"。到1958年，我国新闻事业规模迅速扩大，新增报纸127种、杂志188种、广播电台30座。

1958年5月1日，北京电视台开始试播。9月2日，该台正式开播。1958年试播的电视台还有上海电视台、哈尔滨电视台、天津电视台等。

1957年3月17日，"中国记协"在北京成立，邓拓当选为会长。"中国记协"全称为中华全国新闻工作者协会，是全国新闻工作者的团体，主办的《新闻战线》月刊于1957年12月创刊。

1957年3月，毛泽东在全国宣传工作会议上发表重要讲话，同新闻界代表做了谈话，提出"百花齐放、百家争鸣"是一个长期的、基本的方针，只能放，不能收。同时，毛泽东也提出了要批判现代修正主义。

从1957年开始，我国开始全面建设社会主义事业。在这个时期，新闻事业坚持了社会主义方向，扩大了规模，积累了经验。

二、计划经济时期新闻报道的成就

在社会主义计划经济发展时期，经济宣传报道成为新闻工作最重要的内容。这一时期的新闻报道工作，具有鲜明的时代性特征，取得了令人瞩目的成绩。

一是紧密配合党和政府的中心工作。中华人民共和国成立初期，以《人民日报》为首的全国新闻媒体，紧密配合恢复和发展国民经济这一中心任务，重点宣传报道了全国财政工作、工商业调整和发展、广大人民群众精神面貌和生产生活发生的巨大变化等方面的情况。

二是突出报道国家重点建设的成就。新闻媒体全面展示了国家经济建设日新月异的全貌，激励人们热爱祖国投身建设的热情，促进了社会主义建设事业蓬勃向上和快速发展。

三是大力宣传普通群众。新闻媒体更多的版面和时段留给了群众，让人民群众充当宣传报道的对象和主角，大力宣传各行各业涌现出的先进典型，突出宣传普通人民群众中的先进人物与先进事迹，体现了广大人民群众当家做主的社会现实。

青年工人王崇伦事迹的连续报道影响最为深广。王崇伦是鞍山钢铁公司机械总厂的刨工，8次改进生产工具，每月超额完成的劳动定额为原计划的346.62%，一年完成了多年的工作量，被誉为"走在时间前面的人"。

抗美援朝的报道，是这一时期新闻宣传报道的一个重要组成部分，推出了大批可歌可泣的英雄人物，涌现出了大批的优秀新闻作品，如《不朽的杨根思英雄排》《伟大的战士邱少云》。其中，影响最为深远的战地记者魏巍在《人民日报》上发表的《谁是最可爱的人》。

宣传先进典型，是党的新闻工作的传统做法。20世纪60年代的典型宣传，比以往声势更大、更为集中。新闻媒体在促进全国形成朝气蓬勃、奋发向上、学习先进、团结互助的良好社会风尚方面，发挥了不可替代的重要作用。其中，影响最大的是雷锋、大庆、大寨、焦裕禄等典型宣传报道。

通过先进典型的宣传报道，人类历史上不曾有过的社会主义新风尚迅速吹遍全中国，全国各族人民达到了空前的团结和振奋。

三、计划经济时期新闻工作的失误

计划经济年代，经济高度集中统一，政府无所不包、无所不揽、无所不管。可以说，"计划经济"在很大程度上是"战时经济"的延续。经济基础决定上层建筑，新闻媒体自然被当作党政机关来管理，新闻工作也随之要求一切都要高度的集中统一，舆论也自然是"上下一律"，"小报抄大报，大报抄梁效（'文革'期间北大、清华大批判写作组的笔名别称）"。特别是"左"风盛行的年代，与"一大二公"的经济体制相适应，全国的媒体只有党报党刊"一花独放""一家之言"，别无分号，更无"奇花异草"。

（一）教条和片面

主要表现在中华人民共和国成立之初，在学习苏联新闻工作经验中，出现了脱离中国实际、照搬照抄的教条主义倾向，束缚了新闻工作的创造性。在新闻传播上，重宣传、轻报道，影响了新闻的全面性和真实性。

一是每天一篇评论。不论有无必要，报纸每天都要发表一篇评论，并要写够规定的字数，刊登于第一版头条位置，结果不少评论成为无的放矢、言之无物的文章。舍本逐末，过分片面强调不出错，以不登"更正"为目标，甚至提出了"为没有错误的报纸而奋斗"的口号，结果，形成了保守的办报观念。

二是新闻报道出现了严重的片面性。只报喜，不报忧；只能谈成绩，不能讲问题；严格限制批评报道，不能进行舆论监督。特别是报道国际新闻，不客观、不全面地反映国际社会的真实形势，对社会主义国家只报好，对资本主义国家只报坏；其他国家攻击我国的消息，一律不报道。结果，出现了隐瞒不住的问题。特别是国门打开后，群众看到的与媒体宣传的不是一回事，直接损害了党的新闻媒体公信力。

三是报道形式变呆板。在新闻写作上，学习了《真理报》和塔斯社之后，新闻内容越写越枯燥。在标题设置上，学习苏联报纸清一色的一行题，废止了我国传统的多行题，新闻标题越来越单调。《真理报》从不刊登广告，于是我们的媒体也不做广告。广播电台工作提出了以中央台为基础、地方台为补充的办台方针，要求地方台用尽量多的时段转播中央台的节目。结果，弱化了地方台联系当地实际的作用，削弱了地方台办好广播的积极性，新闻越来越呆板，经营路子越走越狭窄。

（二）判断力缺失

新闻媒体缺失判断力，集中表现在"大跃进"时期。

1958年5月，中共中央八大二次会议提出"鼓足干劲、力争上游，多快好省地建设社会主义"的总路线。此后，"大跃进"被迅速推广为群众运动。

在"大跃进"催人奋进的号角鼓舞下，迫切盼望改变国家长期以来贫穷落后面貌的广大人民群众，由于缺乏知识、缺乏经验，不尊重客观规律，急于求成，陷入盲动，口号和指标越来越离谱，浮夸成风。

新闻媒体判断力的缺失，对浮夸风起到了推波助澜的作用。当时的新闻宣传，出现了一些非理性特征。

一是声势很大。工农业生产指标、成就，各行各业的新纪录、新成果是"大跃进"时期新闻宣传的主要内容。从兴修水利到耕种收割，从植树造林到大炼钢铁，同时进行全国性、集中性、连续性大规模的宣传报道。在报纸版面和广播节目的技术处理上，处处着眼于扩大宣传效果，进行了大版面、大时段报道，并采用通栏大标题、震撼同期声，配以红旗、高炉、齿轮等图片和高音音乐等，制造了强大的声势和恢宏的气势。

二是调子很高。大力渲染思想的威力，大力宣传"共产主义精神在全国蓬勃发展"，宣称我国正处于"一年等于二十年"的时代，报纸上出现了《人有多大胆，地有多大产》的文章。1958年6月30日，报道了一个农业社亩产小麦5013斤，随后，各地不断报道农业生产放"卫星"，纪录不断被刷新。小麦亩产高达8586斤，稻谷亩产纪录从1000多斤增至130435斤。10月23日报道，湖南红薯亩产高达251822斤。这些报道，完全背离了客观事实和新闻规律。其中，当然有地方政府有关人员好大喜功的原因，但新闻媒体及新闻工作者丧失了判断力也是非常重要的原因。

1958年11月，毛泽东感觉到了这些问题，提醒道："记者的头脑要冷静，要独立思考，不要人云亦云。""不要人家讲什么，就宣传什么，要经过考虑。"

（三）批判性扭曲

新闻媒体的批判性被扭曲，主要表现在"文化大革命"时期。新闻媒体在高度计划经济条件下，口径高度一致，舆论空前一律，完全丧失了独立性和判断力。丧失了独立性和判断力的媒体，也就成了政治的附属品和"应声虫"。

受当时冷战思维和极"左"思想的影响，新闻媒体的批判性逐渐背离了现实性、大众性的目标和特点，致使媒体的批判性单一、片面地指向了意识形态领域中假想的敌人；进而仅凭想象和政治需要，来把假想的敌人形象化；然后，再从历史或现实工作和生活中，牵强附会地找出与此形象相近的人，将形象化的敌人具体化；最后，展开大规模、急风暴雨式的大批判。具体表现为两种形式。

一是根据结论查找事实。新闻媒体开展批判性报道，通常是由上级首先做出结论和定义，媒体从结论和定义出发，去挖掘和寻找素材，再通过报道来证明这一结论和定义。其中，最具代表性的就是对国家主席刘少奇的批判。首先，把刘少奇定义为"叛徒、内奸、工贼"，再以这一定义为指导，去逐一"审视"和"挖掘"刘少奇过去在白区、在根据地、在公开斗争时期、在秘密斗争时期、在军事斗争时期、在经济建设时期、在战争年代、在和平年代等不同时期的言行，越挖掘、越报道，刘少奇就越像"叛徒、内奸、工贼"。宣传得多了，也就有人信了，当权者的政治意图也就实现了。

二是误读历史影射现实。当时的媒体不能用历史唯物主义的观点对待历史事件和历史人物，不能用辩证唯物主义的态度对待领袖和学术界发表的学术观点，而是用现代人的思维去评价历史事件，用共产主义理想去衡量古人，再硬用当时的人和事去对号入座，运用强大的公共话语权逼人就范，让当事者百口莫辩、有口难言，实现当权者的政治意图。比如，对电影《武训传》、对新编历史剧《海瑞罢官》的批判，对小说名著《水浒传》的批判，对周公、孔子和孟子的批判等。

党的十一届三中全会后，新闻媒体在计划经济时期的这些报道内容和报道风格，虽然得到很大程度的纠正，但客观上，新闻媒体公信力受到的损害，很难得到及时的修复。

第五节
百花齐放——改革开放中的新闻传播

进入新时期，我国的主流新闻传播领域率先吹响了解放思想的号角，冲破了意识形态领域里的坚冰。经历了无数风风雨雨的新闻工作队伍走向了理性和成熟，舆论环境趋于稳定和健康，新闻媒体和新闻记者成为真正意义上的社会瞭望者，在引领和修正改革开放航船乘风破浪前行的过程中，发挥了不可替代的作用。同时，新闻传播事业也得到了飞速发展。

一、有力推动思想解放运动

1978年3月26日，《人民日报》发表评论《标准只有一个》，指出"真理的标准，只有一个，就是社会实践""有的同志不愿意承认或者不满足于马克思主义的这个科学结论，总想要在实践之外，另找一个检验真理的标准"，这预示着一场思想解放运动即将到来。

1978年5月11日，改版后的《光明日报》发表特约评论员文章《实践是检验真理的唯一标准》。关于真理标准问题的讨论，既是一场思想解放运动，也是一场针对当时思想战线上"左"倾错误的舆论斗争。同时，1978年6月2日，邓小平在全军政治工作会议上发表讲话，号召"拨乱反正，打破精神枷锁，使我们的思想来个大解放"。

在关于真理标准问题的讨论中，新闻界不仅旗帜鲜明地进行了宣传，而且新闻战线和新闻工作也在摒弃各种错误中逐渐回到了正确的轨道上来，呈现出繁荣发展的新气象。1978年6月至11月，中央和地方报纸发表了许多阐述"实践是检验真理的唯一标准"的文章。新闻战线开展的这场真理标准问题的讨论，冲破了许多思想上的禁忌和束缚，重新确立了党的"解放思想、实事求是"的思想路线，推动了各行各业拨乱反正的顺利开展。

二、改革开放中的新闻工作

1979年1月，农业生产责任制在全国各地展开。中央及各地新闻单位对此进行了大量的宣传报道。新闻媒体注意运用多种多样的报道形式，消息、通讯、述评、工作研究、记者来信、讨论会等灵活运用，使新闻宣传有声有色，获得了大部分农村干部和社员的好评。

"吃大锅饭"的问题，一直是阻碍城市经济体制改革的阻力。为提高群众对这一严重弊端的认识，各级新闻媒体发表了大量的文章，形成宣传上的强势。1982年1月至1983年2月，《人民日报》以"不能再吃大锅饭"为题，连续发表7篇社论，这些评论主题鲜明深刻，有力地配合了经济体制改革的开展。

各新闻单位还及时宣传报道了一些锐意改革的企业和人物，报道手法日趋多样。其中，1985年《辽宁日报》发表的《一个万人大厂搞活致富之路》，5月11日《人民日报》发表的《有胆量的决定》引起中央领导高度重视，报道中的成功经验很快在全国推广。

三、恢复和加强了舆论监督

1981年1月29日，中共中央发布了《关于当前报刊新闻广播宣传方针的决定》（以下简称《决定》），就报刊、广播、电视如何开展批评问题做了具体规定。《决定》指出："近年来，许多报纸刊物重视反映群众的意见和呼声，积极地开展批评和自我批评，增强了党和人民群众的联系，也提高了报刊和党的声誉。今后还要坚持这样做。各地党委要善于运用报刊开展批评，推动工作。"

1980年7月22日，《工人日报》和《人民日报》同时发表消息，披露了"渤海2号"钻井船翻沉事故。1979年11月5日，石油部海洋石油勘探局"渤海2号"钻井船在迁往新井位的拖航中翻沉，造成72人死亡、直接经济损失3700多万元的特大事故。然而，事发后，石油部的某些领导却掩盖事实真相，竟"把丧事当喜事办"，大张旗鼓地进行表扬，引起了群众的强烈不满。事隔半年后，《工人日报》《人民日报》终于冲破重重阻力，揭露了这起特大事故的真相。1980年8月，国务院做出决定，严肃处理"渤海2号"翻船事故的责任者，解除了某些人的领导职务，并从中吸取教训，改进工作。

1983年2月9日，中央人民广播电台报道了黑龙江省双城堡火车站野蛮装卸事件，揭露了某些服务行业工作人员的不良工作态度，引起了国务院和国家经委领导的高度重视。铁道部对这一事件的直接责任者进行了严肃处理。在社会各界的帮助下，双城堡车站的职工认真吸取了教训，重新树立了行业新风，面貌焕然一新。1983年7月3日，中央人民广播电台播发述评《双城堡车站大有希望》，对此进行了肯定和表扬。1985年6月25日，中央人民广播电台又播出《向装卸工人说几句话》，对这一事件做了总结，并说明"批评不是目的，目的是促进转化，改进工作，更好地为人民服务"。这种建设性的批评在社会上收到了良好的效果。

1987年5月，一场突如其来的大兴安岭特大火灾震惊全国。全国各新闻单位有160多名记者赶赴火灾现场，进行采访，而火灾现场有些单位的领导却在火灾紧要关头只顾"小家"不管"大家"，官僚主义作风严重，阻碍了扑火工作的顺利进行，并且对记者传送稿件多方阻挠，生怕暴露自己的问题，说什么这场火灾是"天灾"，企图推卸责任。这期间，《中国青年报》、中央人民广播电台等多家新闻媒体冲破重重阻力，不仅记录了广大军民与火搏斗的悲壮场面，而且又拿起批评的武器揭露了火灾背后的官僚主义弊端，指出这场火灾不仅是"天灾"，也是"人祸"，在社会上形成强大的舆论攻势。直接的结果是使当时的林业部部长被撤职，直接责任人受到法律的制裁。

1988年批评报道明显增加，其社会背景是当时社会上不正之风严重，尤其是"官倒"、以权谋私、贪污腐化等现象激起民愤。各新闻单位也就一些重大案件进行了披露和曝光，痛击了丑陋的社会腐败现象。

1989年，党中央根据当时国内外形势，提出坚持正面宣传为主的方针，并认为"坚持正面宣传为主的方针，不是不要批评报道"。

1990年以来，我国新闻媒介在宣传上以"团结、稳定、鼓劲"为基调，坚持"正面宣传为主"的方针，配合党和政府的中心工作，在宣传改革、宣传社会主义建设等方面发挥了重要作用。

坚持正确舆论导向，充分发挥新闻媒介的舆论监督作用，是我党在改革开放形势下新闻工作应当遵循的基本政策。

四、新形势下新闻工作方针的确立

在社会主义市场经济条件下，政府的职能和作用被重新定位，"十一五"规划特别强调，政府的主要职能是经济调节、市场监管、社会管理和公共服务，而把配置资源、提高效率的功能和作用最大限度地交由市场去承担。

在此形势下，我们党的新闻宣传方针是坚持正确的舆论导向，唱响主旋律，打好主动仗。坚持团结稳定鼓劲，正面宣传为主，加强舆论监督。说得简洁一些，就是要求媒体既要发挥好宣传的作用，也要尽到监督的职责。这是一个问题的两个方面，不能只谈其一，不顾其他，否则就要犯片面性的错误，就容易走极端。

对新涌现的报刊、出版、影视集团等新媒体，在中央有关文化体制改革文件中，提出了"党委领导，政府管理，行业自律，自主经营"的新管理体制，不仅党报、党刊、广播、电视事业实现了大发展，而且都市文化生活类报刊、互联网、手机、移动电视、手机电视等新兴媒体也不断涌现，新闻传媒事业出现了大繁荣、大发展的良好势头。移动电视、手机电视在上海、北京、长沙、西安等地已经正式开播运营。

党的十六届五中全会全面分析了国际国内形势，结合我国继续深入改革、扩大开放的客观实际，赋予了新闻战线和新闻媒体六项职责："宣传党的主张、弘扬社会正气、通达社情民意、引导社会热点、疏导公众情绪、搞好舆论监督。"这是新形势下新闻工作的行动指南。

江泽民说导向正确是党和人民之福，导向错误是党和人民之祸。胡锦涛说导向正确是利党利国利民，导向错误误党误国误民。"

2008年，通过总结北京奥运会和汶川大地震抗震救灾新闻工作的经验，党中央确立了新形势下新闻工作的新准则，即新二十字方针：导向正确、及时准确、公开透明、有序开放、有效管理。

党的十八大以来，习近平总书记高度重视新闻舆论工作，将做好新闻舆论工作提高到五个"事关"的高度："事关旗帜和道路，事关贯彻落实党的理论和路线方针政策，事关顺利推进党和国家各项事业，事关全党全国各族人民凝聚力和向心力，事关党和国家的前途命运。"并将在新的时代条件下党的新闻舆论工作的职责使命概括为"四十八字"："高举旗帜、引领导向，围绕中心、服务大局，团结人民、鼓舞士气，成风化人、凝心聚力，澄清谬误、明辨是非，联接内外、沟通世界。"

第二章
忽如一夜春风来
——新形势下新闻传播的新特点

信息技术突飞猛进，传播手段日新月异，颠覆了传统新闻传播的规律，打破了传统新闻传播的格局，突破了传统新闻传播的时空，刷新了传统新闻传播的观念。新闻传播领域出现了许多前所未有的新问题、新情况、新特点。

在这样的新形势下，要想正确面对新闻媒体，有效引导社会舆论，必须全面正确地认识和把握新形势下新闻传媒出现的新动力、新特点，有的放矢，增强各级领导干部工作的针对性和有效性。

第一节
萝卜白菜各有所爱——社会意识多元化倾向

长期以来，主流新闻媒体在宣传党的主张、弘扬社会正气、引导社会热点、疏导公众情绪等各方面发挥了非常大的作用，社会主义核心价值体系得到了不断巩固和加强。

社会存在决定社会意识。从社会存在来看，我国所有制形式呈现出多种经济所有制混合、并存等特点。从意识形态领域来看，社会意识多元化、多样性、多变性特征日益明显，正确的与错误的、先进的与落后的、主流的与边缘的思想观念相互交织，各种非马克思主义思潮有所滋长，意识形态领域的噪声、杂音此起彼伏。

一、关于是非观念问题

是非观念属于社会意识范畴，是世界观、价值观的直接反映。是非观念是由社会存在决定的，受社会存在的制约，受文化理念的影响，具有传承性、连续性、阶级性和可变性。

是非观念是社会成员对于社会事务最基本的评价标准，是社会成员最基本的行为规范，是一个自然人必须具备的、最基本的社会意识，历来备受社会各界的关注。

是非观念是人类社会发展过程中长期积累、沉淀、升华、凝聚起来的精华，基本的是非观念具有长期性和稳定性，扭曲或随意加入"另类"观念，会造成思想混乱，催化社会冲突。明确了是非观，社会成员才能明荣辱、知进退，社会才能和谐、稳定。

大众传媒的传播形式是一对多，其受众广泛，影响很大。作为大众传媒，必须明确自身担负的社会责任，并通过真实、具体、健康、向上的新闻报道，体现媒体明确、公正的是非观念，而不能在报道事件过程中，模糊甚至颠倒是非。

作为各级党委、政府和领导干部，在本地区、本单位发生社会事件后，特别是进一步引发新闻事件后，应该及时、主动地介入，公开表明党和政府的态度，果断迅速地处置社会事件，不仅要引导或领导所属新闻媒体客观、公正地报道事件本身，更重要的是利用新闻媒体弘扬正气、鞭笞邪恶，引导社会公众分清是非、明辨曲直，树立健康向上的良好社会风尚。

【典型案例】

昆山宝马男砍人被反杀事件

2018年8月27日，江苏昆山市一辆白色宝马车驶入非机动车道，并与非机动车道内正常行驶的电动车车主发生争执。争执过程中，宝马车上一名文身男子从车中取出一把砍刀连续击打电动车车主，但长刀不慎脱手落地，骑车男子捡起长刀后捅刺、砍击数刀，文身男子抢救无效死亡。

此案发生后，社会各界给予了极大关注，豪车司机霸道违章欺辱电动车车主、行凶者被反杀等案情细节，激起了民众的义愤。网络上就电动车车主的行为是否属于正当防卫展开激烈争论。

9月1日，江苏省昆山市公安局、检察院发布昆山交通纠纷引发砍人致死案的通报，回答了网民普遍关注的诸多问题，并认定当事电动车车主的行为出于防卫目的，符合正当防卫意图，不负刑事责任，公安机关依法撤销案件。

【案例剖析】

一、网上对此案的关注实质是民众对自身防卫权的担忧

面对非法侵害时，普通民众应该如何保护自己才算是正当防卫一直以来都存在激烈争论。尽管1979年《刑法》已将正当防卫制度列入其中，并在1997年《刑法》的制定过程中，将防卫行为的限度进行了放宽，但司法机关对正当防卫的把握过于严格，这是一个无法回避的问题。有媒体统计了北京法院2016年至2018年间涉及正当防卫情节的100份生效刑事判决，仅有一起被认定为正当防卫案件，六起被认定为防卫过当案件。民众普遍认为，我国关于正当防卫的规定实践难度太高，甚至认为正当防卫是Mission Impossible（不可能的任务），提出了"正当防卫只能靠跑"的观点。

正当防卫是公民应当享有的一项基本权利。在我国，由于司法认定的过分严格，该权利长期受到限制，如2009年湖北邓玉娇刺死官员被判防卫过当、2017年山东于欢杀死辱母者一审被判无期等，这些判决之所以会受到民众的尖锐批判，原因就在于我国这些判决对于正当防卫的认定与民众的基本正义感相距甚远。此次"昆山反杀案"在社会上引发广泛关注，表明民众对正当防卫权利的热切期盼。

二、官方结论立场鲜明、合情合法消除了民众的顾虑

9月1日，昆山警方发布了案情通报，明确根据《刑法》第20条第3款，认定于某的行为出于正当防卫，不负刑事责任，公安机关依法撤销案件。昆山警方在通报中引用的法律依据，是刑法对正当防卫中无限防卫权的规定，即对正在进行行凶、杀人、抢劫、强奸、绑架以及其他严重危及人身安全的暴力犯罪采取防卫行为，造成不法侵害人伤亡的，不属于防卫过当，不负刑事责任。这份通报甫一发布，就被等待结果多日的网民疯狂转发，并得到无数点赞。

尽管对于这个结论也有一些专家提出了异议，认为是受到了舆论压力影响，但绝大多数专家和民众都对此持肯定的态度，认为这次撤案决定不仅是对个案是非曲直的法律评价，也是对整个社会的规范指引，能够为我国司法界依法正确适用正当防卫制度树立标杆，具有重要的里程碑意义。官方通告发布后，有效回答了民众关注、解答了民众质疑，特别是对电动车车主"正当防卫"的判定，一边倒地得到了民众的认可，舆论认为这将是推动法律进步的标志性判决。

三、当地政府部门应对舆情做法可圈可点值得总结

在此次事件中，昆山公安部门和检察院表现出了极强的敏感性与过硬的素质，整个事件处理得当、效果明显。

一是及时回应把握主动。8月27日夜间事件发生后，迅速引起舆论的高度关注，当地公安部门8月28日迅即反应发布通报公开案情，检察部门8月29日一早也发表通报澄清谬误，尤其是检察院"连夜提前介入"，更显示了当地应对突发事件的高效。由于相关职能部门的迅速介入，极大压缩了谣言传播的空间，将主动权牢牢把握在手中。

二是措辞严谨以理服人。在检察院的最终通报中，充分考虑到了当事人所处的境地，将个案"置于天理、国法、人情之中综合考量"，弥合了民意与立法的现实沟壑，消除了网络上那些不接地气的"圣人"杂音，回应了民众呼声；而"法律不会强人所难""树立良好的社会价值导向""司法应当负起倡导风尚、弘扬正气的责任"等言语，更是令人耳目一新为之振奋，让民众看到了政府弘扬正气的鲜明态度。

三是考虑周到不留疑点。这起"昆山反杀案"的查处过程，还体现了与网络民声的良性互动。警方在通报中指出"经现场勘查，车内未发现其他违禁品""网传刘海龙获见义勇为荣誉证书情况属实"，体现了案件查办不搞"闭门造车"，理性面对网络质疑，清除了不必要的公众猜疑，也让网络时代正当防卫的认定更加经得起时间和公众的检验。

尽管在检察院第一份通报中，将电动车车主定为"犯罪嫌疑人"、死者定为"受害人"，引起了一些网络争议，但总体看来，昆山当地部门应对此事件整个过程相当成功，将为其他类似事件的处理提供有益借鉴。

二、关于价值取向问题

价值取向是社会成员用来评价人物行为、事件和事物的基础，是选择自己目标的准则。价值取向是人们的行为取向以及人们对事物的评价、态度的外在反映，是世界观的重要内容和具体表现，是人们社会行为的内在动力。价值取向支配着人的行为、态度和信念等，支配和调节着人们的一切社会行为。

近年来，有些媒体报道的一些内容的价值取向就很值得探讨。

【典型案例】

关于国民党军官仵德厚的报道

从2007年5月开始，许多媒体以"一个抗日老兵的风雨人生""台儿庄战役最后一位指挥官""敬礼！抗日英雄仵德厚将军"等为题，采取多种形式，大量报道了居住在陕西省泾阳县龙泉镇的原国民党少将师长仵德厚的生平和传奇经历。其中，不少媒体的报道使用显眼的标题，只突出了仵德厚"台儿庄战役敢死队队长唯一幸存的指挥官""抗日英雄""抗日名将""新中国成立后被共产党判处有期徒刑10年""获释后成为自食其力的农民"等，而对其为何被判刑进行了刻意淡化，有的甚至干脆不提。

【案例剖析】

一、仵德厚被判刑事出有因

经查阅有关历史资料，事实上，我党判处仵德厚10年有期徒刑事出有因。

1948年7月至1949年4月，徐向前、高树勋指挥解放军进行解放太原战役。当时，驻守太原的国民党第30军军长黄樵松是一位具有爱国思想和民族气节的军人。在抗战中，黄樵松拥护抗日民族统一战线，参加了娘子关、台儿庄和保卫武汉等战役，屡建奇功。

抗战胜利后，黄樵松不满蒋介石的内战政策。1948年11月，黄樵松与解放军徐向前、高树勋部秘密联系，在太原酝酿起义。由于其信任的部下27师师长戴炳南、副师长仵德厚向阎锡山告密，起义计划被瓦解，黄樵松被捕且被押解南京遭国民党政府杀害。同时，被诱捕、慷慨就义的，还有解放军八纵参谋处处长晋夫、参谋翟许友，30军谍报队队长王震宇、队员王裕家。仵德厚因此有功，被蒋介石、阎锡山提拔为27师少将师长。

因起义失败，使得解放太原成为人民解放军解放战争中最残酷的几场攻坚战之一。防守太原的国民党官兵伤亡6万多人，攻城的解放军伤亡45000多人。太原平民的伤亡，至今没有权威的数据。

破城之后，仵德厚被俘，被判处有期徒刑10年，属从轻发落。

服刑期间，仵德厚认罪服法，表现积极。1959年，仵德厚刑满释放后，被指定到山西省太原东台堡太原砖厂当工人。1975年，毛泽东签署命令："凡国民党县团级以上军警宪特一律释放，与家人团聚。"仵德厚返回家乡，一直居住在陕西省泾阳县龙泉镇雒仵村，开始学习放羊种地，后来进村办砖厂做工。

1986年，仵德厚成为泾阳县政协委员。2007年6月6日去世，终年97岁。

二、正确引导媒体报道的方法探讨

如果全面了解仵德厚的经历，特别是太原战役的经过，那么，从历史唯物主义的观点来看，判处仵德厚10年有期徒刑，正是我党充分考虑到他曾是抗日英雄的结果，是我党实事求是、胸怀宽广的具体体现。

对于仵德厚其人其事，由于一些媒体主观片面、断章取义的报道，客观上传播了我党不能容人，不能辩证地、历史地评价和对待历史人物和极"左"等错误观点，歪曲了事实，否定了党的历史，抹黑了党的形象，诱导了大众对我党的不满情绪。

笔者个人认为，在引导、指导有关新闻媒体报道类似涉及历史的事件和人物时，要把握好以下几点。

一是价值取向要正确。我们领导干部对历史和现实中的人物行为、事件、事物，首先要有正确的价值取向，这是正确引导媒体的前提和基础。正确的价值取向，就是马克思主义历史唯物主义价值观。不论是评价历史还是现实中的事件和人物，都不能脱离当时的历史背景，去孤立地、片面地认识问题，更不能用不同时代人的思维模式和价值取向，去评价某一历史时期的事件和人物。否则，就会走入形而上学的误区。

二是不限制媒体报道。一些鲜为人知的历史事件和特别人物，也是媒体报道的重要资源之一。对一些有意义的历史事件和历史人物进行客观、深入的挖掘和报道，有时对现实社会和具体工作具有积极意义。比如，通过对抗日战争时期国民党的一些爱国将领和普通官兵抗击日寇、英勇奋战客观历史史实的挖掘、整理和展现、报道，可以增强民族凝聚力，有利于早日实现祖国统一大业和中华民族复兴。

三是正确评价历史事件和人物。在本案例中，我们首先要对仵德厚做出客观、公正、正确的评价。笔者认为，一方面，仵德厚是一个爱国将领，是一个抗日英雄，是国民党的忠臣良将；另一方面，仵德厚又是内战的帮凶，是共产党的死敌。他被俘后，放下屠刀，认罪服法，洗心革面；刑满释放后，自食其力，成为人民中的一员。

四是要指导媒体全面报道。对于一些类似功过皆有、毁誉并存的人物和事件的报道，应该引起各级党委政府和领导干部的高度重视。一定要特别注重引导新闻媒体客观、公正、全面地进行报道。如果对此类片面报道、失真报道和不实报道等不及时加以纠正和正确引导，就可能会冲击我们的主流核心价值取向，造成人民群众思想混乱。

在对仵德厚的报道上，中共陕西省委宣传部及时与省内新闻媒体沟通，要求媒体在报道中要客观、全面，要注意把仵德厚被判处10年徒刑的真实原因讲清楚。省内媒体在报道中，有的做了清晰的表述，有的加上了延伸和链接阅读内容，有效地避免了省内受众产生歧义，收到了良好的预期效果。

三、关于理想信念问题

在中国共产党领导人民长期浴血奋战、艰苦奋斗的历史中，理想信念高于一切。无数革命者，为了共产主义，为了国家独立，为了民族解放，为了人民幸福，抛头颅、洒热血，无怨无悔。在党的领导下，共同的理想信念，把一盘散沙的中国凝聚成为一只铁拳。这只铁拳，无敌不破，无坚不摧。共同的理想信念，在漫长的革命战争岁月里，成为我军广大指战员和革命群众强大的精神动力和坚强的革命意志；共同的理想信念，在和平时期经济建设年代，成为全党全军和全国各族人民团结奋斗的共同思想基础。

20世纪，在中国共产党倡导的理想信念感召下，仅仅用了28年时间，就使积贫积弱数百年的中国站了起来，并迅速挺起了脊梁，这是一个无可争辩，而又被广泛认可的事实。这一点，连中国共产党的敌人都不否认。

中国的国情与世界上其他国家具有很大差别。与其他国家最大的不同是，在中国，如果国人的共同理想信念被瓦解、被颠覆、被否定、被推翻，失去了共同理想信念，所有的中国人就一定又会成为一盘散沙，中国也必定会重新回到辛亥革命之前。在这个问题上，共产党人、国民党人，包括全球华人，都应该保持冷静的头脑和清醒的认识。

近年来，社会上出现了一些事件和言论，产生了一些传言和谣言。有的编成"段子"口头传播，有的编成手机短信传播，有的做成印刷品传播，有的甚至利用大众传媒进行传播，使社会公众的思想认识出现偏差，一些人的理想信念发生了动摇，对党产生了无端的误解和猜疑，特别是对青少年的影响尤为严重。其中，以大众传媒传播的内容、观点，对社会各界的影响最大。对此，一定要高度重视。各级党委宣传部门要及时有效地指导大众传媒把握好传播口径，时时处处注重弘扬和巩固共同的理想信念，使广大人民群众更加紧密地团结在一起，这是巩固党的执政地位、强化党的执政基础最根本、最重要的大事。

【典型案例】

一些影视剧存在的问题

2008年年初，在推出电影"贺岁片"《集结号》前后，各地许多报纸、广播、电视、网络等大众传媒，都运用抢眼的标题和极具冲击力的形式，对该片进行了大版面、宽时段、集中的、连续性的追捧和报道，在社会上形成了争相观看的热潮。

电影《集结号》讲述了一个发生在1948年冬天到1956年间的故事。在淮海战役中，解放军某部一个连的连长谷子地，带领全连指战员与敌军展开了激烈的战斗，全连伤亡过半，仅剩47人。在随后进行的汶河战斗中，连长谷子地奉命阻击敌人，掩护大部队撤退。团长命令谷子地一定要完成掩护任务，听到"集结号"才能撤退。这场战斗很激烈、很残酷。由于谷子地没有听到命令撤退的"集结号"，因此带领所属指战员固守掩护阵地，死战不退。最后，除谷子地一人被炮弹震晕幸存，全连其余指战员全部牺牲。谷子地被救后，因其部队已被改编，无人证明该连的存在，被解放军误认为是被俘的国民党军士兵，经常受到怀疑、猜忌、审查，百口难辩。谷子地忍辱负重，在战俘营以"解放战士"的身份重新参加解放军，继续战斗。随后，又参加了抗美援朝战争，有一次在地雷封锁区，舍身救助自己的首长，身负重伤。

中华人民共和国成立后，47名牺牲的战士，长期被不公正地定性为"失踪"。谷子地为了给牺牲的战友正名，到处搜寻证人证据，历尽艰辛，其经历催人泪下。

影片中有两个镜头值得一提：一是在掩护大部队转移的阻击战中，连队寡不敌众、伤亡惨重，连里有的骨干和战士为减少牺牲，谎称自己听到了"集结号"。为此，战士们发生了严重的分歧和争执。二是在团长墓前，谷子地得知，当时团长考虑到如果让谷子地连撤退，"敌人马上就会压上来"，大部队无法转移，所以，团长根本就没有下达吹"集结号"的命令。谷子地对着团长墓顿时情绪失控，怒火冲天，红了眼，为了牺牲的兄弟要与"团长"打架。

【案例剖析】

这部电影看起来很吸引人，特别是在年轻人看来，真正反映了真实的人性，很真实、很感人。但也不能不说这部虚构的电影故事对我们的主流价值观造成了一定的负面影响。

一是让一些人感到：上级欺骗了下级，组织是不可靠、不可信的。

二是我党领导队伍中的不少人，把保住自己的生命放在了第一位，把完成党交给的任务放在了第二位。

三是共产党的组织和干部很官僚，不实事求是，不公正，冤枉英雄，委屈烈士，让英雄流血又流泪，让世人看了心寒。

四、关于民族大义问题

民族大义，有广义和狭义之分。从广义上讲，就是一个民族的整体利益和长远利益。从狭义上讲，就是一个民族当前和今后一定时期要完成的重大使命、承担的重大责任。民族大义，是意识形态领域基础层面的内容，可以把不同信仰、不同政见的团体和个人团结起来，是一个民族凝聚力的基础。

【典型案例】

剖析电影《色·戒》的社会影响

2007年年底，电影《色·戒》放映前，受到了多种媒体"一边倒"的追捧。随后，该电影受到了一些有识之士的质疑和批评。有些观众尖锐地指出，《色·戒》不仅是一场色情盛宴，而且潜移默化地向受众传递了有损民族大义的观念。有些观众认为，电影《色·戒》恶搞抗日史实，亵渎抗日先烈，美化汉奸形象，损害国家荣誉，践踏民族尊严，伤害民族感情，危害社会公德，叫板正义力量，颠倒了真、善、美与假、恶、丑的价值取向，混淆了正义与非正义的基本性质，让人观看后不仅未能获得任何精神享受，反因这个影片遭受到巨大的精神痛苦，民族自豪感、民族自尊感遭受严重挫伤，特别是对广大青少年产生了十分不良的影响。

由于青少年对抗日战争那段历史缺乏足够的认识，大多数年轻人认为，《色·戒》反映了"真实的人性"。但是，由于阅历尚浅，他们没有认识到，人性是建立在是非观念基础之上的，是有阶级性的。至少，人性不能凌驾于国恨家仇和民族大义之上，不能因为要张扬个人的所谓"人性"，就忘记国恨家仇，就抛弃民族大义。

由于形势转换、社会转型、体制转轨的过渡性和不确定性，以及市场经济的双重影响，加之经济成分、利益关系、组织形式、分配方式的日益多样化，使人们思想活动的独立性、选择性、多变性和差异性明显增强；特别是网络的迅速发展，使得影响干部、群众思想的因素和渠道越来越复杂多样。西方敌对势力对我实施分化、西化的战略图谋和渗透活动一刻也没有停止。随着世界经济、政治和文化交流日益密切，各种思潮观点的涌现、传播及其影响也渐渐超越国界。

大众传媒是我们党最重要的思想阵地，是在各级党委领导下开展传播和经营活动的。各级党委和领导干部一定要高度重视，切实加强对大众传媒的领导，在纷繁复杂的传播场中，要切实增强责任感，要提高政治敏锐性，要见微知著。对于传媒中的杂音、噪声和错误思想舆论，不能听之任之、消极防范甚至被动失语、缺位；对于现行思想文化中丑恶的东西、腐朽的生活理念和文化垃圾，不能任其泛滥；对于那些瓦解共同理想、扰乱社会秩序、腐蚀崇高信仰、污染社会风气的思潮，更要及时予以批驳，坚决进行抵制。

第二节
为价值观而战——舆论斗争成为政治较量

从国际形势来看，影响世界和平发展的不稳定、不确定、不安全因素在增加。世界范围内各种文化和新闻、舆论的交流、交融、交锋日益频繁。西方发达国家凭借其经济、科技优势，通过各种渠道，加紧对我国实施新闻渗透战略，通过新闻宣传对我国实施西化、分化。特别是近年来，境外一些媒体借题发挥、蓄意炒作、抹黑中国；利用各种传播渠道，攻击我国政治制度、司法制度、出版制度和新闻管理制度；插手我国人民内部矛盾和群体性事件，煽动所谓的"维权"运动，培植"政治异见人士"，千方百计与我争夺舆论阵地、争夺受众、争夺人心。目前，各级领导干部大力提高引导舆论的能力，有效抵御西方意识形态的传播渗透的任务十分紧迫。

西方不少别有用心的人很不情愿看到一个强大的中国崛起，他们借助国际舆论，不断抹黑中国。在奥运会前，先是炒作我国的食品安全问题、一些运动员要自带食品和水来中国参赛，后渲染北京的空气不达标、空气污染、要戴几层口罩来京等，还有中国人权、言论自由、网络管理等，无所不用其极，极尽抹黑之能事。怀着各种目的的5万多名记者蜂拥而至，蔚为壮观，大大超过了参赛运动员的数量，成为奥运史上"空前绝后"的一道奇特风景。可以说，许多媒体并不完全是来报道奥运赛事的，而是抱着一种好奇，或者说是抱着一种看笑话、挑毛病、找碴儿的目的而来。

一、西方媒体伺机围攻中国的冷战思维没有改变

长期以来，以美国为首的资本主义强国，一直试图主导整个国际社会。美

国也成为西方媒体的意见领袖。自1949年以来，新中国一直是西方新闻媒体怀疑、敌视、丑化和围攻的对象。多年来，经过西方新闻媒体歪曲性的传播，中国在西方人的心目中，几乎成为一个被专制奴役、被饥饿困扰的人间魔窟；认为中国不仅威胁着现实世界，更威胁着"文明人们"真、善、美的观念与信仰。我国1960年前后的饥荒和一些政治运动，进一步强化了这种错误的形象。

近年来，西方媒体对中国的冷战思维并没有结束。其围攻中国的形式主要有三种：一是寻找我国的"政治问题"；二是把经济问题政治化；三是把社会问题扩大化、政治化、民族化。

通过不完全统计，西方媒体攻击中国的议题主要有8个，即台湾、西藏、新疆、天安门事件、法轮功、人权、食品安全和环境保护。针对这8个主要问题，西方媒体通常是有计划、有组织、相对集中地对我国实施舆论围攻。不难看出，这8大议题中，政治议题就占6个。其中，台湾问题、西藏问题、新疆问题、天安门事件更是西方津津乐道的4大"政治议题"。

2009年1月28日，美国众议院外交事务委员会一致通过2009年度的优先审议议题，其中的重点就是瞄准中国的4大"政治议题"下手。该委员会指出："今年是天安门事件20周年，是藏人反抗中国统治、发起暴动50周年，也是国会通过《与台湾关系法》30周年，外交事务委员会将关注相关纪念活动。"

一份针对英国《泰晤士报》的研究，也证实了西方媒体严重的冷战思维。该报长期以来对中国政治的报道中，台湾问题成为其设置的主要议程，1989年政治风波也成为其反复炒作的事件。共产党成为被妖魔化的符号，该报将共产党描绘为专制者和独裁者。

另外，中国"经济威胁论"也甚嚣尘上，并衍生出"中国贸易威胁论""资源能源威胁论""生态环境威胁论""人民币汇率操纵论""中国资本威胁论"等多个变种。

二、国际传媒肆意美己丑我

世界大国在崛起过程中有一个普遍规律，就是充分运用大众传媒手段，传播本国独特的文化，努力塑造和展示国家形象。以美国为首的西方国家，利用旗下强势的大众传媒和国际话语权，在千方百计美化自己的同时，对我国的形象进行了蓄意的扭曲和丑化。

1997年，英国企业界在政府的支持下，发起了以"最酷的不列颠"为主题的英国形象国际宣传活动。1998年，日本政府提出了"文化立国"战略。法国也于提出了"文化欧洲"的设想，谋求建立欧洲文化共同体。

早在1945年，美国政府就全面启动了树立良好国际形象的媒体传播战略，并很快取得了成功。国际传媒界普遍认为，到目前为止，美国大众传播成功地塑造了具有两重性的美国国家形象。第一，美国形象的内涵就是平等自由。人们一提到美国，自然就想到了平等自由；而说起平等自由，往往都会提到美国。第二，美国的价值观就是普世价值观。人们认为，美国的价值观超越了宗教、国家、民族。只有美国的普世价值观，才是放之四海而皆准的人类共同价值观，必须充分认识、完全接受和实践这种价值观，否则，就是一种落后和不开化的表现。如今，提到"平等、民主、自由、法治、人权"等美好境界，大多数人都会很自然地想到美国。

在国际社会，我国大众传媒的声音一直处于弱势。在文化传播上，相比于西方国家，我国文化的影响力和辐射力主要局限在周边地区，如韩国、日本和部分东南亚国家出现了汉语热，一批海外"孔子学院"开始建立并发展。

总体来看，我国的国家形象还不尽如人意。从客观上讲，西方敌对势力通过大众传媒，蓄意抹黑、恶意歪曲、传播失真是主要原因。但从主观上讲，也有我们大众传媒自身的原因。1988年，电影《红高粱》一举夺得第38届西柏林电影节最佳电影"金熊奖"。此后，《大红灯笼高高挂》等一大批反映我国几十年前个案、乡土气息浓厚的电影，正中西方观众下怀，其中塑造的形象，为中国的"传统"与"古老"定了格。"我爷爷"和"我奶奶"的故事，成为许多西方人心目中中国人的形象。在西方，"神秘、迷、故事"成为定性中国文化的常用语。

不少西方人是通过奥运会的新闻报道，才开始改变中国一穷二白、中国人穿长袍、扎辫子的印象。

三、新闻传媒话语权之争愈演愈烈

总体来看，国家之间的公共关系，经历了对抗、宣传、说服三个时代。其中，新闻传媒领域一直处于最前沿，是最主要的战场之一。随着形势的发展，国家之间的关系发生了一些变化，表面上，由对抗转变为合作，转变为国家之间、围绕本国利益进行对话的行为。这些变化，只是形式上的变化，实质上没有改变。

近年来，我国与西方一些国家之间的新闻舆论之争，虽然没有硝烟，但常常非常激烈。在新闻舆论斗争过程中，我国新闻战线，也大致经历了防御、相持和反攻三个阶段。这在2008年，表现得十分明显、非常具体。

2008年拉萨"3·14"事件以前，我国的新闻舆论斗争基本可以说处于防御阶段，或者说处于被动挨打阶段。2008年4月1日，北京奥运圣火传递，标志我国的新闻舆论斗争进入了相持阶段。从2008年5月12日汶川大地震开始，标志着我国的新闻舆论传播形势进入了主动、反攻阶段。特别是2009年新疆"7·5"事件，更标志着我国新闻舆论传播基本进入了主动应对、有利反击的阶段。

其中，拉萨"3·14"事件是一个沉重的话题。在事件早期，我们没有充分意识到新闻舆论的极端重要性，没有有效地引导、组织新闻媒体与达赖集团争夺国际舆论的主导权，更没有鼓励新闻媒体在第一时间发声，而是层层请示，各级都是被动地等待上级的指令，并迅速地把外国记者"请"出了拉萨。不仅如此，在拉萨"3·14"事件发生后两天，除新华社、中央电视台等中央权威媒体报道的消息，其他媒体集体失声，一片沉默。尽管事件背后是复杂的意识形态和民族宗教问题，但我们的媒体没能在第一时间客观真实地报道正在发生的事实，客观上，等于主动放弃了成为权威信息来源的资格，造成了流言四起、张冠李戴，甚至无中生有的歪曲性报道迅速充斥了国际舆论场，导致了西方主流媒体的联手，形成了"反华大合唱"，使我国的形象被进一步"妖魔化"。两天后，我们虽然花了很大力气，但很难彻底纠正。时至今日，法国、德国等一些西方国家首脑，依然顽固坚持支持、同情、会见、善待达赖，授予其荣誉公民称号等。

奥运圣火传递更加凸显了话语权的重要性。我们认真分析，西方的新闻传播理念大致有三个：一是意识形态理念，实质上是冷战思维的延续；二是国家利益理念，始终坚持国家利益至上，认为中国的崛起必然会挤压和分割自己的利益；三是普世主义理念，也就是自我标榜的以人道主义为核心的理念，西方社会很在意人权、宗教、自由这些概念。

2008年4月1日，北京奥运圣火开始在全球传递。在拉萨"3·14"事件的阴影下，伦敦、巴黎、旧金山等地，奥运圣火传递遭遇了抗议、示威与冲突等事件的严重干扰。同时，达赖集团和西方反华势力对我舆论攻击愈演愈烈，让我们措手不及。其议题主要集中在价值观层面，上讲天理，下讲人性。虽然他们所描述的事实充满漏洞，却很能俘获人心。

相比之下，我国的对外新闻舆论，则更加注重以事实为论据，用事实说话。比如，在西藏问题上，遭到西方国家舆论围剿时，我们始终是被动地站在强势国际舆论场的边缘，十分无辜、非常委屈地强调数十年来西藏人民物质生活条件的改善、政治上当家做主等。尽管列举了大量事实，但由于价值取向的巨大差异，很难打动和说服西方受众，总是让人感到声音太小、气势太弱。

经验表明，在跨文化传播过程中，确凿的事实常常被不同的价值观、意识形态偏见和民族情绪轻而易举地击垮、打败。也就是说，在新时期，新闻舆论斗争已成为政治较量最重要的形式。而在国际新闻舆论斗争中，我国在被动中使用列举事实的传统做法，遇到以不同文化理念为基础，由不同的价值观、意识形态偏见和民族情绪混合形成壁垒时，就像是"润物细无声"的春雨遇到了钢筋混凝土构筑的堡垒一样，其作用和威力是远远不够的。

新形势下，国际新闻舆论斗争的核心战斗力构成要素是国家媒体强势传播而形成的国际话语权。国际话语权往往对构建国际社会秩序起着决定性作用。

目前，我国虽然媒体众多，但规模都不大，实力也较弱。各地、各类媒体，都怀着各自的目的，在各自的区域内各自为战：往往是考虑自身利益多，考虑国家大局少；考虑眼前利益多，考虑长远利益少；算经济账多，算政治账少。

我国是一个人口大国、地理大国。不少史学家和政治家都认为，近代的中国由于积贫积弱，所以，长期处于被动挨打的地位。为此，我们要一心一意抓经济，实现国富民强，摆脱被动挨打的地位。笔者认为，这种推论或观点不完全正确，贫穷、落后、弱小的国家不一定被动挨打，被动挨打的根本原因是不团结。只有不团结的国家，才会被动挨打。有些国家，或很穷，或很小，或很弱，但由于很团结，所以，多年来，从未挨过打；而有些国家，或国土面积很大，或军事实力很强，或很富裕，但由于不团结，所以，经常被欺凌。比如，伊拉克等国家，类似实例，不胜枚举。

新闻舆论战也是如此。目前，我国的新闻媒体虽然规模小，国际影响也不大，但数量众多、人才济济，这是我们的优势。我们各地区的党委和领导干部，一定要加强对所属媒体的协调和整合，严格按照党中央及中宣部的指示和要求，使各类媒体紧密团结起来，凝聚成一只铁拳，党中央指向哪里，我们就打到哪里，就一定会攻无不克、无坚不摧，赢得新时期新闻舆论斗争的主动权。

四、我国对舆论斗争重要性认识的深化

圣火传递被骚扰事件发生后，我们比较清醒地认识到新闻舆论斗争的重要性，针对西方媒体发起的舆论围攻，我国政府、媒体、知识精英，包括民众，开

始认真应对国家话语权的竞争。海外华人迅速表现出空前的团结。这股民众自发的力量，充分体现在国际互联网上。一大批80后的华人，充分利用网络平台，运用西方人听得懂的语言，来传达中国人正义的声音。

从北京奥运开始，我国的国家新闻舆论从消极防御转变为积极防御，进而转向充分对话阶段。这不仅是中国和平崛起的必然要求，而且，国际社会也需要一个在公共话语权上成熟、稳健的中国。

今后，社会主义中国不但要作为一个政治主体、经济主体参与国际社会生活和全球市场博弈，还要作为一个意志表达主体，与世界各国协商公共事务、解决面临的问题。在经济一体化、核武器相互制衡的时代，具有充分的话语权是进行平等对话的前提，也是开展国家公关和树立良好国际形象的基础。在国家公关中，经济实力是重要因素，但不是唯一因素。有时，经济实力甚至不是最重要的因素。

在报道汶川地震中，我们提出"快就是政治"。我们在报道地震过程中，积累了应对重大公共危机宝贵的、制度性财富，让西方传媒界吃惊不已、刮目相看。

如果说汶川地震是中国政府的危机公关，属于突发事件中的应急反应，筹备数年的北京奥运会就是中国国家公关能力的首次全面展示。这场融合了中华优秀文化元素、现代发展符号和奥林匹克精神的文化盛典，促使国际社会开始抛开固有的成见，用平和的心态重新审视和"发现"古老而又年轻的中国。在北京奥运的这次全球性传媒竞争活动中，我国无可争辩地掌控了国际话语权。

实践证明，当我们恰到好处地把国内新闻媒体团结起来，并科学合理地运用大众传媒，把握了公共话语权，充分展示优秀文化、广泛参与国际社会，世界对我们的接纳度就最高，我们获得的认同、支持和反响也就最大、最强烈。反之，我们就会陷入孤立和被动。

2008年年底，我国国家公关在国际话语权争夺上更是初露锋芒。12月4日，针对法国总统萨科齐执意与达赖会面的举动，中国通过新闻媒体首次警告，将对法国实施经济制裁，并推迟举行中欧峰会。12月17日，据法新社报道，作为美国最大债权国的中国，通过新闻媒体警告美国政府，如果再不改革经济体制，中国将不再购买美国国债。由此，我们可以清晰地认识到，话语权越强势，越能在特定议题上占据上风。

五、实施国家公关战略，夺取新闻舆论斗争的主动权

2009年是一个特殊意义的年份：3月份西藏民主改革50周年、拉萨"3·14"事件一周年，汶川地震一周年，1989年政治风波20周年、中华人民共和国成立60周年等。这几个关键性的历史时间节点，加上经济危机导致的东南沿海多家工厂倒闭、600多万大学生就业难、群体性事件高发等诸多现实问题，无疑再一次考验中国的国家公关能力。目前，我国经济在世界经济中有了较大份额，对世界经济增长贡献率达到30%，但我国的声音和文化影响，没有相应的地位。我国国家公关，可以说时不我待。

自十七届三中全会以来，中央对国家公关战略的重视程度与日俱增。2008年12月20日，李长春同志在纪念中国电视事业诞生50周年大会上提出，要加强国内、国际传播能力建设，指出："当今时代，谁的传播手段先进、传播能力强大，谁的思想文化和价值观念就能更广泛地流传，谁就能更有力地影响世界。"在2009年1月4日全国宣传部长会上，李长春重申："努力增强文化软实力，进一步提升中国国家形象。"

随后，国家投资450亿元人民币，推动《人民日报》、新华社、中央电视台三大媒体的国际化发展，以改善我国的国家形象。

为了应对金融危机、抵御经济下滑，中央和地方政府都在加大投资力度，兴建大工程、大项目。其中，也应该包括新闻传媒事业的发展。我们能不能抓住机遇、乘势而上，能不能实现跨越式发展，值得认真研究、思考。我国各省有这

么多优秀的历史文化遗产，都是向国际社会传播、渗透的优质资源。我们各级地方新闻单位能不能积极、主动、稳妥地开拓一些向省外、向国外传播的渠道？能不能做一做对外传播报道的版面、时段，甚至频率和频道？也值得我们各级领导干部和新闻单位认真研究、思考。

我们各级领导干部和新闻单位应该解放思想、敢想敢干。有些事情不要总认为是天方夜谭、完全不可能。我们来看一看美国彭博资讯公司。

彭博公司的创始人迈克尔·布隆伯格，工科学士学位，最初与人合伙开办服装公司，埋头经营15年。1981年40岁时，因公司内部纷争，他被扫地出门。他没有颓废，冷静地分析了自身优势和形势，认为全球经济正处在一个关键的转型时期，人们对于资讯的及时性和准确性需求越来越强烈，服务业的比重也变得越来越大，计算机的使用将所有的信息电子化，而后，通过网络以最为简便的方式传输给用户，这将是人类经济生活的一项巨大变革和发展趋势。于是，他创办了彭博资讯公司。彭博仅用了22年，收入就超过了具有150年历史、世界上最大的资讯公司——路透集团。现在，该公司已经发展为集新闻、数据和数据分析于一体的全球性多媒体集团。

美国人能做到的，我们中国人就一定做得到！

党的十八大以来，习近平总书记高度重视新闻宣传舆论工作，在2013年8月19日召开的全国宣传思想工作会议上就明确指出："我们正在进行具有许多新的历史特点的伟大斗争，面临的挑战和困难前所未有，必须坚持巩固壮大主流思想舆论，弘扬主旋律，传播正能量，激发全社会团结奋进的强大力量。"在党的十九大报告书中总书记也明确指出："坚持正确舆论导向，高度重视传播手段建设和创新，提高新闻舆论传播力、引导力、影响力、公信力。"在此之前，在2014年8月18日召开的中央全面深化改革领导小组第四次会议上，总书记特别指出，要"推动传统媒体和新兴媒体融合发展，要遵循新闻传播规律和新兴媒体发展规律，强化互联网思维，坚持传统媒体和新兴媒体优势互补、一体发展，坚持先进技术为支撑、内容建设为根本，推动传统媒体和新兴媒体在内容、渠道、平台、经营、管理等方面的深度融合，着力打造一批形态多样、手段先进、具有竞争力的新型主流媒体，建成几家拥有强大实力和传播力、公信力、影响力的新型媒体集团，形成立体多样、融合发展的现代传播体系"。总书记还特别强调"拓展对外传播平台，努力传播当代中国价值观念"。

好风凭借力，送我上青云。我们正处在一个中华民族崛起的伟大时代，中国的新闻传播事业也进一步可以大展宏图，不断创造奇迹。

第三节
风起于青萍之末——正确引导舆论的作用

从国内形势来看，我国的发展正处于改革发展的关键时期，加之国际金融危机的影响，国内经济社会发展面临着很多困难。这一时期，既蕴藏着巨大的发展潜力，又面临着许多制约发展的深层次问题。改革进入攻坚阶段，人们对改革的预期目标普遍提高，共享改革成果的要求和愿望更加强烈，迫切需要兼顾各方利益；一些社会问题进一步凸显，群体性事件时有发生，处理人民内部矛盾的难度大大增加。

在这种情况下，各级党委、政府和领导干部，科学、准确地认识和把握面临的形势和任务，正确引导舆论，对于"统一思想、凝聚智慧、积蓄力量、激发活力，促进改革发展、维护社会稳定"的作用日益突出，非常重要。

一、深化改革遇到的矛盾

当前，我国正处于深化体制机制改革、加快经济结构调整、加大对外开放的关键时期，改革发展的复杂性、艰巨性日益突出。我国的经济体制改革，正在由传统二元经济结构向现代经济结构转变，经济增长方式正在由规模数量型向质量效益型转变。这些变革都具有基础性、长期性和根本性，所触及的面积之广、规模之大、影响之深、人员之多，无论在中国还是在世界的现代化历史进程中都是空前的。制约深化改革的主要矛盾盘根错节，十分敏感。

（一）深化改革与共享改革成果的矛盾

改革的本质目标是实现经济社会快速发展。改革的过程，也是各社会群体利益调整的过程。

改革开放前期，从1978年到1992年，改革之风遍及全国，各地区、各行业、各单位的广大民众都一心一意地谋求自身的发展，并取得了立竿见影的成效。这一时期，改革虽然也存在许多问题，只是因为人们的注意力没有集中关注，所以，矛盾没有凸显出来。另外，改革开放的前期，能够普遍提高社会收益，整个社会的方方面面都是改革的受益者，更重要的是各个社会群体之间、各个社会成员之间获得的利益差别不是很明显。因而，改革有着广泛的社会基础和群众基础，确保了改革得以顺利进行。

目前，经过多年的改革发展，各个社会群体之间、各个社会成员之间获得的利益差别已经十分明显，并且还在不断加大。改革的社会基础和群众基础问题已经变得非常突出。而且，随着改革的不断深化，将会更加突出。

能否正确处理深化改革与共享改革成果的矛盾，使广大民众相对公平地共享改革开放的成果，正在考验着我们党的执政能力。要妥善解决这一矛盾，必须充分发动群众，获得广大民众的理解和支持。在这个过程中，新闻舆论的作用是不可替代的。

（二）经济发展与体制改革的矛盾

改革收益与改革成本不对称。比如，在改革过程中，国有企业承担了很大的改革成本。其中，包括就业、税收、维护经济和市场稳定等，但国有企业总体收益很低。与国有企业相反，私营企业、合资企业、外资企业的总体收益很大，却承担了很低的社会成本。这样的体制机制，在改革发展中，对国企就显得不公平、不公正。

管理体制不平等。目前，我国对国有企业实行双轨制或多轨制管理，国有企业既要受计划经济体制的约束，又要受市场经济体制的制约，造成了国有企业的经营、管理行为都是双重的，也是矛盾的，其活力和竞争力肯定会受到限制。而私营企业、合资企业、外资企业等非国有企业，是在市场环境下发展起来的，与市场经济体制具有天然的适应性。将两种不同类型的企业，同时放在继续深化改革、不断被强化和完善的市场经济体制中去进行自由竞争，国有企业就难免处于不利的地位。当然，民营经济、外资企业也有相比于国有企业所有的天然不足，在政策的扶持、资源的占有使用、资金信贷、财政帮助、市场开拓等方面，受到有形无形的羁绊。

改革中损益双方的矛盾，也就是改革受益者与改革受损者之间的矛盾。任何一项改革的实施，都会存在受益者和受损者。在改革中，国有企业与国企职工，常常都是改革的受损者。如果其中再存在少数人暗箱操作，采用各种不合理、不合法的手段侵吞国有资产，使国企陷入困境，造成国企改制，大批职工下岗，无法实现再就业，生活无保障，看不到好转的希望，则很可能导致矛盾的升级甚至激化。

（三）市场经济与垄断经营的矛盾

目前，中国的经济体制，是不成熟的市场经济。相对于西方发达的资本主义市场经济，中国是不成熟、欠发达的社会主义市场经济。二者存在的差异，形成了独有的中国特色。目前，我国正处于市场经济、垄断经营、政府干预同时并存的时期。

党的十六大报告提出，要"确立劳动资本、技术和管理等生产要素按贡献参与分配的原则"。市场经济体制强调，生产要素的投入与收益要对称，劳动投入与劳动报酬要对称，效率与公平要兼顾，市场配置资源是最有效率的。在我国，这一目标原则还没有完全实现。

我国的垄断行业，来源于国有资本长期的垄断经营，其产业经营规模越来越大，成本高、价格贵、效率低、服务质量差、国际竞争力弱。行政垄断是行业垄断的重要基础。由于行政性垄断没有得到根本改革，国民经济命脉行业呈现出"半行政化、半市场化"的体制特征。

垄断行业主体凭借和依靠国家无偿拨付、优惠政策得到的资源和特许垄断权，形成了自己独特的"成本优势"，参与市场竞争，轻而易举地获得垄断利益。凭借国家授予的行业行政管理或监管执法权力，设置市场进入壁垒，冠冕堂皇地排挤竞争对手，严重削弱了社会的投资机会和投资意愿。其提供的产品和服务、价格上升的速度和幅度，明显高于社会平均价格指数，增加了国民经济其他部门和行业的运营成本，降低了其市场竞争力。垄断价格削弱了居民的真实购买力，使市场需求受到抑制。

由于行政垄断和行业垄断的存在，在一定程度上，造成了服务职能权力化、行政权力资源化、国有资源垄断化、垄断利益行业化、行业利益私有化，造成了垄断部门、垄断行业获得的高收入和高福利，与其为社会提供的服务极不相称。一方面，引起了人民群众的强烈不满，加剧了社会矛盾。另一方面，刺激了其他部门和行业攀比和仿效，诱发了权力寻租和腐败案件的发生，进一步加剧了人民的不满。

二、制约发展的实际问题

目前，我国经济社会发展面临许多问题和难题。归纳起来，主要有6个。

（一）就业问题

我国是人口大国，就业形势一直不容乐观。近年来，随着工农业生产技术的不断提高，我国的就业增长速度呈现出下降的趋势，并且下降速度越来越快。"八五"期间，我国的经济每增长1个百分点，就能够创造90多万个就业机会；而在"九五"期间，GDP虽然以每年10%左右的速度增长，但经济每增长1个百分点，只能创造70多万个就业岗位。这种趋势，凸显出当前我国就业形势的严峻。据统计，从2000年到2010年，是我国中学生、大学生的毕业高峰，就业难问题是一个长期存在的问题。特别是受2008年全球性金融危机的影响，我国的就业形势更是雪上加霜。一方面，不少企业经营困难，许多中小企业停产破产，产生了大量失业工人。另一方面，为了应对金融危机，国家出台的调整产业结构、推进产业升级等措施，实质上是提高产业的科技含量，而科技，特别是高科技，具有天生的、巨大的排斥劳动力数量的特性。再加上庞大的新增劳动力群体，我国今后的就业形势将是十分严峻的。

（二）"三农"问题

近年来，农民收入的增幅大幅度下滑。1996年农民收入增幅曾经达到了9％，但1997年下降到了4.6％。此后，连年下滑，2001年降到了2.1％。在今后相当长的时期，我国"三农"问题的严峻形势很难得到根本解决。目前，国内大部分农产品价格已经远远高于国际市场价格，通过大幅度提高农产品价格来增加农民收入的空间，十分有限。增加农民收入的困难增大，农村基础设施建设欠账太多，社会事业建设任务相当艰巨。鼓励和支持农民进城务工的基本措施，又遭遇了全球金融危机影响的瓶颈。由于农村人口众多，农村劳动力的转移将是一项长期的、艰巨的任务。

（三）社会差别问题

大量事实表明，我国客观存在着地区差别、行业差别、城乡差别、收入差别等，随着改革开放的不断深入，这些差别非但没有缩小，反而在不断扩大。其中，地区差别不仅仅表现在GDP指标上，同时，也表现在社会事业的全面发展上，特别是科技、教育、卫生和文化等方面。目前，我国的贫富差距已经进入国际预警范围，而且，地区差距与收入差距、城乡差距等相互交叉、相互重叠，产生的叠加效应使得贫富差距问题更加突出。虽然国家实施了减轻农民负担、加强新农村建设、实施西部大开发战略、加强收入调节等一系列措施，但是，收入差距问题并没有从根本上得到有效解决。缩小社会差别，将是我们党和政府今后一个时期面临的重要问题。

（四）安全稳定问题

长期以来，特别是进入20世纪90年代以来，宗教极端势力、民族分裂势力和国际恐怖势力对我国国家安全构成了严重威胁。国内形形色色的敌对分子，利用各种时机，寻找各种借口，不断处心积虑地制造舆论、蛊惑人心、挑起矛盾、制造事端，严重危害群众的生命财产安全和社会稳定。比如，"3·14"事件、"7·5"事件等，严重危害了国家的安全稳定。

（五）劳资纠纷问题

目前，我国市场经济正处于不成熟的发展时期，劳资双方存在一定的矛盾。双方在解决矛盾时，资本强、劳工弱的现象很难从根本上消除，很容易发生劳动者的合法权利被损害、劳动条件恶化等问题，进而引发纠纷、争端和冲突。近年来，由不良劳资关系所引发的社会问题不断增多，农民工权益受损、工资被严重拖欠、劳动强度过高、工资福利过低、劳动超时、工伤事故、社会保险、同工不同酬等问题频繁发生，十分普遍，并有不断加重的趋势。劳资纠纷和冲突已经成为整个社会高度关注的重要问题，并已成为影响社会安全稳定的主要因素之一。比如，在2008年11月一个月中，出现广东东莞劳资冲突事件，重庆市主城区、湖北省荆州市、海南省三亚市、甘肃省兰州市、云南省大理市和广东省汕头市等地，也相继出现由劳资纠纷引发的出租车罢运等事件。

（六）群体性事件增多

改革初期，参与改革的社会群体和个体，通常都能获得十分明显的增益型改革利益。于是，改革获得了很高的认可度和支持率。近年来，随着改革的不断深化，社会发生了深刻变化，各阶层利益深刻调整，参与改革的社会群体和个体获得的改革利益已由十分明显的增益型转变为十分明显的差异型，收益不同，得失各异。同时，由于社会发展滞后于经济发展，民生问题改善不到位，社会不公现象比较突出，社会上产生了仇官心理、仇富心理，致使社会矛盾增多、加重。若不及时疏导、妥善处理，一些很小的实际问题就可能使矛盾激化，引发纠纷和冲突，导致群体性事件发生。从2008年9月至11月短短的3个月中，集中出现了多起群体性事件，如川渝9—10月教师罢课事件、湖南吉首"9·3"非法集资事件、重庆巫溪"9·19"车祸事件、河北廊坊"10·19"铁路征地事件、江西铜鼓县"10·24"山林纠纷事件、深圳宝安区"11·7"对讲机砸人事件、甘肃"11·17"陇南事件、湖北武汉"11·18"下岗职工上访事件、重庆开县"11·21"村民煤矿冲突事件等。

三、充分发挥媒体的作用

目前，我国改革发展进入了关键时期，经济社会呈现出了"发展黄金期"和"矛盾凸显期"的阶段性特征。理性分析，我国面临的矛盾和问题，主要有几个特征：一是基础性。这些社会矛盾和问题，主要集中在经济、社会和民众的最基本层面，与基本民生问题密切相关，涉及面积广、行业多、层次深、影响大、解决难。二是顽固性。目前，我们面临的许多社会矛盾和社会问题，一方面，根深蒂固，很难根治；另一方面，即使暂时平息，但很容易出现反弹、反复。三是紧迫性。许多社会矛盾和社会问题，负面影响很大，如果不及时处理，往往在短时间内就会迅速膨胀，集中爆发。四是连带性。某一区域、某一行业、某一单位、某一个体出现的某些具体问题，一经刺激，很快就会演变为整体性、全局性的社会问题。

新闻媒体是介于各级党委、政府、各种社会团体、经济组织与广大民众之间最重要的介质，具有覆盖面广、渗透力强、可信度高、影响力大等优势。在这一历史阶段，新闻媒体在化解社会矛盾、解决社会问题、促进社会和谐的过程中，具有独特的、不可替代的作用。

（一）新闻媒体促进利益调整作用

目前，我国社会的经济成分、组织形式、就业方式、利益关系和分配形式等日益多样化。社会个体与社会群体之间、部门和行业之间，存在着多种多样、相对独立的经济利益，存在着许多新矛盾、新问题，如果应对不力、处理不当，就会产生社会群体分裂、对立，影响社会稳定。

新闻媒体充分发挥舆论影响和调节作用，对于正确处理改革发展中遇到的新矛盾、新问题，对于协调城乡、区域与社会不同群体的利益关系，能够发挥积极的促进作用。为此，各级党委、政府和领导干部，应该正确引导新闻媒体加强城乡一体化进程的报道，大力倡导社会各界扶贫济困、互帮互助的新风尚，弘扬先富帮后富、先富带后富的互助协作精神，加强努力扩大就业、完善社会保障机制的报道，加强缩小贫富差距、促进社会公平正义的报道，促进改革成果惠及广大群众。

民生类新闻资源，是新闻媒体报道的重点和亮点。民生新闻关注普通百姓，关注弱势群体，关注社会公平，促进社会正义，注重表达最基层民众的利益诉求，体现了公共话语权的广泛性、大众性，将诚信、友爱、公平、公正等和谐社会的思想观念，融入十分具体的民生事实中。许多具体的实际问题，经新闻媒体报道后，立即引起了各级领导的高度重视，许多无人管的事情有人管了，不少没人做的实事有人做了。新闻媒体对民生新闻的报道，客观上起到了解决实际问题、化解社会矛盾、促进社会和谐的重要作用。

在涉及民生问题上，新闻媒体具有独特的优势和鲜明的特点，值得我们领导干部认真研究，正确认识，为我所用。

一是系统庞大。新闻媒体包括中央媒体、省级媒体、市级媒体、县级媒体、港澳台媒体、国外媒体等。其中，既有党报党台，又有都市类、文化类媒体；在境外媒体中，既有对我国一贯友好的媒体，也有长期攻击我国的媒体，但更多的是客观、中性类媒体。所有媒体，在对民生问题的关注上有着许多共同之处。其中，最大的共识就是：希望民生改善、改善、再改善，变好、变好、再变好。如果我们能够最大限度地发挥这些媒体的积极作用，我们就掌握了舆论工作的主动权。

二是接触广泛。新闻媒体拥有庞大的采编队伍。在总部之外，有些媒体在关键地理位置还建立了相应的记者站。新闻记者是一个十分独特的群体，其"嗅觉"十分灵敏，往往在人们想象不到的区域中正在酝酿的事情，新闻记者能够最先察觉。发生突发事件，常常是在我们党政机关和领导干部刚刚得到消息时，新闻记者就已经到达了现场。再难进的门，新闻记者能进去；再难沟通的人，新闻记者能采访；再难寻的东西，新闻记者能找到。另外，不少新闻记者还有自己可靠的"线人"来作为其耳目的扩展和延伸。这些"线人"的身份"三教九流"、无所不有，大大地提高了新闻记者接触社会的广度和深度。

三是灵敏高效。新闻记者观察问题、观察社会具有独特的视角，业内称之为"新闻眼"。许多人们平时不注意的、司空见惯的事情，记者能够发现其中的民生新闻价值，从中提炼出新闻并报道出来，立刻就能引起政府有关部门的重视，直接促进了问题的解决。我们常常在新闻媒体上看到这样的报道。不少发生在有关机关和部门眼皮底下、多年纠缠不清的问题，新闻记者介入后，仅用一两天的时间，媒体就公开报道出来，而且，把事情的来龙去脉表述得清清楚楚、明明白白。

四是有分有合。"合"是指在关注民生、同情弱者，希望民生最快、最大限度地改善上，绝大多数媒体的直接愿望是基本相同的。如果报道这样的新闻，有的媒体受到了区域性行政干预，那么，其他区域甚至境外的新闻媒体会毫不迟疑地出手，或策应受阻媒体的报道，或直接代发新闻稿件。"分"，是指绝大多数媒体报道民生新闻是为了促进民生的改善、化解社会矛盾，而少数境外敌对势力的媒体，有时会蓄意把民生问题政治化，借一些现实民生问题抹黑党和政府，试图激化我国的社会矛盾。

实践证明，长期以来，我国的新闻媒体对"三农"、安全生产、征地拆迁、农民工、看病难、住房难、子女入学难以及弱势群体、困难群体等问题的报道，已经引起了全社会的关注并解决了许多实际问题，增加了全社会的稳定、和谐因素，及时消除了许多不稳定隐患，更重要的是转变了许多传统观念，收到了非常好的效果。

（二）新闻媒体疏导社会情绪的作用

新闻媒体是党和政府联系广大人民群众最重要的桥梁和纽带，是广泛进行统一思想的重要利器。充分发挥新闻媒体的解释、沟通、疏导功能，对于密切党群关系、干群关系，化解社会矛盾，可以发挥重要的作用。

首先，全面传播党的主张是避免消极社会情绪的可靠保证。

党的主张，是党的路线、方针、政策、决定、决议、文件等精神实质的统称。党的主张，是党根据国际形势和国内形势的发展变化，总结国内外经济社会发展成功的经验和失败的教训，结合我国社会全面发展的阶段性特征，在深入调研、集中民意、汇聚民智、科学论证、认真研究的基础上，经过审慎拟定、深入讨论、反复修改后才进行颁布实施的。党的主张是一个时期党和政府的行动指南，是全国人民努力的方向。

党的主张具有完整性和正确性。党的主张的完整性是正确性的前提和保证，正确性是完整性的最终体现。如果自上到下，都能够全面、完整地传播和落实党的主张，经济社会就一定能够全面、持续、协调、快速发展，人民群众就能够获得更多、更大的实惠，社会矛盾也会得到有效的缓解或化解。

党的主张在传播过程中存在失真现象。在现实中，自上而下地传播党的主张，有时存在失真现象，主要有技术性失真和人为性失真。技术性失真，主要是指由于传播主体的认知缺陷，客观上造成的传播信息失真。也就是各级传播者对党的主张，理解得不深、不透、不准，在传播过程中，使党的主张出现了残缺，破坏了其完整性和正确性。人为性失真，主要是指传播主体在主观意志支配下，有选择地传播信息，造成的传播信息失真。个别地区、行业、单位和个人，有时怀着种种目的，把本地区、本单位甚至是个人的利益凌驾于党的主张和人民的利益之上，

有选择地执行党的主张，肢解党的主张，把党的主张变成了实现自身利益、损害广大民众利益的"挡箭牌"，严重损害了党的形象，人为加剧了社会矛盾。

充分运用新闻媒体传播党的主张，能够有效避免和消除人力传播容易产生的技术性失真和人为性失真，能够有效覆盖人力传播过程中的"死角"和"盲区"，能够确保党的主张的完整性和正确性，使党的主张真正得到全面贯彻落实，真正造福于民，有效避免消极社会情绪的产生。

其次，加强心理沟通是化解社会矛盾的前提和基础。

党的主张，如果没有被群众全面、正确地理解，常常会使群众产生抵触情绪，上级政策再好，也不能得到真正的贯彻和执行。事实证明，有时群众存在的许多情绪和不满，往往是由于对党的主张了解不够、认识不全面造成的。如不及时沟通，就可能引发纠纷、加剧矛盾。

各级党委、政府和领导干部，应引导新闻媒体加强对党和政府重大决策的深入报道、跟踪报道，增强政府决策的可知性和透明度。凡涉及群众切身利益的重大决策和措施，都应该注重运用新闻媒体，加以解读、解疑，进行充分报道和说明。

各级党委、政府和领导干部，要积极支持新闻媒体按照新闻规律办事，把政务报道搞好、搞活、搞精。新闻报道的客体是广大民众，党政机关干部尽量不要撰写所谓的新闻通稿，机关干部写的新闻稿件常常带有浓厚的公文色彩，不适

合老百姓的口味，群众不爱看，这样，很难实现传播目的。要积极支持新闻媒体采用群众喜闻乐见的形式，有针对性、有趣味性地开展报道；要指导媒体深入浅出地解读政策，因势利导地发挥释疑解惑的作用。

各级党委、政府和领导干部，在注重指导新闻媒体及时进行"上情下传"的同时，要更加注重及时关注媒体反映群众意愿、要求和呼声的新闻报道，并把二者有机结合起来，形成双向互动、顺畅沟通的良好态势；要积极鼓励和支持新闻媒体开展舆论监督，迅速解决媒体报道的实际问题，及时化解消极情绪。

最后，加强思想疏导是化解矛盾的有效方法。要化解社会矛盾，必须先解决思想问题，促进情绪和谐。随着形势的发展，人们思想活跃，民主意识增强，利益诉求日益多元化。在这种情况下，各级党委、政府和领导干部要充分发挥新闻媒体"春风化雨，润物无声"的效力和作用，指导新闻媒体，注重传播艺术，因势利导，化解思想矛盾，使媒体成为促进思想和谐的"润滑剂"。

要密切关注新闻媒体对社情民意的调查、分析和反馈性报道，通过报道切实了解民众在想什么、盼什么、爱什么、恨什么，明确我们需要谋什么、做什么，并迅速落实到工作上。为民众解决实际问题，是解决思想问题、化解社会矛盾最有效的手段。

思想疏导作用突出体现在对热点、焦点问题的引导上。社会的热点、焦点问题，始终是新闻媒体重点关注、报道的对象。在平时的工作中，各级党委、政府和领导干部应该时刻注意新闻媒体的这类报道，密切关注和跟踪报道中群众呼声最高、反映最强烈的社会热点、焦点问题，有针对性地加以解决。新闻媒体要充分发挥化解社会矛盾、促进社会和谐的作用，就不能回避社会热点、焦点问题。所以，对于现实中客观存在的社会热点、焦点问题，各级党委、政府和领导干部要积极支持和鼓励新闻媒体主动介入，敢于接触，善于化解。

（三）新闻媒体的危机预警作用

在新时期、新形势下，人民内部矛盾呈现出许多新特征、新特点，利益性矛盾普遍增多，复杂性增大，对抗性增强，冲突性增加，激化的概率增高。如果处理不及时或不恰当，很容易产生思想问题，并很快由思想问题转化为对立情绪，很可能使非对抗性人民内部矛盾演变为对抗性人民内部矛盾，引发群体性突发事件，造成区域性、阶段性社会危机，影响社会稳定，破坏社会和谐。

美国的报业先驱普利策曾经说过："倘若一个国家是一条航行在大海上的船，新闻记者就是船头的瞭望者。他要在一望无际的海面上观察一切，审视海上的不测风云和浅滩暗礁，及时发出警报。"

在新时期、新形势下，在我们这样一个人口众多、地域广阔的多民族国家，新闻媒体和新闻记者作为社会航船"瞭望者"的作用，显得更加突出、更加重要。各级党委、政府和领导干部，只要能够指导新闻媒体正确认识和把握社会危机产生规律，增强危机预警的前瞻性，适时科学地引导社会舆论，就可以使凝聚的情绪得到有效疏导，激化的矛盾得到有效缓解，新闻媒体的作用得到有效的发挥。

1. 要指导新闻媒体建立新闻舆论预警机制

舆论预警，是指新闻媒体和记者及时对经济社会中的非正常信息进行及时的采集、筛选、归类、集中，并进行初步研判，向公共管理机构发出警示预报信息。舆论预警是经济社会的"警报器"。各级决策者和广大民众，要注意及时通过媒体舆论预警信息，认真查找问题，仔细分析原因，采取果断措施，力争把问题解决在危机和风险爆发之前，最大限度地减小危害。社会矛盾从产生、发展、激化直到爆发，都有一个量的积累过程，都有其产生和发展的规律。要积极支持和鼓励新闻媒体充分发挥自身特长，以独特的目光，及时发现问题，敏锐洞察趋势，快速判断性质，快捷预报信息。这样，各级决策者才能未雨绸缪，取得化解矛盾的主动权，把危机消除在萌芽状态。要支持和鼓励新闻记者在工作中处处留心，对社会舆情、现实矛盾、潜在危机等做到及时洞察、了然于胸，通过内参或公开报道，运用舆论力量，提前做好疏通、引导工作，积极主动地化解社会危机。

2. 要建立应急报道机制

突发事件是社会各界关注的重点和焦点。突发事件令人猝不及防，常常因为在处理过程中没有做好新闻报道而引发公众的强烈不满。各级政府和单位建立应急报道机制，相当重要。要通过新闻报道，增强处理突发事件的透明度，及时报道事件真相；要通过新闻报道，及时、正确、全面地披露受众应知、欲知而未知的各种信息，满足广大民众的知情权；要通过新闻报道，消除群众的疑虑，稳定社会情绪，防止以讹传讹；要通过新闻媒体，及时纠正偏激言论，疏导非理性情绪，防止事态进一步扩大。

3. 要为社会情绪提供合理的释放渠道

突发事件发生后，总会引起一些组织、个人对社会和政府产生不满情绪。对此，各级党委和政府应提供合理的、可控的社会情绪释放渠道，使民众的不满情绪能够得到及时宣泄，并确保不产生大的消极影响。在所有渠道中，新闻媒体是无可争辩的最好途径。突发事件发生后，新闻媒体及时把党和政府应对处理危机的决策、措施和成效传达给群众，稳定群众的情绪。同时，把群众的意愿和心声及时向党和政府传递，可以发挥反映民意、消除民怨、缓解矛盾的作用。

综上所述，新闻媒体在有效引导社会舆论、化解社会矛盾、促进社会和谐方面，具有不可替代的独特优势。各级党委、政府和领导干部，一定要注重发挥新闻媒体的这一重要作用，为我们的事业发展助力。

第四节
衣带渐宽终不悔——新闻媒体的管理越来越开放

新闻，是一种特殊的商品，既有一般商品的基本属性，又属于意识形态领域的重要内容，与国家的利益和安全密切相关。为此，长期以来，世界各国对于新闻的管理都非常重视，以不同的形式和手段，对新闻的生产和传播实施有效的控制和管理。在经济全球化的新形势下，世界各国对于新闻媒体和新闻生产的管理政策法规，进行了不断的改革和调整，对于新闻媒体的管理趋于更加宽松，对于新闻产品的管理也趋于更加开放。

一、"流动、交流、融合"——新闻生产全球化越来越明显

随着全球经济一体化进程的加快，各国资本、技术人才、资源等生产要素呈现出许多新特征、新趋势。总的来看，横向流动日益增多，流动频率不断提高。新闻生产和流动也随之发生了相应的变化。

（一）生产要素的流动摆脱了意识形态的制约

过去，特别是冷战时期，由于意识形态之争，东、西两大阵营在经济社会的各个领域展开了全面对抗，生产要素的流动，很难突破意识形态壁垒，基本上是在各自阵营中有序流动。

冷战结束后，意识形态界限被迅速淡化和瓦解，生产要素的流动获得了空前解放，按照价值规律和市场规则，在国际社会实现了自由流动。

（二）生产要素的流动突破了国家之间的界限

近年来，跨国公司、跨国产业、跨国行业迅速增多、快速膨胀，有力地推动了生产要素的跨国流动。

国家之间的矛盾、分歧和对抗，对生产要素流动、国际化生产、国际贸易的影响越来越小。

国家之间的竞争逐步代替对抗，合作成为主流，交流成为常态，互惠互利、双赢多赢成为各国相互交往的主流共识。

（三）新闻资源的特性加速了新闻交流

新闻资源，是一种特殊的生产要素，是一种特殊的资源，是开展新闻生产的基础，是生产新闻产品的原材料。新闻资源不同于生产其他商品所需资源，其特殊性最主要有两点。

一是新闻资源的共享性。同一新闻资源不会因为使用的人数增加而不断减少，导致最后枯竭，也不会因为被某人先行使用或交换而被独占。

二是新闻资源交流的便利性。新闻资源可以转化为多种多样的信息，可以通过多种途径、多种手段进行十分便利的交流、交换，与其他实物产品资源的流通相比，具有成本低、速度快、范围广的独特优势。

新闻资源不同于其他实物产品资源这些显著特点，极大地促进了新闻的生产、交流、流通和融合。

（四）新闻产品流动十分活跃

狭义上的新闻产品，也就是传统新闻产品，专指消息和专题等纯新闻性产品。广义上的新闻产品，也就是现代新闻产品，泛指包括纯新闻性产品和新闻传媒新增加的服务、知识、娱乐等产品的总和。

新闻产品是一种特殊商品，具有一般商品具有的流动性；新闻产品是在资本的支撑下生产的，具有一般商品的属性和特征。

更重要的是，在所有商品中，新闻这种特殊商品时效性最强，在一定时限内，新闻极具价值，而超过了一定的时限，新闻则一文不值。这一点，是新闻产品不同于其他商品的最鲜明的特征。

所以，相对于其他商品，新闻的产生周期最短、流动频率最高、流动速度最快。这是不以人的意志为转移的客观规律，人为进行干扰，收效甚微。

（五）各国对新闻的管理都很重视

在全球经济一体化的条件下，新闻作为商品实现了跨国流动，并呈现出新闻全球化特征。

与其他产品不同，新闻产品与意识形态密不可分，与国家安全直接相关。为此，世界各国对新闻产品的生产、传播和销售等环节的管理都十分重视。不同的国家和地区，结合自身实际，制定了相关的法律、制度和规定，对新闻行业实施有效管理、控制和制约。

世界各国对于新闻的管理，有五点相同之处：一是都对新闻媒体及其从业人员的资格进行审查和管控；二是都对采访、报道行为进行审查和管控；三是都对媒体发布的新闻作品进行审查和管控；四是都对新闻产品市场进行审查和管控；五是都对新闻产品的传播方式进行审查和管控。

二、"松动、开放、自由"——媒体管理政策越来越宽松

随着形势的发展，世界各国对新闻行业采取了灵活的管理政策。特别是中国，对新闻行业的管理更是越来越宽松。

（一）长期以来，外国记者在境内采访受到全方位的限制

外国新闻媒体进入中国采访报道，必须经过政府特别批准。

外国记者在中国境内采访，必须事先得到政府的批准；采访的内容和方式，必须事先通过政府的批准；制作的新闻作品，必须接受政府审查；外国记者采访制作的新闻作品，不得在中国境内传播。

一旦发现新闻媒体及其记者在中国境内制作"不友好"的新闻作品，立即

取消其采访报道资格。

（二）长期以来，我国国内的新闻行业相对封闭

改革开放以前，我国的新闻作品很少以商品的形式传播到其他国家，外国的新闻作品也很少以商品的形式进入我国。

长期以来，新闻作品几乎与"宣传品"相当。也就是说，只把新闻作为一项事业来管理，没有把新闻作为一个产业来发展，更没有新闻市场。

中国对新闻的管理与计划经济体制高度一致，一切要求高度的集中统一，媒体自然也就被当作党政机关来管理。国内的新闻媒体只能根据新闻主管机关的统一部署，集中制作新闻作品，积极配合党和政府的各项方针政策宣传贯彻。

各级、各类新闻媒体报道内容高度一致，舆论口径空前一律，新闻报道完全丧失了独立性。

（三）涉外新闻管理制度的松动

2008年北京奥运会的筹办，终结了我国以往的涉外新闻管理制度，标志着我国涉外新闻管理进入了一个全新的时代。

从2007年1月1日起，我国遵循奥运会惯例、履行申奥承诺，开始实施《北京奥运会及其筹备期间外国记者在华采访规定》。

从此，外国新闻媒体和新闻记者来华采访，不再需要经过政府的审批；来境内采访，不再必须由中国国内单位接待和陪同；到各地采访，也无须向地方外事部门申请，只需征得被采访单位和个人同意即可。

现在，奥运会虽然圆满结束，但是，按照国际惯例，这一规定要继续延续下去，并成为常态。今后，境外新闻媒体驻华机构会不断增加，来华采访的外国记者会不断增多，外国记者在华活动范围和自由度也会不断增大。

中国是文明古国、文化大国、外事大国、旅游大国，境外记者会越来越多地会聚中国、拥入各地，这给我们各地、各级党委政府和领导干部有效引导舆论和新闻管理工作带来了新的挑战。

（四）我国新闻采访报道基本上实现了相对自由化

我国目前实行的新闻管理政策和规定，对境外新闻媒体和记者的实质性约束很弱，再稍加变通，其约束力基本上等于零。有些看似很严格的规定，实质上只不过是秉承传统、沿袭国际惯例制定的规则，其象征性意义远远大于实际约束意义。

比如，中国的管理条例中明确规定，禁止未取得或者未持有有效的外国常驻记者证或者短期采访记者证的外国人在中国境内从事新闻采访报道活动。但实际上，这一规定很难落实。比如，外国新闻记者以游客身份来华实施采访报道活动，国外新闻媒体直接从跨国游客中聘请记者来华采访并回传新闻信息等，这项规定就很难发挥作用。至于对国内新闻媒体记者或新闻采编人员，就更宽松和自由了。

长期以来，我们对于党政干部如何正确面对媒体和记者这一问题，存在严重的认识不足、重视不够，这一问题成为我们干部队伍建设的弱项。

不少地方党政干部，面对国内外新闻记者，表现出相当的弱势和猥琐，手足无措，无所适从，心虚害怕，底气不足，常常使用"无可奉告"之类的语言，采取"一问三不知"的做法，装傻充愣，消极对付，极大地损害了党和政府的形象。

各级党政干部面对媒体，不积极地展示、说明和传播党和政府的主张，不仅是一种严重的失职行为，而且是一种直接抹黑党和政府的行为，更重要的是等于我们自己主动放弃了公共话语权，拱手让出了舆论阵地，并授予了国内外记者随意传播党和政府形象的高度自主权。

三、"全面、灵活、突破"——新闻报道内容越来越进步

（一）正面报道异彩纷呈

中华人民共和国成立之后，我国的新闻事业获得了长足的发展，新闻报道的形式和内容丰富多彩、硕果累累。对于党的主张、各行各业、经济社会建设、人民群众生产生活等取得的显著成就和发生的可喜变化，进行了深入、生动的报道。

新闻报道的内容异常丰富，涉及的范围非常宽泛，时效性越来越强。报纸、电台、电视台的节目内容十分丰富，形式多样灵活，对广大受众的吸引力、感染力不断增强。

各类新闻媒体注重把新闻报道与有针对性的评论、社论有机结合起来，及时有效地引导了社会舆论，较好地发挥了统一思想、统一认识的作用。

结合党和政府意图，在不同的工作阶段，适时深入挖掘、大力报道许多具有鲜明时代特征的先进单位和先进个人，生动地展示了广大人民群众建设祖国、奋发向上的火热社会实践，鼓舞了士气，营造了蓬勃团结、催人奋进的良好社会氛围。

（二）舆论监督广泛深入

在中国新闻事业史上，媒体批评的萌芽最早可追溯到唐朝末年。到宋朝，媒体上的批评内容就比较多了。南宋周麟之的《海陵集》中，就出现了批评"小报"的文字记载。

之后，历史记载中的批评报道就越来越多了。特别是近代的梁启超、李大钊、邹韬奋等早期著名新闻工作者，以过人的气魄、胆识和生动的办报工作实践，丰富和完善了我国新闻媒体的批评报道，奠定了我国新闻媒体的现实批判性基础。

计划经济时期，我国新闻媒体的批判性曾经一度背离了现实性，过多地指向了意识形态领域，走过一段弯路。1980年7月22日，《工人日报》和《人民日报》首次同时对"渤海2号"钻井船翻沉事故进行了批评性报道。1981年1月29

日，中共中央发布了《关于当前报刊新闻广播宣传方针的决定》，明确要求："各地党委要善于运用报刊开展批评，推动工作。"有力地推动了新闻媒体针对现实问题广泛开展批评性报道。

1994年4月1日，中央电视台新闻评论部创办了《焦点访谈》专题节目，以深度报道为主，以舆论监督见长，以"政府重视、群众关心、普遍存在"为选题原则，坚持"用事实说话"，成为各级党委、政府重要的决策参考，受到了各级领导干部的广泛关注和重视，深受广大人民群众喜爱。

目前，各级各类新闻媒体的舆论监督工作已经相当成熟，舆论监督的准确性、有效性不断提高，舆论监督的深度、广度不断拓展和延伸，促进了经济社会健康发展。

（三）负面事件报道取得了新突破

我国的新闻媒体，在行政干预和人为影响下，曾一度出现了"报喜不报忧""报好不报差""报荣不报辱"等片面报道新闻的现象，对于负面事件很少报道，以致积累了许多问题。

实际上，报道负面事件，不一定会产生负面影响。许多负面事件，常常是难以避免的，报道与否，它都是客观存在的事实。如果一律不报，就等于放弃了话语权，给流言蜚语、以讹传讹提供了可乘之机，很可能会造成更大的被动。

如实报道负面事件，如果处理得当，不但不会产生负面影响，还可以产生特殊的正面效应，形成对我有利的态势。

2008年年初，全国新闻媒体对南方冰雪灾害的连续性跟踪报道，揭开了我国新闻媒体正确报道负面事件的序幕。

对拉萨"3·14"打砸抢烧严重暴力犯罪事件的报道，尽管迟报了两天，但使用了大量真实现场场景镜头反映的客观事实，开创了我国新闻媒体如实报道负面事件的先例。

　　"5·12"汶川大地震的新闻报道，标志着我国新闻媒体对于负面事件的报道走向了成熟。

　　2009年2月2日，中央媒体对温家宝总理在英国剑桥大学演讲时突遭极端分子向讲台掷鞋干扰的报道，标志着我国新闻媒体对于负面事件的报道走向了理智。对于这起负面事件的报道，由于客观、及时，不仅没有对国家和总理的形象造成损害，反而展示了泱泱浩气、强国之势和大家风范，体现了大国的自信，令国际社会刮目相看。

第五节
乱花渐欲迷人眼——新闻报道界限

近年来，新闻传媒领域日趋融合，国家之间的新闻界限早被打破，新闻交流不断加强，新闻资源日趋共享。国内行政区域界限日益淡化，新闻报道条块分割的传统格局被打破，新闻媒体的属地意识明显弱化，交叉采访、异地报道现象日益增多。一地不能刊发的稿件，在另一地刊发的现象比较常见。不同类型媒体界限淡化，报纸、杂志、广播、电视、网络、手机等不同类型的媒体，相互转发稿件的现象十分普遍，形成了你中有我、我中有你、相融共生的大新闻、宽传播格局。所以，新闻特有的无界限流动性以及大众对新闻的客观需求，决定了新闻传播是不以人的意志为转移的客观规律，是任何力量都难以阻挡的。

一、跨国新闻采访报道——"我们也是受益者"

（一）新闻报道具有国际性

新闻报道的国际性，是指新闻报道具有的无国界性质，国家界限对新闻的约束力非常薄弱。新闻是新近发生或正在发生的事实，是受众未知、应知、欲知的事实。

新闻的特殊属性，决定了人类对新闻需求的即时性、广泛性和无限性。人类特有的求新、求异心理需求，决定了人类对新闻需求的强烈性、迫切性和一致性。新闻传播追求的宽范围、大纵深、广覆盖，决定了新闻传播强大的放射性、辐射性和穿透性。

为此，与其他任何产品和商品不同，新闻这种特殊的产品，存在心理需求的人最多，实际需要的人也最多，现实需要量最大。因为能够满足广泛的心理需求，所以，想方设法获取、积极主动接受新闻的人数众多，分布面广。为此，新闻的采编、传播，能够轻而易举地超越国家和阶级的界限，在国际社会间进行无障碍、快速、顺畅地流动，这是任何其他产品和商品所无法比拟的。

（二）跨国性新闻传播推动了社会进步

传播信息，是新闻传播最重要的职能之一。

在历史的长河中，不同的人群在不同的地域，为了自身生存，不懈地进行着认识自然、改造自然，创造物质财富，促进人类进步，推动社会发展的实践活动。

人类社会的发展，是一个不断获取信息、不断积累经验的过程。不同地域的人获取的许多有用信息和宝贵经验，绝大多数是通过不同的新闻传播形式进行推广的。

新闻传播，实现了人类便捷的相互联系，促进了人类的经验交流和共同进步。人类历史上的许多重大发明、重要成果，都是通过新闻传播的形式，实现了及时的交流和推广，有力地推动了人类社会向前发展。这样的事例不胜枚举。可以说，新闻传播，对于人类社会的快速发展，发挥了不可替代的重要作用。

（三）跨国新闻传播促进了马克思主义的传播

不谈国外的案例，仅就中国来说，在一定程度上讲，早期中国革命事业受益于新闻传播。

"十月革命一声炮响，给我们送来了马克思列宁主义。"十月革命爆发的消息及时通过新闻媒体传入中国。

革命先驱李大钊站在无产阶级立场上，以敏锐独到的眼光审视世界、观察中国，及时在国内主要新闻媒体发表了《法俄革命之比较观》《庶民的胜利》《布尔什维主义的胜利》和《新纪元》四篇光辉的文章，热情地歌颂和介绍十月革命，揭开了传播马克思列宁主义的第一页。

此后，许多革命先驱充分利用当时的《新青年》《新潮》《新生活》《晨报》《每周评论》等大众传媒，在中国广泛传播马克思列宁主义，催生了反帝反封建的五四运动的爆发，为中国共产党的产生奠定了思想基础。

（四）跨国新闻传播加速了中国革命进程

在漫长的、艰苦卓绝的革命斗争岁月里，中国共产党人十分重视新闻传播，真诚善待新闻记者，较好地运用大众传媒，展示自己，宣传革命，推动了中国革命事业的向前发展。

从这个意义上讲，中国共产党也是新闻传播的受益者。最具代表性的，就是美国记者斯诺对中国革命事业的传播。

美国著名记者埃德加·斯诺，1928年来到中国，任驻上海记者。1933—1938年，斯诺在北平燕京大学任教期间，积极支持和报道"一二·九"运动，曾多次帮助进步人士避难脱险。

1936年埃德加·斯诺冒险来到陕北苏区进行采访。在长达4个多月的深入采访中，斯诺不仅对红军战士坚定的革命信念、强烈的爱国主义情怀和革命的乐观主义精神有了深刻的认识，也和毛泽东等共产党领袖、红军领导人结下了深厚的友谊。毛泽东质朴的作风、诙谐的谈吐、渊博的学识、宽广的胸怀和对中国、世界历史未来的远见，令斯诺着迷、折服。斯诺对中国人民的同情和认真求实的精神，也使毛泽东及其战友深受感动。

斯诺回到北平后，不顾国民党当局的威胁恐吓，在多种新闻媒体、记者招待会和各种报告会上，在新闻纪录电影的放映会上，如实向世人披露了红军的真相，揭示了毛泽东等中国共产党人独特的精神风貌、人格魅力以及红军不可战胜的精神力量源泉。

斯诺在其夫人海伦的协助下，撰写出版了著名的《红星照耀中国》（《西行漫记》）新闻报道集，在国际社会引起了强烈反响，打开了国际社会了解中国共产党人的第一扇窗口，直接把中国共产党和中国工农红军展现在世人的面前，使中国和全世界人民真切地了解了长期以来被"妖魔化的"、尚处于非常弱小阶段的中国共产党和中国工农红军，使国际社会看到了中国未来的希望和抗战胜利的曙光，为中国共产党走向历史前台发挥了十分重要的作用。

（五）跨国新闻传播推动了世界反法西斯同盟形成

1937年12月13日，日寇侵占南京后，切断了南京与外界的所有联系，严禁一切中外人员进出。

留在南京美国大使馆的5名英美记者，被目睹的疯狂屠杀和惨烈景象所震撼，凭着职业本能，记录下大量事实。由于日寇的封锁，新闻稿件无法立即发出，记者们只好尽量搜集更多的事实材料，撰写稿件，伺机发出，进行公开报道和揭露。

为了及时带出揭露日军南京大屠杀暴行的稿件，美国《芝加哥每日新闻报》记者司迪尔等人，与日军进行了反复交涉。最后，日军允许4名记者于12月15日乘美国"瓦胡"号军舰前往上海。

司迪尔登上"瓦胡"号后，立即将《日军杀人盈万》为标题的报道通过军舰通信设备发给了报社。由于中美存在时差，《芝加哥每日新闻报》当日在头版显著位置刊登了这篇报道。

司迪尔在报道中写道：我本人是在南京城的"攻城战"开始以后，随同第一批撤离这座首都城市的外国人，登上美国炮舰"瓦胡"号的。我们撤离这座城市时所看到的最后一个景象，是在南京下关江边，沿着城墙，有一群约300个中国人，正在被集体枪决，而江边早已"积尸过膝"。这种疯狂的场面，在南京陷落后的这几天，已成为这个城市特有的景象。

侵华日军南京大屠杀史研究会副会长经盛鸿教授，经过多年认真研究考证认为，这是第一篇向世界揭露日军南京大屠杀的报道。

当时，由于司迪尔同时兼任美国《太阳报》《每日邮报》的特约记者，所以，这篇报道也同时刊登在这两家报纸上。司迪尔的报道震惊了全世界。

之后，由于记者不能进入南京，留在沦陷后的南京的20多名西方侨民，特别是美国传教士，自觉担负起了新闻记者的职责，以多种方式向外界揭露南京大屠杀的真相，一度成为向全世界报道、揭露这场反人类、惨绝人寰暴行最主要的新闻来源。

南京大屠杀期间及其以后，这些业余新闻记者冒着很大风险，主要通过四种方式来揭露南京大屠杀的真相。一是以书信、日记、报告、文章等形式，记录日军暴行，设法突破日军封锁，向外界传递。二是"偷拍"电影纪录片，固化日寇残害中国人民的证据。三是进行口头传播。离开南京后，他们奔波世界各地举行演讲，以亲身见闻与经历，揭露日军在南京的暴行。四是进行社会调查，定量统计、查证、分析和记录，不断充实和完善日军的罪行记录和证据。

因为在南京大屠杀中，中国的新闻记者基本上被赶尽杀绝，所以，我们后来看到的许多关于日寇暴行的原始照片、记录及电影资料，大多是外国新闻记者和国际友人采集、提供的。其中，德国西门子公司驻中国商务代表拉贝，在侵华日军侵占南京前后的日子里，出任南京安全区国际委员会主席。在此期间，拉贝以其独特的身份、西方人的视角，在呼啸的枪炮声中、在尸骨遍地的金陵古城，用充满激情而又冷峻的笔触，逐日记载了中国历史上最为惨痛的一页，这就是后来著名的《拉贝日记》。我们应该永远记住这些国际友人和新闻工作者。

侵华日军南京大屠杀暴行被世界各国新闻媒体揭露后，激起了全世界绝大多数国家和人民的强烈愤慨。日寇令人发指的反人类罪恶行径，激起了国际公愤，引起了爱好和平的国家、人民的强烈不安和高度警惕，促进了国际社会正义力量联合起来，推动了世界反法西斯同盟形成，为人类赢得第二次世界大战的胜利奠定了基础。

同时，我们也认识到，即使采取法西斯极端暴力的手段，也无法阻挡新闻的正常传播。

二、跨省新闻采访报道——"资源共享实现多赢"

在我国，新闻采访报道的界限早已被打破，不管哪里出现了具有新闻价值的事件，中央媒体、外省媒体、港澳台媒体等各地记者，都会迅速出现在现场，共同分享新闻资源，并结合自身实际，从不同角度及时在各自媒体上刊播新闻报道。跨省市、跨地区的新闻采访报道，形成了强大的传播合力，既可以有效放大正面事件的积极作用，也能够扩大负面事件的消极影响，特别是对于一些负面事件的新闻传播，这也是客观规律。对于一些负面事件，依靠人为力量和行政手段实施封堵，同样难以奏效。

（一）跨省新闻报道壮大正面报道的声势

有目的、有计划、有针对性地组织中央媒体和省市媒体，开展跨省、自治区、直辖市集中采访报道，能够有效发挥新闻媒体的合力，形成大面积、多层次强大的新闻舆论场，引起社会各界的广泛关注和共鸣，在较短的时间内，达成报道目的。

2007年下半年，在"高举旗帜，科学发展，贯彻落实十七大精神"新闻报道活动中，中宣部组织《人民日报》、新华社、《经济日报》《光明日报》等中央主要新闻媒体，成立了30多个新闻采访团，同时分赴全国各省、自治区、直辖市，在各地媒体的配合下，深入基层，集中采访，集中报道，历时3个月。按照中宣部的统一安排，中央和地方的各级报纸、广播、电视、网络等主要新闻媒体步调一致、集中发稿，在全国迅速掀起了学习贯彻党的十七大精神的热潮。各地干部群众，通过多种媒体，相互学习先进经验和成功做法，不断改进自己的工作，有力地促进了党的十七大精神的贯彻落实，收到了非常好的效果。

【典型案例】

时政微视频刷屏朋友圈

2017年起，网上首次出现了以习近平总书记为表现对象的时政微视频，主要表现手法是将总书记公开的新闻报道视频、图片素材进行综合梳理、重新剪辑，辅以旁白、字幕等。当年春节期间，全网重点推出了由人民日报社、新华社、中央电视台制作的六个短视频，其中既有总书记的同期声，又有动漫，还有RAP，形式新颖，翔实有力，同时朴实真切，多维、立体地展现了总书记的领袖形象，最大限度满足了各层面受众的需求。例如，人民日报社制作的短视频《最牵挂的人》编排精巧，以时间为线，巧妙运用总书记自20世纪六七十年代以来的精彩照片和音视频资料，再配上点睛的旁白，生动展现了习近平总书记从大队书记到总书记，40多年来不忘初心，始终牵挂贫困群众、重视扶贫工作的形象。新华社制作的短视频《小账本连着大情怀》制作精良，不光调用了新华社图片库中珍贵的图片资源，还专门安排记者沿总书记的考察足迹进行回访。制作过程中，综合运用特效、动漫数据图、无人机航拍等技术和表现手段，同期声、旁白、音乐浑然一体，整个片子科技感十足，内容和形式都很有吸引力。中央电视台制作的微视频《习近平最牵挂的人是谁》内容独家、形式多样。为制作该片，央视将十八大以来总书记赴贫困村考察的视频资料全部调出，进行全面梳理挑选，最后精选了6个村的视频。这些内容大多为首次公开，冲击力强，细节生动，现场语言感人，令人耳目一新。另一部微视频《厉害了，我们的2016年！》创新运用RAP说唱+动画形式，使总书记的网上宣传更加接地气，赢得了广大受众特别是年轻人的关注和喜爱。这6部微视频平均每条阅读量超过1亿次，在当时创了新高，传播效果很好，在微博、微信等社交媒体平台的热度也都名列前茅。在微信平台上，网民自主转发量约为媒体发布量的70倍。二次转发量大，说明网民自发传播意愿强烈。

　　2018年，网上总书记时政微视频语态再创新，借鉴广告等表现手法的非新闻语态微视频成为重要类型。2018年春节期间，为配合互动引导活动拍摄的活动宣传片《牵妈妈的手》，首次运用了纪实广告拍摄手法，从普通人的视角、经历切入，巧妙融入总书记牵母亲手散步的照片及总书记诵读《游子吟》的同期声，有力展现了总书记的"家国情怀"。这部片子一改新闻视频的表达方式，总书记的元素虽然用得不多，但却是片子的情感爆发点，将全片情绪推向最高潮。主创团队深入学习总书记讲话，从他众多关于家风的论述中，挖掘出了总书记诵读《游子吟》这段同期声，极大提升了该片的感染力。这部片子没有一句口号式宣传，却使总书记的家国情怀"跃然屏上"，在润物无声中激发了民众共鸣，引发了对家风的思考、重视，并最终化为行动。这部片子当时全网播放量达4.4亿次，再次刷新了总书记微视频播放量的纪录，在春节期间引起了热烈的反响，广大网友受到片子的感染，纷纷在网上上传与母亲的合影、分享与母亲的难忘故事等，把总书记所倡导的家风建设与个人经历结合起来，在充满仪式感的互动中，身体力行实践总书记有关家风建设的重要思想。同时宣传片也带动网友积极参与互动，通过各个平台上传的文字、图片、视频等原创内容达1.5亿条，这些原创内容背后是众多网友实践总书记所倡导价值观的行为，真正实现了从宣传到动员、从感动到行动。

　　2018年12月，全网组织开展了以"改革开放再出发"为主题的网上宣传和互动引导活动。活动主宣传片《道路》和《奋斗》借鉴广告语态，将相对抽象的政治概念，通过一个个生动鲜活的画面、一句句扣人心弦的表达，转化为艰辛探索、开拓奋进的信心和决心，使网民产生强烈的情感共鸣，进而对改革开放有更直观、更深层次的认识，这两部宣传片在庆祝改革开放40周年大会前后在微信朋友圈投放，点赞量达到微信朋友圈3个月内推广内容平均点赞量的10倍以上，从一个侧面体现了网民对语态创新的高度认可。同时，网友也纷纷在网上晒出自己或身边人的工作场景，披露心路历程，抒发事业的自豪感、奋斗的成就感、生活的充实感，传播改革的意义和奋斗的价值。这类网上宣传最突出的特点就是主打互动，这种互动不只是对稿件的转发、评论、点赞，而是更进一步通过议题设置来影响受众行为，把"我说你听"式的单向宣传变为参与实践的动员式宣传，真正让总书记的思想落地生根。

（二）跨省新闻报道有利于地方全面发展

随着形势的发展，中央媒体与省市媒体、各省市媒体之间的新闻采访交流不断加强，深化了新闻资源共享，强化了采编经验交流，促进了共同发展进步。

《人民日报》、新华社等中央媒体，在各省、自治区、直辖市都设有分社或记者站，设有常驻地方的记者。这些驻站记者都非常负责、十分敬业，对当地的情况了如指掌，驻地出现了具有新闻价值的事件后，中央媒体的驻站记者总是能够最先出现在现场。这些驻站记者大多是才思敏捷、资深优秀的记者，面对新闻资源，特别是突发事件，能够通过干净利落的采访，迅速抓住事件的本质和关键，一气呵成地写成稿件，即时回传总部，并以最短的时间见之于中央媒体，深受各地同行的好评。

根据中央的意图，结合形势和任务，中央各大媒体每年都要设置相关主题，开展多次集中采访活动，组织采访团深入基层，贴近实际、贴近生活、贴近群众，集中采编了大量稿件，充分反映各省、自治区、直辖市基层广大干部群众扎实工作，建设中国特色社会主义的伟大社会实践。同时，近距离、真切地感受到了在党的正确领导下祖国发生的巨大变化，在广大人民群众中吸取了取之不尽、用之不竭的营养，极大地丰富了新闻创作的源泉，激发了新闻创作的灵感，创作了无数经典之作、传世之作。

中央媒体与省市媒体、各省市媒体之间的新闻采编交流，发挥了相互比较、相互学习、共同提高的重要作用。新闻同行之间的交流，促进了各地新闻记者职业能力显著提高，提高了新闻记者的敏感性和业务工作水平，增强了新闻作品的深度。新闻采编的广泛交流，有力地提高了各地新闻媒体的编播制作水准，丰富了新闻节目的形式，增强了各地新闻报道的吸引力、感染力，进一步促进了各级党委政府的新闻动员力，加快了地方经济社会建设的步伐。

中央媒体与省市媒体、各省市媒体之间的广泛异地采访、交叉报道，能够为各地区经济社会发展提供智力支持。各地区的商业、企业单位，可以透过异地新闻报道的内容，发现重要的商机，实现利益最大化。各地区党委和政府，可以通过本地媒体的异地报道，借鉴其他地区的成功经验，吸取异地失败的教训，不断优化和完善本地区的发展思路，更好地进行科学决策，有效避免走弯路和工作失误，实现经济社会持续、稳定、健康、快速地发展。

（三）跨省舆论监督促进了问题的解决

舆论监督，是党中央赋予新闻媒体的重要职责之一，深入、广泛、适当地开展正确的舆论监督，对于党的事业健康发展至关重要，也是各级新闻媒体责无旁贷的义务。跨省舆论监督能够有效实现党中央的意图。

舆论监督主要是报道各地区、各单位工作中存在的问题，通过公开报道，形成压力和动力，促进实际问题的尽快解决。

受传统观念的影响，各地区、各单位的不少领导干部，都热衷于成就报道，见不得舆论监督。对自己治下的工作，新闻媒体只能说好，不能说差；只能报道成绩，不能报道问题。对于群众呼声，新闻媒体只能报道群众的支持，不能报道群众的质疑。地方各级新闻媒体常常无法突破属地领导干部的这类约束，舆论监督举步维艰，作用难以发挥。

中央新闻媒体不仅是党中央的喉舌，还是党中央的耳目。最重要的是中央媒体不受地方领导干部的行政约束和控制，对于各地发生的问题，能够确保独立采访、独立思考、独立撰稿、独立发稿、独立报道，能够确保对客观发生和存在的事件进行客观、准确的报道。同时，由于中央媒体所处的特殊地位，其舆论监督内容的稿件，会引起各级领导的高度重视，能够确保问题尽快解决。

对于一些影响较大、涉及全局、潜在的重要情况和重大问题，中央媒体及其驻各地分社、记者站，可以充分利用报送内参的独特优势，直接、便利报送党中央和国务院，为最高决策层科学决策提供重要的依据，能够使各地区、各单位出现的典型经验及时推广，有效推动实际工作；能够使存在的问题得到及时的化解或解决，有效避免矛盾激化。

省外新闻媒体的新闻报道也能够有效避免受到当地的行政干预，客观、公正地公开报道问题，实施舆论监督。虽然中宣部曾经明确规定，地方新闻媒体不得进行异地舆论监督，但在实际工作中很难得到真正落实。近年来，新闻报道的省际界限基本上被打破，特别是舆论监督类稿件，在一地不能刊播在另一地公开发表的现象比较普遍。在异地刊播的舆论监督稿件，常常会被不同地方的多家新闻媒体转载，形成了强大的舆论压力，也能够促进有关地区和单位及时解决问题。

三、跨媒体新闻报道——"混合舆论场势不可当"

随着社会的进步，社会大众对新闻媒体提供信息资讯服务的要求越来越高。新闻传媒市场的激烈竞争，要求新闻作品生产的周期要不断缩短，新闻报道的效率和效益要不断提高。各类新闻媒体为了满足受众的需求、适应市场竞争，自觉打破了单位界限和门户壁垒，普遍采取了联手合作、交叉报道的方式。

跨媒体新闻报道，是指突破不同类型媒体平台界限实施的新闻采编和报道。跨媒体新闻报道常见于对热点、焦点问题的新闻报道，主要有4种形式。

（一）跨媒体转发同一篇稿件

不同类型的新闻媒体，同时转发同一稿件，可以充分发挥新闻报道的合力，形成强有力的舆论导向，增强对受众的影响力，较好地实现新闻传播的意图。

党和政府在做出重大决议、决策或遇到重大问题时，为了统一思想、发动群众，促进党的主张正确贯彻执行，推动现实工作，通常是由《人民日报》、新华社等各级权威媒体撰写社论、评论和新闻通稿，各级新闻媒体按要求及时转发，上下一致，协调配合，形成鲜明的舆论导向，动员干部群众认真贯彻执行。各级领导干部要注重运用这一有效形式，更好地推动实际工作。

在一些特定场合举行的重大活动，虽然备受社会各界的关注，但普通新闻媒体采访又受到限制，在这种情况下，通常只有新华社的记者才能进入现场采访。普通新闻媒体要报道这类新闻，只能使用新华社采写的稿件或拍摄的图片。

地方媒体一般没有设置驻外机构，对重要、敏感的国际问题和世界各地发生的重大事件进行报道时，为了防止出现问题和失误，通常使用新华社等中央权威媒体采编的稿件和图片。

我们这个时代需要英雄，我们这个时代英雄辈出。有些资深记者，工作作风扎实，采访非常深入，善于挖掘发现先进典型，不少新闻记者撰写的反映先进典型人物的深度报道鲜活丰满、感人至深，公开报道后，被许多不同类型的新闻媒体在显著位置及时转载，引起社会各界的广泛关注后，又会引发众多新闻媒体从不同角度开展第二轮、第三轮采访报道热潮，有效扩大了先进典型的社会影响力。

陕西青年志愿者熊宁的感人事迹，就是通过新闻媒体相互转发，深深地感动了社会各界民众，广大人民群众称她为"最美女孩"。

（二）跨媒体相互转发新闻稿件

新闻媒体在实施舆论监督过程中，不同类型的媒体相互转发新闻稿件是最常见的形式。这种形式，能够形成强大的社会舆论压力，是新闻媒体实施舆论监督的最高形式，也是舆论监督最为有力的形式。

目前，能够有效开展舆论监督的媒体主要有报纸、广播电台、电视台、网络、手机等几种形式。经验表明，如果有两种类型的媒体相互转发同一个负面事件，就可能会引发社会各界的震动和响应，导致新闻群体事件的发生。如果有三种类型的媒体加入了报道，基本上就可以认定是出现了新闻群体事件，就要考虑启动应急预案，妥善处理。否则，很可能会造成十分严重的后果，出现无法控制的局面。

这一点，应该引起各级党委、政府和领导干部的高度重视。最好的解决方案是，领导干部平时注重关注媒体的舆论监督，有条件地指定专人负责这项工作。当发现一种类型的媒体报道负面事件后，一刻也不要拖延，要立即安排得力人员，迅速调查处理，及时公之于众，尽最大努力，避免其他类型的媒体加入报道行列。

（三）跨媒体形成的强大混合舆论场

混合舆论场，是指在同一时间段，不同类型或相同类型的多个媒体及其受众，对相同或相近问题进行报道和反映形成的舆论场。混合舆论场具有即时突发性、起因偶然性、媒体多样性、内容单一性、多向互动性、有限可控性、影响深远性等显著特征。按照时代划分，混合舆论场可分为传统混合舆论场和新兴混合舆论场。若无特别标志，本书所涉及的混合舆论场，均指新兴混合舆论场。

传统混合舆论场，是指由报刊、广播、电视等媒体及其受众形成的舆论场。传统混合舆论场覆盖范围相对有限，受众群体相对固定，传播方式单向，传播内容可控。所以，传统混合舆论场的强度和范围相对较小。由于传统混合舆论场中，骨干传播主体绝大多数是成熟媒体，特别是党报党台，其传播的内容都必须经过媒体的专业编辑把关。所以，传统混合舆论场理性化程度较高、可控性较强。

混合舆论场，即新兴混合舆论场，与传统混合舆论场有很大不同。新兴混合舆论场，是指由报刊、广播、电视、网络、手机等媒体及其受众形成的舆论场。由于网络、手机等新兴媒体的加入，使传播主体、传播范围、受众群体等具有显著的无限性和不确定性，传播方式多样性、多向性、互动性特征十分突出，传播主体、传播客体具有模糊性、可变性和多重性。传播主体既是新闻的生产者、发布者，有时又可能成为受众；受众不但是新闻的接受者，而且可能是新闻的生产者、评论者和发布者。

新兴混合舆论场本身固有的最大特征是其内部存在这样的相互影响、相互策动的振荡周期："传播者向社会发布特别新闻——受众接受，引起强烈反应和共鸣——受众变为传播者，加入自我情绪生产舆论，发布被放大的情绪舆论——受众或传播者接受、整合、集成，再加入自我情绪，形成更强大的舆论新闻，再向社会发布"，如此，周而复始、循环往复，不断扩大振动的幅度，不断扩展振动的范围，很快就能形成难以控制的新闻群体事件。

混合舆论场的形成，标志着新闻群体事件的发生。如果说自然突发事件危害的是党和国家及广大人民群众的财产和生命安全，新闻群体事件危及的就是党的执政基础。新闻群体事件造成的影响，只有程度不同，但性质是相同的。各级党委政府和领导干部一定要高度重视，全力避免新闻群体事件的发生。

在新形势下，我们各级领导干部要相信，混合舆论场形成的新闻舆论力量是惊人的。我们来共同回顾广州孙志刚事件。在该案例中，我们可以直接感受到混合舆论场的作用。

【典型案例】

孙志刚事件

孙志刚，男，27岁，湖北武汉人，受聘于广州达奇服装有限公司。

2003年3月17日22时许，孙志刚外出上网，途遇广州市天河区黄村街派出所民警检查身份证。孙志刚因未带身份证，被警察作为"三无"人员带回派出所。

孙志刚的同学成先生闻讯后赶到派出所，并出示了孙志刚的身份证，但当事警官仍拒绝放人。

18日，孙志刚被作为"三无"人员强行送往收容遣送站。当晚，孙因"身体不适"被转往广州市收容人员救护站。

20日凌晨1时多，孙志刚遭同病房的8名被收治人员两度轮番殴打，于当日上午10时20分死亡。

救护站死亡证明书上称其死因为患有"心脏病"。而4月18日，在中山大学中山医学院法医鉴定中心出具的尸检检验鉴定书上，鉴定内容表明，孙志刚死前72小时曾遭毒打。

4月25日，《南方都市报》以"被收容者孙志刚之死"为题，首次披露了孙志刚惨死事件。次日，全国各级、各类新闻媒体纷纷转载此文。

4—6月，"孙志刚事件"引起全国各地乃至海外各界人士的强烈反响，并成为社会各界广泛关注的焦点。各界民众通过报纸、杂志、广播、电视、互联网等各类媒体，呼吁严惩凶手和有关责任人。5月16日，3位青年公民向全国人大常委会提交了建议书，要求对1982年出台的《城市流浪乞讨人员收容遣送办法》有关条款进行违宪审查。

5月23日，北京大学法学院教授等5位法律学者以中国公民的名义联名致信全国人大常委会，建议就"孙志刚事件"成立特别调查组。同时，对收容遣送制度提请启动特别调查程序。

从中央到地方先后做出批示，要求依法彻查此案，严惩凶手。

6月5日，广州地方法院开庭审理孙志刚案。

9日，孙志刚案一审判决：主犯乔燕琴被判死刑、李海婴被判死缓、钟辽国被判无期，其他9名被告人分别被判处3～15年有期徒刑。同日，孙志刚案涉及的责任民警，救治站负责人、医生、护士等6人，因玩忽职守罪被分别判处2～3年有期徒刑。

7月21日，国家民政部公布了《城市生活无着的流浪乞讨人员救助管理办法实施细则》。

8月1日，国务院决定《城市生活无着的流浪乞讨人员救助管理办法实施细则》在全国正式实施，同时，宣布废止1982年出台的《城市流浪乞讨人员收容遣送办法》。

【案例剖析】

一、跨媒体混合舆论场的影响力难以想象

在"孙志刚事件"中，如果只有开始时的广东《南方都市报》一家传统媒体的报道，不可能产生如此巨大的影响。但随后，新浪网、搜狐网、人民网、新华网等新兴媒体的跟进转载，等于在传统舆论场中加入了若干支实力强大的"生力军"，强有力的策应、增援了传统新闻媒体这支"孤军"。

传统媒体看到"援军"后士气大振，继续跟进报道，吸引了更多传统媒体不断加入报道行列。同时，传统媒体吸收新兴媒体的力量，对新兴媒体报道的海量信息进行采编，取其精华，形成了新的更加有力的新闻舆论信息，立即进行刊播报道，大大增强了前期的舆论声势，形成了强大的混合舆论场。在这个混合舆论场中，多种类型的新闻媒体不断进行相互"策应"、相互"增援"，使混合舆论场一个周期强过一个周期，像"滚雪球"一样迅速膨胀、不断增强。如果不加以科学有效的控制，其膨胀程度及其产生的后果，可能是难以预料的。

本案例中，这个混合舆论场膨胀的强度，直接终结了我国实施了20多年的收容遣送政策法规。

二、政策法规存在的缺陷酿成了悲剧

中华人民共和国宪法赋予了公民人身自由权，任何组织和个人都不得侵犯。没有任何一部规范的法律表明，公民在城市流浪乞讨是违法行为，法不禁止即允许。所以，公民即使在城、乡流浪乞讨，也并不违法，任何组织和个人都不应强行禁止。

宪法是国家的根本大法，是所有公民的最高行为准则，任何组织、任何个人都应严格遵守，各级组织制定的规定，都不得与之相悖。1982年实施的《城市流浪乞讨人员收容遣送办法》，只是一个城市管理办法，其中一些规定违反宪法规范。

孙志刚悲剧事件的发生，与《城市流浪乞讨人员收容遣送办法》有着直接的关系。在新闻媒体的推动下，国务院决定废止这一城市管理办法，是党和政府尊重民意的具体体现，是我国司法进步的具体体现。

以人为本，是各级党委、政府和领导干部治国理政的基本遵循。正确认识自己，正确对待公众，及时克服缺点，彻底解决问题，是正确引导公众舆论、化解社会危机最为行之有效的措施。这一点是极为重要的，各级党委政府和领导干部一定要高度重视。

第六节

黑马激起万里尘——新兴媒体异军突起

当今社会，科技进步突飞猛进，传播手段日新月异，颠覆了传统新闻传播规律，打破了传统新闻传播格局，突破了传统新闻传播的时空，刷新了传统新闻传播的观念；信息网络高度发达，信息传播极为迅速，信息传播效率日益提高，推动了传媒领域革命性进步，有力地促进了新闻传播事业的高速发展。当前，新闻传媒领域正在进行"重新洗牌"性质的大调整、大变革，全新的现代传媒新格局正在形成。

目前，我国拥有报纸2000多种，广播、电视台站3000多个，期刊9000多种，网站540多万家，网民已突破 8 亿。其中手机网民占网民总数量的97%，网络新闻用户达6.47亿，潜在的信息生产者、传播者和接受者众多，网民规模和普及率已超过全球平均水平4.1个百分点，新兴媒体的比重正在急剧增加。

一、认识新兴媒体的新特点

新兴媒体，是以现代计算机信息技术为基础，以网络为基本依托，实现信息传播的载体，是信息传播过程中携带、搭载和传递信息的所有物质工具，主要包括互联网、移动通信网、手机、移动电视等。相对于传统媒体，新兴媒体具有明显的优势和特点。

（一）信息量大

目前，互联网既是现有的最为庞大的计算机网络，也是最大的新闻传播媒体。世界各地联网的计算机多媒体终端数以亿计，难以统计，每个终端既是新闻信息的接受者，又是新闻信息的传播者。网上新闻信息种类繁多、浩如烟海，内容涉及政治、经济、军事、文化、教育、科学、技术、生活、娱乐等方方面面，可谓包罗万象、无所不有。仅在微信一家社交媒体平台上，每天所产生的信息量就达200多亿条。

海量的信息以超文本的形式，分门别类地存储在网络服务提供商（ISP）若干台高性能计算机中，这些计算机就是人们常常说到的服务器。目前，互联网的拓扑结构是由星型拓扑结构、环形拓扑结构、总线拓扑结构、网状拓扑结构等组成的混合结构网络，大致以星型拓扑结构、环形拓扑结构为主。互联网的所谓拓扑结构，实质上就是互联网的物理结构。

庞大的互联网中，有着无数个节点，每个节点都是互联互通的。互联网最突出的特点就是"一点接通，全网分享"。在每个重要节点上，都设有很多服务器提供信息服务和技术支持。随着信息的不断增多，网上服务器的数量在日益增加。

目前，普通用户只要缴纳低廉的费用，就能将自己的多媒体计算机接入互联网。理论上讲，用户只要接入互联网，就应该能够访问任何国家、任何地区的任何一台互联网上的服务器。在实际中，用户只要接入互联网，就能查到、看到任何在网上公开的信息。其中，不包括黑客采用非法手段，对一些保密网站和加密信息的攻击和解密。

为了便于普通用户查阅信息，很多网络服务提供商免费提供了许多便利的信息搜索引擎，也就是信息查询工具，如百度、Google、搜狗等。普通用户可以使用这些搜索工具方便地查阅任何信息。这些信息基本只有你想不到的，没有你查不到的。

各地又相继开设了无线上网、移动电视、4G手机等新型媒体业务，互联网、传统电信网和有线电视网相互渗透、相互融合，形成了"三网合一"局面，实现了网络资源共享，避免了低水平重复建设，形成了对用户需求响应快、内容多、效率高、费用低的高速带宽的多媒体信息平台。2019年，又要实现5G的商用，此举不仅仅是速度上的提高，更可实现万物皆联，人工智能大大提高，智慧世界进入一个崭新时代。

（二）覆盖面广

长期以来，报纸、杂志、广播、电视等传统媒体存在明显的区域性，特别是各级地方新闻媒体，新闻传播的范围基本上局限在本行政区域之内，陕西省的报纸不可能在河北省大量发行，山东省的广播电台在云南省又收听不到，上海的电视节目办得再好山西省也无法收看。虽然现在各省都有了上星的频道、频率，但受接收条件和落地费的限制，覆盖范围也受到很大影响。市县级的媒体传播范围就更小了。为此，在新闻传播上，世界各国、国内各省区市，基本上是自说自听、"自拉自唱"，传播效果、传播效率、传播效益均不理想。

由中央人民广播电台牵头，组织多个省级、市级广播电台成立的"中国广播联盟"，旨在整合各地、各级广播资源，形成合力，有效扩大各个广播电台的传播范围，提高传播效率和效益，收到了很好的效果。但由于联盟成员的有限性、局部性，所以，仍然无法完全摆脱传统媒体的局限性，实现理想的传播覆盖率。

网络传播具有广域性。网络传播以互联网为依托和载体，互联网覆盖到哪里，网络新闻的传播就能覆盖到哪里，不受国界的限制，不受行政区划的制约，无时不有、无处不在。

世界各国政府和新闻媒体传播广泛应用网络传播。美国政府为了树立良好的网络传播形象，投入巨额的人力和财力，精心设计政府网站，在网上详细地介绍和宣传政府机关的各个部门。世界许多新闻媒体也纷纷移植到互联网，抢占网络传播新阵地。美国著名新闻媒体CNN上网后，新闻网的收视率增加了10倍。1995年8月10日，日本《朝日新闻》上网，第一周浏览人数就超过了100万。新加坡《联合早报》上网后，在东南亚地区影响力急剧上升。创建于1997年的中文网站《人民日报》旗下的人民网，网民覆盖就达200多个国家和地区，上网之初就达500多万用户，其中仅人民网的官方微博、微信公众号，《人民日报》海外版公众号"侠客岛""学习小组"，环球时报网等新媒体用户和粉丝数就超亿，大大提高了《人民日报》的覆盖面和影响力。

近年来，我国的互联网高速发展，丝毫没有落在发达国家之后。从起初的跟跑到后来的并跑再到现在一些领域（如移动网络、量子信息、5G技术）的领跑，从1994年我国全功能接入互联网，至今25年的时间，我国已成为名副其实的互联网大国，并正朝着互联网强国加速迈进。我国新闻界抓住机遇，乘势而上，基于互联网，对传统新闻媒体进行了大胆的嫁接与改良，目前，我国几乎所有报纸、杂志、广播电台、电视台等传统新闻媒体都已经建立了相应的网站，并创办了一系列的网络新媒体，加之腾讯、百度、新浪、搜狐、网易、今日头条等商业网站，仅手机网络新闻用户就达6.2亿。

（三）时效性强

过去传统媒体新闻的报道时限，杂志以周、月计，广播电视以小时计，报纸以日计，报道新闻的时间周期相对较长，报纸杂志投递时间、新闻节目播出时间等都是固定的，人们只能被动地接受。传统媒体报道的新闻信息，难以突破有限的版面和时段的限制，信息量相对较小，新闻内容相对单一。随着经济社会的快速发展，社会公众的生活节奏逐渐变快，越来越难以满足人们随时获取有用信息的需求，越来越难以满足人们多样化的信息需求，传统媒体曾一度出现了受众群体流失、影响力减弱的态势。

新兴媒体，特别是网络媒体的传播，不仅无国界、无省市边界的限制，而且不受时间限制、不受空间约束。互联网的独特结构和传播技术，决定了网络信息传播具有很强的隐匿性、广泛性、开放性、交互性、实时性等特点，很难跟踪、很难约束、很难管理。所以，网络新闻的采编、传播的"门槛儿"不仅很低，而且具有周期短、成本低的显著优势，并使网络新闻的采编、传播具有很强的随意性、自主性、独立性和免责性，人人都可采编新闻，随时随地都能传播，很大程度上满足了现代人对公共话语权的即时需求。

传统新闻媒体充分认识到了这一点，正在充分利用网络新闻传播即时、快捷的巨大优势，不断提高新闻传播的时效性。传统媒体的绝大多数记者，特别是年轻记者，都能够熟练运用现代数字信息设备，边采访边制作新闻，并通过互联网，随时把新闻稿件和采编的节目资料发回单位总编室，新闻编辑立刻就能进行编辑、制作、刊播。许多传统媒体还赋予了资深记者直接在媒体网站上增加网页、发布新闻的权力，不仅大大增强了传统媒体新闻传播的时效性，而且大幅减少了采编成本，提高了一线记者的发稿率，增强了采编人员的工作积极性、主动性。

现在有不少传统媒体向互联网上网用户提供新闻直播、点播服务。用户在报刊、广播、电视网站中，可以直接收看直播的节目，也可以点播以往的节目和新闻。

互联网上的新闻点播服务更加丰富多彩，用户不仅可以随时点击浏览各个方面的新闻，而且能够即时了解世界上任何一个角落发生的最新、最热门的新闻。

（四）交互性好

网络新闻传播具有独特的、良好的交互性，可以充分利用每个新闻网页的《评论》《留言簿》《网上论坛》等栏目，加强受众、记者、编辑、政府等之间的相互交流和沟通。受众不再是被动地"你写我读、你播我看、你说我听"，而是可以主动参与、主动评论，自由发表自己的主张。

传统媒体上网后，受到许多受众欢迎。不少受众看完节目和新闻，随即留言或发来电子邮件，积极鼓励、支持和参与编辑工作，有的提供新闻线索，有的提出合理意见，有的提出改进建议，有的无偿提供各种资料，有的咨询有关问题。编辑能够及时了解读者的意见和建议，不断改进节目的形式，不断丰富新闻的内容，并及时为受众解疑释惑，为广大受众提供更具针对性的服务，增强了新闻媒体的亲和力。

受众与受众之间，受众与编辑、记者、政府之间，能够通过多种方式，就新闻媒体反映的各种社会问题，进行广泛、坦诚、"面对面"的交流与沟通。为方便网络用户之间的交流，网络服务提供商还免费提供了专供用户交流的独立服务器和共享软件，这些共享软件不仅能够实现用户之间的文字互动交流，还提供了音频、视频会议等实时交流系统。这种交流沟通，可以是一对一，也可以是一对多，还可以是多对多。

（五）形式多样

为了适应人们求新、求异、求变的心理，满足受众获取信息形式多样化的现实需求，新兴传媒的传播形式不断丰富、多样，包括传统媒体在内的网络传播，正在向着多媒体传播方式转变。

网络传播是互联网本身固有的信息传播功能。在信息传播上，网络传播具有得天独厚的优势，同时具备文字、语言、图画、照片、影像、影片、动画、音频、视频等多媒体传播形式，具有直观性、通俗性、大众化的特点，对受众具有天然的亲和力、吸引力和感染力。从一开始，人们就对网络传播情有独钟、爱不释手，进而趋之若鹜，甚至不惜放弃传统的新闻信息接收方式。

传统新闻媒体经过改造升级，极大地丰富了新闻传播形式，提高了可读性、可看性。报刊网络化，一改以往只用文字传播新闻的单一方式，各大报社主办的网站，不仅保留了传统报纸的形式和内容，而且增加了彩色图片、动画、音频、视频系统，并设置了与读者实现双向互动的空间。广播电台网络化，打破了过去只能听声音的单一传播形式，增加了文字新闻、视频新闻等多媒体元素，极大地拓展了广播电台的新闻传播范围和生存空间。电视台上网，填充了电视节目没有文字的弱项，网上电视新闻传播的覆盖面大大增加，传播成本明显下降。

以人民日报社主办的人民网和新华通讯社主办的新华网为例，其网上新闻信息容量远远大于纸质报纸容量，网站新闻每天播出数千条，音频、视频新闻内容多、质量好，成为最具影响力的新兴网络媒体。综合来看，其报纸与网站的关系，形成了典型的"子网"大于"母报"和"大海掉进了湖泊"的奇特景象。

特别是随着云计算、大数据、物联网、人工智能等新技术层出不穷，带来信息传播方式前所未有的巨大变化，推动了媒体加快创新发展步伐。2017年《中国新闻事业发展报告》将其概括为四大趋势。一是移动主导。在我国8亿网民中手机网络新访用户规模已达6.2亿，以智能手机、平板电脑为代表的移动终端崛起已成为不可阻挡的潮流。二是可视传播。无新闻不视频。过去五年内，中国在线视频市场规模年均增长超过50%，未来五年将增长14倍，70%的手机流量将消耗在视频上。三是平台聚合。网络新闻信息领域，平台化推动市场进一步明确，专业新闻媒体与自媒体成为主要内容生产者，聚合平台则负责信息发布和传播。四是智能推动。人工智能正在对新闻生产、发布、反馈各环节产生革命性影响，人工智能平台正在成为媒体创新发展的基础设施。人民日报新媒体大胆尝试语言识别、人机对话和云计算等前沿技术。新华社在2017年3月全国两会报道中，首位机器人记者"爱思"崭露头角；12月发布我国第一个媒体人工智能平台——媒体大脑并生成中国第一条ＭＧＣ（机器生产内容）视频新闻。2018年11月，第一位"人工智能主持人"上线……人工智能正成为各媒体竞争的最重要的撒手锏。

二、重视新兴媒体的新挑战

网络传媒的快速崛起，具有明显的两面性：一方面，网络传播提高了信息传播效益，推动了人类社会向前发展。另一方面，对我国的政治生活和安全形势产生了深刻影响，加大了社会管理的难度。

从总体来看，网络传播高度发达，对于各级党委、政府和领导干部来说，机遇和挑战并存。但从近几年来全国发生的许多新闻事件来看，目前，网络传播对于我们许多领导干部来说，挑战大于机遇，挑战是主要的。如何正确认识挑战、应对挑战，值得认真研究。

（一）网络传播对政治生活产生了深刻影响

网络传播的最大益处是，为民意、民声提供了一个有效的表达路径，使党和政府多了一双耳目；为民情、民怨打开了一个通畅的宣泄渠道，避免了出现溃坝效应；为民众实施参政议政、舆论监督提供了一条重要途径，使我们党又多了一面明察秋毫的镜鉴。

与传统媒体相比，网络传播具有即时性、互动性、广域性和隐匿性等特点，十分复杂，很难管理，很难控制。其传播主体成分复杂、人数众多、意识形态多元，传播速度快、影响大，网络舆论已经成为不可忽视的政治力量。网络传播的突入，打破了我国以往政治生活领域的平静，对传统政治生活中的方方面面产生了深刻的影响。

1. 网络传播分割了公共话语权

过去，任何公民想公开发表言论，都必须经过国家控制的报刊、广播和电视等主流媒体，由主流媒体对公民的言论实施筛选、控制。网络传播的出现，突破了这种限制，任何组织和个人随时可以用低廉的成本，向社会各界自由自在地发表任何言论、传播任何观点。同时，也可以自由地选择任何观点、接收任何信息。政府原来掌控的话语权被明显分割，社会公众的话语权有效增大。在一定程度上，影响了政府的权威。

2. 网络传播增强了公众的社会动员能力

过去，只有政治组织、经济组织才能实施社会动员，而且，需要耗费大量人力、物力和财力。网络传播的广泛性、隐匿性，为社会动员提供了新形式。网络政治动员，能够成功地摆脱现实政治实体的控制。通过网络传播，可以绕过政府的控制，取得政治动员的自由空间、条件和机会。动员主体利用网络传播的互动性、广泛性，轻而易举地在网络空间凝聚有关客体，就某一问题达成共识，迅速形成目标相同、步调一致的统一力量。

3. 网络传播容易诱发社会群体事件

如前所述，网络传播对于负面事件的社会影响，具有独特的汇聚效应、放大效应和扩展效应。网络传播的双向、多向互动性，容易使受众的情绪受到相互感染，推动负面事件不断升级。网络传播特有的隐匿性，又为一些敌对势力的人肆意煽动、激化矛盾提供了理想的空间。在特别事件发生后的非常时期，如果处置不当，网络传播很容易形成新闻事件，进而诱发社会群体事件，影响社会稳定。

（二）网络传播加大了社会管理的难度

目前，我国网民人数世界第一。随着我国民主进程的加快，民众知情权、话语权、参与权、表达权诉求空前高涨。网民参与社会事务、社会管理的热情不断提高，互联网已成为民意、民声诉求表达最重要的平台，网络舆论的影响越来越大。同时，政府部门对网上言论管理和控制的难度不断增大，疏导网上情绪的任务更为繁重，引导网上舆论的工作更加艰巨。

1. 网络媒体过于跟风、盲从

不少网络媒体采编力量不足，原创新闻作品占比不高，新闻信息多为相互转发。采编队伍多为年轻少壮组合，热情奔放、经验不足，朝气蓬勃、沉稳不够，血气方刚、易于激动，激情所至、易轻信人言；受利益驱动，易将追求轰动放在首位，而置真实性于不顾。某一网站登出某一"爆炸性新闻"，瞬间就有数百家网站跟风转载，此类现象比比皆是，十分常见。浏览网上，即使是人民网的"强国论坛"等高端空间，也不乏激烈的言辞、偏激的观点、异端的言论以及非理性的个人情绪。

2．网上舆论令人担忧

有些意见领袖，缺乏社会责任感，大局意识欠缺，观念另类，观点偏激。由其引领网友，网上舆情出现了四种值得重视的苗头。一是网上言论自由化倾向日益明显，如攻击医疗体制改革、妄评教育体制改革等。二是由学术性向政治性转变、由启蒙性向行动性演变。三是从网络虚拟西方"自由、民主"理念向现实社会生活移植，并有开始走向街头、登堂入室的苗头。比如，个别人在网上传播教唆民众与政府进行暴力对抗、非暴力对抗的多种方式和方法等。四是出现了由网上"维权"活动向诱导开展现实"人权"运动演变的端倪。

3．有效管理网上舆论难度很大

网络舆论，浩如烟海。善意的舆论监督与恶意的攻讦诋毁、合法观点与非法言论相互裹挟，泥沙俱下。对于一些社会问题和突发事件的评论，专家学者、意见领袖、干部群众、普通网友、反华势力、境外敌人等交织混杂。网络管理部门技术手段落后，统筹协调不力，管理力量严重不足，难以形成足够的合力，盲区和死角难以消除。许多管理措施的实施，内遇网民的不解和百般抵制，外遭西方施压指责，常常难以落实到位，常常出现僵持和对峙态势，常常疲于奔命、被动应对。

（三）网络传播对国家安全构成了一定威胁

随着网络传播大众化，西方敌对势力充分利用互联网，加紧了对我国的西化、分化，不断在政治、经济、军事、民族、宗教等方面对我实施全方位打压。这些活动，加剧了我国国内矛盾，危及社会和谐稳定，损害了我国的国际形象，恶化了我国的外交环境。

1．网络传播为造谣攻击我国提供了平台

境外各种敌对势力，以网站为据点，组织策划反华宣传，对我进行恶意攻击。诬蔑社会主义制度，诽谤共产党的领导，诋毁人民民主专政，鼓吹倡导中国采取"三权分立""多党竞争"的政治体制，并利用互联网，与国内个别人遥相呼应，攻击我国民族、宗教和司法制度，指责我国新闻出版制度，妄图迫使我开放"报禁""网禁""党禁"，最终达到推翻共产党的领导和瓦解社会主义制度的目的。

2. 网络传播为分裂我国提供了平台

西方敌对势力，利用网络传播，散布我国的虚假信息，挑拨我国民族关系，激化我国民族矛盾，经常在民主、人权、西藏问题、新疆问题等方面，无中生有，制造网络舆论事件，对我国无理指责和无端打压。西方一些网站经常通过剪贴照片、恶意篡改、移花接木、张冠李戴等手法，对我国的民族、宗教事件进行歪曲性报道，不时利用网络传播，炒作国内一些新闻社会热点事件，煽动国内民众聚集闹事，严重威胁了我国的民族团结。

3. 网络传播成为散布"中国网络威胁论"的重要平台

西方媒体捏造"中国黑客网络攻击"事件，丑化我国的国际形象，大肆渲染中国黑客的攻击目标是军事攻击、经济盗密、技术窃取，竭力遏制我国和平崛起。西方敌对势力利用网络传播，经常采用接力式炒作、集中式报道的方式，大力制造"中国黑客威胁全世界网络安全"的国际舆论，大肆鼓吹"中国网络威胁论"，处心积虑地丑化我国的国际政治形象。

三、研究新兴媒体的新规律

新兴媒体的异军突起，突破了新闻传播的许多经典理论，更新了新闻传播的许多经典观点，引发新闻传播领域革命性的变革，客观上极大地推动了新闻传播事业的发展。同时，不仅激活了许多潜在的问题，而且产生了许多以前不曾有过的新情况、新问题。网络传播是新兴媒体实现传播的主要形式，努力认识和把握网络传播出现的新规律，是各级党委、政府和领导干部正确面对媒体、有效引导舆论的基础和关键。

（一）汇聚效应

要想运用网络传播信息，必须将要发布的信息上传到网络服务提供商（ISP）专门设置的服务器上。所有新闻网站管理员更新网页、网友发帖子、记者通过网络发送稿件等，都是将信息上传到ISP服务器的过程。也就是说，互联网上传播的所有信息、互联网上现存的所有信息，全部存储在数量众多的ISP服务器上。ISP服务器，实际上是高性能计算机。

互联网上这些海量信息，存储在一种特殊的信息仓库中，这种信息仓库叫作网络数据库。网络数据库，主体和基础是后台数据库，另配备有一定的、使用方便的前台程序和命令。我们普通用户，可以通过浏览器完成数据存储、查询等操作，也就是平时浏览网页、搜索资料、发帖子、更新网页等实际操作。

网络数据库具有特殊的技术结构和程序、命令，能够根据用户发布信息的题目和内容中的关键词对信息进行分类存放，并对信息进行多重索引。对信息进行快速检索，是网络数据库最重要的优势。所以，网络数据库向用户提供了十分强大的分类查询功能。而且，用户查询时，任何一个关键词都可以指向多条记录，而多个关键词也可以指向一条记录。

网络传播的汇聚效应，是指互联网对于同类信息强大的、便利的、快捷的汇聚功能，其技术基础是网络数据库。也就是说，网络数据库本身就具有高效、强大的汇聚信息的技术特性，特别是具有汇聚同类信息的技术优势，能够方便、快捷地把不同但相近观点的信息汇聚到一起。所以，当一地发生了特别事件，引起了某个网友的兴趣，他可以在几秒之内，在网上搜索出多年来在不同地区发生过的类似事件，一两个小时就能够把这些信息汇聚起来，整合到一个主页之中，发布到互联网上，并能够打包发送给一些门户网站管理员。一旦在门户网站发布，就能够迅速地把网友的注意力吸引过来，进而将社会舆论汇聚到这个事件和问题上。

（二）放大效应

一些事件经新闻媒体传播，或多或少都会产生量能的变化。有些事件经媒体传播会产生一定的放大作用，有些事件经媒体传播则会产生一定的衰减作用。其中，传统媒体传播通常是放大正面事件的社会影响，网络媒体传播则常常是放大负面事件的社会影响。

传统媒体都是事业单位性质，经过了党和政府长期的培育，主要领导都是党和人民信任的政治家，采编机制、采编人员、媒体风格、报道作风等都比较成熟、理智、稳健、客观、权威。

传统媒体传播新闻的过程大致是，发现特别事件，派记者前去采访。记者到达现场，首先弄清事实，倾听当事人讲述。当事人通常都是情绪不稳定的，其讲述的内容常常带有明显的情绪化。记者会有效过滤掉当事人的情绪，根据事实，加入自己的情绪和倾向采写新闻稿件。媒体编辑拿到此稿件后，会站在当地领导者的高度，以有利于大局为目的，对稿件进行删改，过滤掉记者不恰当的情绪和倾向，修改不适当的表述，然后再行刊播。所以，传统媒体传播通常对负面事件具有衰减作用，对正面事件具有放大作用。

抢眼球，博点击，网络媒体是新兴媒体，绝大多数是企业性质的经济实体，更不要说"自媒体"：其经营以低投入、高产出，实现传播最大化、利益最大化为根本原则和最终目的；其传播的技术基础是日新月异的新兴信息技术和高科技，是年轻人聚集的地方；其领导大多是企业家或商人，其采编机制是最大限度地吸引受众的注意力；其采编人员、媒体风格、报道作风等都比较年轻、感性、热烈、激动、灵活、多变；其基本受众是广大网友，大部分是年轻网友。

网络媒体传播新闻的过程大致是，发现特别事件和突发事件，广大网友一哄而起，网络编辑基本原封不动录载播发，加之网友与网站的双向互动、网友之间的多向互动，以及意见领袖的观点引领和大量跟帖者的灌水、拍砖，从而进一步推波助澜，使网上舆论一浪高过一浪，事件被迅速放大，也正应了那句老话，"好事不出门，坏事传千里"，加之有些人的"幸灾乐祸"心理，网络传播对负面新闻具有特别显著的放大作用。

（三）扩展效应

所有媒体传播对于新闻本身都有一定的扩展效应，决定扩展效应大小的主要因素是媒体的有效传播空间。传统媒体具有很强的属地性和区域性，其传播范围基本上被限定于本行政区域内部。网络媒体的传播突破了国家和地方行政区域的界限，因而具有更加广阔的传播空间。媒体的固有属性决定了网络媒体比传统媒体具有更加强大的扩展效应。

传统媒体传播对新闻信息的扩展过程大致是，记者采访、民众参与、编辑录载、媒体刊播，新闻信息扩展到有限的固定区域、固定受众群体。其信息扩展链是单向的、段状的、中断性的。

网络媒体传播对新闻信息的扩展过程则要复杂得多，大致是记者采访、编辑修改、媒体刊播，新闻信息扩展到无限的不固定区域、不确定的受众群体，完成了第一个信息扩展周期；随后，不确定的受众群体接收信息后，加入自己的情绪和倾向，转变为言论和信息发布者，再向网上不确定的方向和受众发布信息和言论，开始了第二个、第三个……信息扩展周期。循环往复，与原子物理学核反应堆中的连锁反应十分相似，信息的扩展速度和扩展范围有时是非常惊人的。其信息扩展链是多向的、周期性的、延续性的、放射性的、病毒式的。所以，笔者认为网络传播的扩展效应，也可称之为连锁效应。

（四）共振效应

传统媒体传播新闻信息基本上是单向的，其信息传播到受众之后，量能基本上被全部吸收，只有少数受众会通过热线电话、邮寄信件等形式，向媒体进行反馈。另外，受众产生的情绪和倾向，也只是通过口头传播影响身边的个别人。

传统媒体信息传播链条的终端基本上是首批受众，产生的反馈作用很小，不足以产生共振。

对于网络媒体传播新闻信息，因为网上受众拥有几乎与媒体同样的话语权，所以，受众不再是只能被动地接收和吸收信息。对于一些特别事件，受众会把接收的信息加上自己的情绪和倾向，混合放大成新的信息，把自己变成信息发布者，一方面，向发布信息的媒体反射；另一方面，向网络不同方向、不同群体反射。网络媒体接到不同方向、不同受众发来的信息后，再对信息进行放大加工，开始第二个周期的传播。如此，周而复始，形成了共振效应。不同方向的受众接到信息后，也会对信号进行加工和放大，并开始向更大范围的受众开始第二个、第三个周期的传播。

所以，网络传播很容易诱发大区域、多层次受众的思想和行为"共振"，这种"共振"借助网络独特的双向互动、多向互动作用，循环往复，产生叠加效应，不断扩展"共振"区域，不断扩大"共振"幅度，最后可能会产生意想不到的效果。

网络媒体传播的不论是正面事件新闻，还是负面事件新闻，都可能引起共振效应。特别需要各级党委、政府重视的是，网络传播负面事件的新闻，出现共振效应的概率、振动的频率、振动的幅度、振动的范围等，都要远远大于传播正面事件。

（五）策动效应

机械物理学原理揭示，要使平衡物体振动，必须施加适当的策动力。在周期性策动力的作用下，振动的幅度和强度会不断增加。网络传播形成的共振也是如此。

网络传播形成振动的策动力主要来源于两个方面：一方面，网络媒体发布特别事件的新闻，就是形成振动的初始策动力。另一方面，网络受众把接收到的信息，加入自己的情绪，并变为信息发布者，向发布信息的网络媒体反射，形成了更强的策动力，进一步加剧了振动；同时，向不同方向、不同受众群体发送信息，又另外形成了多个振动系统的初始策动力。同理，引发多个振动场。

网络振动的策动力具有很强的连生性、互生性。其中，在众多策动力中，信息源或初始信息发布媒体一方形成的策动力，远大于其他策动力，居于相对主动和支配地位，我们称之为初始策动方。

网络传播发生振动后，如果初始策动方不间断地发布具有正向策动力性质的信息，则振动的幅度会不断增大，振动的强度会不断增强，振动的范围会不断拓宽，很快形成大面积群振、共振。反之，如果初始策动方有规律地发布具有负向策动力性质的信息，则振动就会受到干扰，幅度会不断减小，强度会不断减弱，振动会不断衰减。

【典型案例】

红黄蓝幼儿园事件的涉军舆情

2017年11月22日晚上，有微信群爆出北京朝阳区红黄蓝幼儿园新天地分园国际小二班的幼儿遭遇老师扎针等情况，并提供了孩子身上多个针眼的照片。

此事件迅速引起了网民的广泛关注。当晚21时许，有微博用户将微信聊天截图发至微博，并将虐童升级为打昏迷针、猥亵，指出事件与老虎团相关，被拥有近百万粉丝的微博大V转发。23日，随着媒体采访视频的曝光、文体明星参与以及当天下午出现的大面积删帖，舆情迅速升温，并且出现了称解放军为"扛枪的恶魔"等恶意攻击。

24日晚，老虎团政委冯俊峰接受军报记者采访，澄清事实，公布了初步调查结果，舆情开始快速降温。25日，朝阳警方通报调查结果，行政拘留造谣者刘某，涉军舆情基本进入消亡期。28日，警方再次通报，家长赵某承认猥亵儿童信息为编造。

$$\cdots\cdots\cdots\cdots\cdots\cdots\cdots\cdots\cdots\cdots\cdots$$

【案例剖析】

近年来，随着社会发展、社会利益格局多元化，社会矛盾频发。部分社会矛盾事件中，军队被卷入其中。这类舆情事件具有突发性，并且随着资本力量的背后参与、社交媒体技术的发展和舆论领袖的推动，涉军舆情往往被迅速推向高潮。这次红黄蓝幼儿园事件中，舆论策动效应十分明显。

一、舆情出现阶段

红黄蓝幼儿园事件本来是一起幼儿园虐童事件，属于社会问题，但由于造谣者以家长身份伪造了聊天记录截图和家长采访视频，事件细节的描述与虐童事件极其相似，为虚假信息增添了可信度，使谣言开始传播，将矛头指向部队。

二、正向策动阶段

23日上午，造谣者再次发帖@新浪新闻及名人大V。与此同时，三条家长受访的视频在网络发布并被大量转发，下午，娱乐明星、八卦博主集中发声，推动舆情迅速升温。24日上午，卡通画手郭竞雄最先在微博发送漫画"404"，指责解放军掩盖真相，攻击解放军是"扛枪的恶魔"；下午一些文体明星再次发送漫画，造谣升级，恶意抹黑。至此，舆情热度愈来愈高，造谣升级为恶意诋毁。

三、负向策动阶段

24日晚6点，"军报记者"微信发布文章《老虎团政委冯俊峰就涉及部队传闻答记者问》，老虎团政委的回应，引发新一轮舆情高峰，有效遏制了谣言。此后，关于老虎团、部队的舆情迅速降温。

四、舆情消亡阶段

25日下午，警方连发两条情况通报，包括刑拘涉事教师刘某某、行政拘留造谣者刘某。28日，警方再次发布通报，家长承认造谣。涉军舆论焦点转移至对造谣者和抹黑军队者的批评。至此，红黄蓝幼儿园事件中涉军舆情逐渐消亡。

由于舆情发生初期，官方信息处于真空状态，导致谣言大面积传播。其后，自媒体、文体明星等网络意见领袖的参与，主流媒体、商业媒体采访视频的推动，以及幕后势力的助推，一并策动舆情急剧升温。尽管之后军报发声、警方出手，谣言最终被揭穿，始作俑者也受到法律惩处，但对部队造成的负面影响将是长期的，其中教训值得深思。

一是必须重视舆情应对的"黄金4小时"。在本次事件中，从舆情爆发到调查事实、信息发布仅间隔1天时间，在时效性上已经大大超越以往。但客观来说，在舆情爆发后最为重要的"黄金4小时"，涉事单位由于事实未明没有发声，加之受商业公司和网络管理部门删帖影响，引发网民对军队掩盖真相的猜测，成为推高舆情的最重要因素。

教训：在面对舆情时，涉事单位应当遵循"先报态度、速报事实、慎报原因、续报结果"的流程，在第一时间发声表明态度，主动展现直面传闻的态度和彻查清楚的决心，为深入调查处理赢得时间。

二是主流媒体要深度介入抢占话语权。本次事件中，从家长最初在微信群爆出的信息和警方最后调查结果看，只是一起虐童事件。但在造谣者的爆料和家长采访视频发布后，事件被炒作为性侵幼童。大量自媒体以性侵为主题拼凑资料，吸引眼球，将事件不断渲染扩大，严重影响了民众对事件性质的判断。而且，由于事件发生第二天几乎只有家长爆料的有限信息，深度信息缺位，导致部分民众认定这是一起性侵事件。

教训：舆情爆发后，主流媒体应当及时跟进，深入采访，向多个信息源了解信息，以充分的信息优势抓住事件的定义权，避免不实信息扩散。

三是要通过监控引导关键节点来控制舆论走向。本次事件中，微博大V和微信自媒体账号成为舆情传播的少数关键节点，推动了舆情发展，影响了民众对事件的认知和判断，对民众情绪产生了很大的主导作用。总体来看，这些意见领袖情绪表达多于真相传递、前期事实未清就发声多于调查结果公布后的发声、传达的负面情绪大于正面情绪，成为整个舆情事件走向的关键节点。

教训：对这些影响力巨大的账号主体，应当在平时加强引导、舆情发生时加强监控，使其发挥稳定舆情、引导网民回归理性的作用，而不是变成传播谣言、混淆视听的推手。

（六）洼地效应

特别事件，一向是中外新闻媒体关注的重要对象，这是由新闻媒体求新、求异的特点决定的。所以，出现特别事件，一定会引起社会舆论的关注。发生特别事件的地区和单位，就像一块洼地一样，吸引新闻媒体和社会舆论的关注，我们称之为舆论洼地。

舆论洼地一旦出现，社会舆论就会像流水一样，不约而同地指向洼地，快速向洼地流动、集中，关于某地区或者某单位特别事件的新闻和舆论就会在短时间内呈现出爆发性增加。这种现象，我们称之为洼地效应。

因为传统媒体的传播具有明显的区域性，所以传统媒体对特别事件的传播，基本上限定在事件发生地区内部。事件发生地点形成的舆论洼地是局部的，所集中的社会舆论也基本上是本地区的、有限的，因而，多数情况下是可以承受的。就像局部地区发生暴雨，雨水向一个洼地汇集，因为只是局部地区的雨水，水量相对不大，可以通过严防死守、死顶硬抗渡过难关。

网络传播的情形就大不一样了。网络传播是无边无际的。一旦某地区、某单位发生特别事件，形成了舆论洼地，如不立即采取果断措施，进行有效的信息发布和舆论引导，迅速填充舆论洼地，则整个社会各界的舆论之水，很快就会一致汇集到洼地。无数涓涓细流一旦同时汇集到同一个洼地，就会形成巨大的洼地效应，加之放大效应、共振效应和扩展效应，就很可能会掀起滔天大浪，遭受"舆论"上的灭顶之灾。

【典型案例】

山西尾矿库特大溃坝事件中的洼地效应

2008年9月8日，山西省襄汾县新塔矿业公司尾矿库发生溃坝事故。事故发生4小时后，山西省安监局调度中心和襄汾县委、县政府对外发布消息称，塔山矿区因暴雨引发泥石流，塔山矿区一座废弃尾矿库被冲垮，造成一死一伤，有群众被困。

这一数字公布后，幸存者和现场目击者立即提出了强烈质疑，他们说当时现场已发现的遇难人数绝不止这些，为此，引发了新闻媒体、广大受众和各地网友的广泛关注。

国务院事故调查组迅速赶到事故现场调查。根据网友的反映，并查阅襄汾县气象局提供的资料，发现：9月以来，襄汾县近期只有7日20时至8日8时一次降雨，降水量为1.5毫米，远远低于气象学10毫米小雨的降水量，最多是"毛毛雨"。15日，中国气象局专业人士说："两天之内出现这样的降水量，可能连地面都湿不了，根本不可能形成暴雨。"

经国务院事故调查组最后核实，事故造成277人死亡、4人失踪、33人受伤，直接经济损失9619万元，是2008年以来，全国死亡人数最多的一起安全生产责任事故。

为此，孟学农辞去山西省省长职务，副省长张建民被免职。113名事故责任人受到责任追究。其中，新塔矿业有限公司董事长张佩亮、襄汾县委书记亢海银、襄汾县县长李学俊、山西省国土资源厅总工程师刘书勇、山西省安监局副局长苏保生等51人被移送司法机关，依法追究刑事责任。给予临汾市委书记夏振贵撤销党内职务处分，分别给予市长、市委副书记刘志杰，副市长周杰撤职、撤销党内职务处分。共有62名事故责任人受到党纪、政纪处分。

【案例剖析】

笔者认为，当地政府处理事故过程中，存在四个误区。

误区之一：没有及时、正确、有效地填充舆论洼地

随着溃坝事故的发生，山西省襄汾县形成了舆论洼地。唯一正确的处理思路就是及时、正确、有效地填充舆论洼地，努力避免洼地效应的形成。

具体方法是，立即组织动员一切力量，尽全力抢险救灾，不惜一切代价救助受害人。同时，实事求是地发布事故信息，努力填充舆论洼地，想方设法、最大限度地争取社会各界的同情和支持，为抢险救灾营造积极的舆论环境。

当地政府发布事故信息也很及时，尽快填充舆论洼地的意愿也是正确的。但由于其指导思想完全错误，试图推卸责任，发布虚假消息，把事故原因说成是天灾所致，不仅不能有效填充舆论洼地，反而将自己置于极端被动的悬崖绝壁之上，使自身进退无门、走投无路。

误区之二：作茧自缚，自我催化了洼地效应的形成

网络传播，使人类社会进入了高度发达的信息时代，不仅人人能成为饱学之士，而且都能够不出家门便知天下事。

借助互联网，每个普通人都是千里眼、顺风耳，你说"暴雨引发泥石流"，千里之外、万里之遥的网友上网一查，立即就能知道事发地当时的天气情况，如何能够骗得过去？

借助互联网，每个普通人掌握的专业信息与该学科专家没有本质的区别。外行的普通网友，只要上网查询，很快就能清楚，多少毫米的降水量是"毛毛雨"，多少毫米的降水量是小雨，多少毫米的降水量才可能引发泥石流，假的永远不能成真。

当地政府此举无异于引火烧身，加速了舆论洼地向洼地效应的演变。

误区之三：自掘洼地，造成了洼地效应的叠加

实事求是，是处理事故灾难的底线，是稳定受害者亲属的前提，是赢得社会理解、信任和支持的基础，也是化解危机的原则。为了掩人耳目，大事化小，试图私了，偷偷掩埋了51具遇难者遗体，就等于是在原有舆论洼地的基础上，自己再掘洼地，自我制造更大的洼地效应，与前者产生了叠加效应，引发了新一轮更加严重的危机。

误区之四：欺人欺天，招致危及上级的灭顶之灾

平时工作不尽职尽责，视党和国家的事业如儿戏，置人民群众的生命安危于不顾。企业违法违规生产、建库，隐患排查治理走过场，安全整改指令不落实，当地政府及有关部门监督管理不力，出现事故是必然的。

恶性事故发生后，责任归天，私埋遗体，这是一种典型的欺人欺天行为，此举一出，事故的性质就变了，当然要受到党和国家的严厉追究，必然要受到公众舆论的强烈指责。

这样的结果，不仅害了自己，还连带着自己的上级一同蒙受了灭顶之灾，教训极为深刻。

（七）溃坝效应

新兴媒体的传播，具有许多奇异的特点。其中，新闻群体事件的发生，像一般社会群体事件一样，也有一个从量变到质变的积累过程。但在新兴媒体传播中，量变的过程常常很短，量变的积累往往是急剧膨胀式的，如不及时采取有效措施加以疏导和控制，而是试图采取掩盖封堵的错误做法，则很快会形成决堤之势。此时，任何一个"蚁穴"般小小的疏漏，都会造成瞬间溃坝。

在实际工作中，我们常常遇到这样的情况，一件特别的事件发生了，有些决策者出于多种原因，采取封堵的办法，下令不许新闻媒体报道，党报党台都很听招呼，能够成功地堵住主流媒体，但早晨一觉醒来，外面世界已"千树万树梨花开"，网上早已铺天盖地、民声鼎沸，社会舆论波涛汹涌、无法控制。

《国语·周语上》说："防民之口，甚于防川，川壅而溃，伤人必多，民亦如之。是故为川者，决之使导；为民者，宣之使言。"阻止新闻言论的危害，比堵塞河川引起的水患还要严重。先秦时期古人的论述，蕴含着古老的哲学智慧以及深刻的真理意义，具有不可抗拒性。

目前，形式虽然发展了，社会虽然进步了，但对待社会舆论，仍然要采取以疏为主的方法。封堵新闻舆论，一定会引发溃坝效应。

【典型案例】

滴滴公司系列舆情事件

2018年，滴滴公司负面舆情层出不穷，"滴滴"多次成为引爆网络舆论的热点话题。

2月4日，央视爆料滴滴司机为达到接单数量赚取奖励变相拒载，导致用户出行不便。

4月1日，自媒体人孟婆发表微博文章《滴滴，今天我想和你聊一聊》，讲述自己乘坐网约车时遭遇司机性骚扰，投诉后却遭滴滴客服推诿。

14日，围棋世界冠军柯洁发微博，称自己乘坐滴滴时不慎将随身皮包忘在车上，因无法联系上司机，多次与客服沟通也未能解决问题。

28日，滴滴投资人张桓发微博称遭到滴滴司机殴打致伤，称要"贱卖"所有滴滴投资，滴滴冻结了肇事司机账号并公开致歉。

5月5日，21岁的空姐在郑州搭乘滴滴顺风车遇害，滴滴公司将用户隐私数据作为招揽用户的手段，遭到网民痛骂。

7月28日，女模特晓榕乘滴滴快车遭遇车祸导致头部多处受伤，投诉肇事司机与滴滴平台显示注册司机不符，受到滴滴客服冷淡对待。

8月12日，长沙滴滴代驾王某在接单路上被撞身亡，家属申请赔偿过程中发现滴滴承诺的120万元保险变成了120万元"保障"，补偿金额也从原本宣称的120万元变成了1万元。

24日，温州乐清女孩赵某乘滴滴顺风车遇害，途中曾发出求救信号，但被害者亲属朋友和警方多次联系滴滴公司要求了解司机信息，均被客服推诿拒绝，失去了最佳救援时间。

27日，发现并打捞出"空姐遇害事件"嫌疑人刘某尸体的郑州红十字水上义务救援队，向法院递交民事起诉书要求滴滴兑现100万元奖励。

9月7日，两名女乘客拼车乘滴滴出行遭司机挟持，在尝试联系滴滴客服、报警等求助方法均未果后，最终以跳车威胁才迫使司机停车脱险。

11月13日，浙江网友爆料称，乘滴滴快车时与司机因路线问题产生言语纠纷，司机态度恶劣，乘客按"紧急求助"键求助无反馈，情急状况下选择跳车，3个半小时后才接到首个滴滴客服电话回复。

30日，资深滴滴司机发帖称，滴滴平台30%的佣金比例抽成过高，导致司机的收入明显减少，引来众多司机的不满。

∙∙

【案例剖析】

以上只是2018年涉及滴滴公司的部分舆情事件，从中可以看出，以5月初"郑州空姐乘滴滴遇害"和8月底"乐清女子乘滴滴遇害"两次恶性事件为节点，涉及滴滴的舆情从性质、数量、主体和导向上都呈现出明显的变化。

舆情酝酿期：从年初到郑州空姐乘滴滴遇害事件前

此阶段涉及滴滴的舆情数量不多、性质也不是很严重，虽然掀起了一些小风波，但舆情态势总体保持平稳。

舆情积累期：郑州空姐与乐清女子乘滴滴遇害两起恶性事件之间

郑州空姐事件，引发了舆情的一次大爆发。之后，不仅滴滴公司前些年的恶性事件再次被曝光，又爆出车祸致乘客受伤毁容事件。这个阶段，关于滴滴的舆情性质开始变得严重。

舆情溃坝期：乐清女子乘滴滴遇害事件至年底

短短百日时间，两名花季女孩被害彻底惹怒了舆论。用户质疑滴滴的道歉声明避重就轻、推脱责任，整改流于形式、敷衍塞责；司机群体也开始频繁发声，指认滴滴公司压榨司机、吃相难看。一系列负面舆情如同洪水溃坝，令滴滴应接不暇，将滴滴推向风口浪尖。

2018年滴滴公司的舆情态势，呈现出了明显的从量变到质变的演变过程。由于滴滴公司对舆情的蛰伏期和上升期暴露的问题，没能引起足够重视加以控制和疏导，也未能及时采取切实有效的措施予以整改，任由舆论一点一点冲刷公信力的堤坝，最终百日之内两起女乘客遇害事件这一波舆论洪峰冲垮了堤坝，形成决堤，教训不可谓不深刻。

2018年滴滴舆情事件，充分暴露出滴滴平台存在的安全隐患和经营管理漏洞。

一是价值观偏差是产生问题的主因。2016年8月收购优步中国后，滴滴成为网约车市场的霸主。垄断地位加上资本逐利的价值观，使得滴滴忽视了安全的底线，漠视乘客的生命安全，缺乏对乘客安全负责应有的社会责任心，进而出现对司机及车辆审核不严格，奖励模式、机制导向存在偏差，安全管理存在诸多隐患。滴滴的舆情事件也随着其运营管理问题增多而日渐增多。

二是舆情观念淡薄导致问题多发。在"空姐乘滴滴遇害"事件发生前，舆论已经多次指出滴滴存在的问题隐患，滴滴若能关注并重视这些问题，加强对司机的培训和约束，采取有效措施改进运营活动，改进客服工作流程，及时回应乘客诉求，提高乘客满意度，建立突发事件应急反应机制，或能减少乘客遇害等恶性事件发生的概率。

三是应对失当整改不力致使舆情升温。在乘客遇害等重大恶性事件发生后，滴滴的多份道歉信话语模式和道歉格式几乎相同，这种推卸责任、敷衍塞责的道歉态度遭到一致谴责，而悬赏100万元缉凶、3倍赔付遇害者这种处置办法，简单地将乘客的生命等价于金钱更是引来舆论的声讨，对民众关心的如何避免类似案件再次发生却始终提不出有效的方案。由于舆情应对失当，滴滴公司深陷舆论旋涡中心难以自拔，公众形象毁于一旦，其前程也因此遭受质疑。

新兴传媒出现的上述一些新特点，既相互区别，又相互联系、相伴相生。在同一新闻事件中，它们不是独立存在的，常常同时具备两个以上的特征，在网络传播过程中有着十分明显的体现。

特别是受年轻网民求新、求异等心理因素的策动，网络媒体对于负面新闻具有很强的汇聚效应、放大效应和扩展效应，很容易使分散问题汇集成焦点问题，局部问题放大为全局问题，一般问题演变为政治问题，个人的偏激言论扩展为非理性的社会情绪。

在网络传播时代，不同地域、不同时间发生的一般性的、阶段性的、局部性的甚至是一个单位发生的个别问题，一旦上网传播，很可能被汇聚到一起并迅速放大，演变为牵动全局的、影响稳定的、难以控制的新闻群体事件或社会群体事件。舆论的力量，让人难以估量。

所以，各级领导干部正确认识和把握新兴媒体传播规律，对于及时、正确、有效地引导舆论，显得尤为重要。

第三章
欲知朝中事，上山问野人
——熟悉新闻和媒体

从总体上说，新闻生产和新闻传播的主体主要有两个。一个是新闻媒体，主要是生产并通过大众传媒传播主流新闻信息，形成媒体舆论场，满足社会各界的新闻信息需求，其新闻信息的生产和传播具有连续性。一个是特定受众群体，就公众关心的某一问题进行提炼和加工，并通过口头传播的形式在受众中进行传播，形成街谈巷议的口头舆论场，其新闻的生产和传播具有阶段性。媒体舆论场和口头舆论场，有同有异、有分有合，既相互独立、相互区别，又相互联系、相互影响。其中，媒体舆论场常常居于主导和引领地位，对口头舆论场具有十分明显的影响作用。

所以，要正确面对媒体，有效引导舆论，很有必要掌握一些新闻采编的基本常识，了解媒体运作的基本过程。这样，才能做到心中有数、有的放矢，提高引导舆论的针对性和有效性。

第一节
要想知道梨子的滋味——了解新闻采编过程

新闻采编是新闻媒体的核心工作。了解新闻媒体采编新闻的过程，可以帮助我们把握新闻运作规律，有针对性地向新闻媒体提供新闻线索，充分发挥新闻媒体的积极作用，有效引导社会舆论，为实际工作的顺利开展营造积极健康的舆论氛围。

一、新闻媒体的新闻来源

从理论上讲，新闻来源主要有人物性、采访性、文档性三种类型。

人物性新闻来源，是指新闻来源于拥有新闻信息资源的人。拥有新闻信息资源的人包括新闻发布者、新闻人物、新闻参与者、新闻相关者。人物性新闻来源可以是个人、组织、政府、政党、企事业单位及群众团体等。

采访性新闻来源，是指由新闻媒体的专业记者在现实生活中或新闻现场，通过直接观察、调查、交流得来的第一手新闻事实材料。有时，新闻记者也会成为新闻来源者。比如，有机会参与重大事件新闻报道的记者，常常会成为其他媒体和记者的新闻来源。

文档性新闻来源，是指有新闻价值的文件和档案资料，包括纸质文档和电子文档类的书籍、刊物、研究报告、政党文件、政府文件、名人资料、讲话稿、新闻稿、个人文章和作品等材料。新闻媒体本身也是重要的文档性新闻来源。

新闻来源是原始新闻信息的承载者，是新闻传播的源头，是连接新闻事实与新闻报道的重要桥梁和纽带。新闻来源在新闻传播中，发挥着基础性作用。新闻记者从职业、专业的角度，按照新闻规律，结合形势和任务，对新闻来源提供的新闻信息素材进行必要的选择。

新闻来源不是确定不变的，存在很强的随机性和偶然性。只要具备一定条件，任何一个普通人都有可能成为重要的新闻来源。

现实中，新闻媒体刊播的新闻稿件，即新闻媒体刊播的新闻信息的出处，主要有以下四种：一是本媒体记者的采访，二是媒体特约通讯员，三是社会上的独立撰稿人，四是党政机关提供的新闻稿。平时，我们通过新闻媒体看到、听到的新闻，主要来源于这四种方式。

各新闻媒体刊播的稿件，绝大多数是所属记者采访、撰写新闻稿件。另外，有一部分是媒体相对固定的通讯员撰写的。遇到党政领导机关的重要会议、重大活动时，党政机关有时也会向新闻媒体提供新闻通稿，供上级新闻媒体参考，供所属新闻媒体按照要求刊播。

记者采访、撰写新闻稿件，主要依靠新闻线索。新闻线索，也叫采访线索，是指为新闻采访报道提供有待证实、扩展和深化的事实信息，向新闻记者提示新闻的所在和采访的方向。新闻线索是具有一定新闻价值的某种事实所透露的信息，也可能是已经或者将要发生的客观事实所显露的信号。新闻线索只是记者发掘题材的一种凭据，并不等同于新闻事实。新闻线索常常比较简略，要素不全，常常只是一个片段或概况，稍纵即逝，多数新闻线索不能反映事物的全貌和全部过程。

新闻线索能够激发记者的新闻敏感性，从而产生采访的动机。传统媒体的新闻线索主要来自基层通讯员和广大受众，这是目前最主要的新闻线索来源途径。任何一家媒体的记者数量都是有限的，记者的活动范围和时间、精力也有限，不可能把所有的新闻线索都及时、全面地捕获。通讯员和广大受众有效地拓展了媒体和记者的眼界，延伸了媒体和记者的四肢。所以，很多主流媒体都非常重视通讯员队伍建设，重视与广大受众的信息交流，并开设了新闻热线和投稿信箱。

新闻媒体是大众传媒工具，服务对象十分广泛，任何单位、任何个人都可以向新闻媒体提供新闻线索和新闻素材。只要新闻线索和新闻素材合适，都可以通过媒体进行报道、传播和宣传。清楚了这一点，平时就可以积极主动、有针对性地介入新闻报道工作。

如果领导干部试图使本地区、本部门、本单位的有关情况尽量多地通过新闻媒体报道，可以支持和指导所属宣传部门与有关新闻媒体的记者交朋友，结合当前的形势和任务精选新闻线索，向记者提供、推荐，通常会取得不错的上稿率，能够有效传播所属工作和生活情况，提高单位的知名度；日久人熟后，争取成为媒体的特约通讯员，直接与记者合作，为媒体撰写新闻稿件，效果就更好了。我们常常在报纸新闻中看到的"本报记者 通讯员"，都属于这种情况。

另外，领导干部还可以在本单位选拔有思想、有见解、善于观察、善于思考、大局意识强、文字能力强的人员进行重点培训，使之成为一些主要媒体的独立撰稿人，经常为新闻媒体提供有分量的稿件，更好地扩大本单位工作的社会影响。由于许多独立撰稿人都工作和生活在某一地区、某一部门、某一单位，对相应工作的深层次的情况比较了解，对相关工作的感触和思考都非常深入，所以，他们撰写的稿件通常都有深度和广度，容易引起社会各界的广泛关注。在实践中，不少主要新闻媒体发表的许多有影响的大文章，相当一部分都是出自这些独立撰稿人之手。

二、舆论监督报道的采编

新闻媒体的舆论监督报道，是许多领导干部十分关心、关注的事情。不少领导干部对于媒体的舆论监督非常敏感，挖空心思、想方设法地进行瓦解针对本地区、本部门、本单位的舆论监督，有些领导干部甚至连发生的普通刑事案件都不想让媒体报道。

面对舆论监督或负面事件的采访报道，有的领导干部指令宣传部门，想尽一切办法，说服记者放弃采访。有的领导干部亲自出马，做记者的"工作"。有的领导干部组织力量，找媒体进行公关。有的贿赂记者，有的找熟人说情，有的找新闻主管部门对媒体施加影响，有的阻挠采访、抢设备、打记者、扣记者，有的甚至挖坑下套、陷害记者、倒打一耙。有的领导干部见到瓦解舆论监督报道失败，恼羞成怒，迁怒于宣传部门，挤对和打压宣传部门的干部。

阻碍新闻媒体的舆论监督报道是错误的做法。很多舆论监督报道，特别是主要媒体的舆论监督报道，基本上堵不住、封不住。

2005年，中共中央办公厅下发《关于进一步加强和改进舆论监督工作的意见》，明确要求，任何人不得干预舆论监督，并把舆论监督定性为社会发展的要求、新闻工作的职责、人民群众的愿望、党和政府改进工作的手段。各级党委和政府、社会团体及其工作人员要重视舆论监督工作，支持新闻媒体的采访活动，为采访报道提供方便。基层单位不得封锁消息、隐瞒事实、干涉舆论监督，不得以行贿、说情等手段对舆论监督进行干预。有关地方和部门应当对舆论监督做出积极反应，对媒体揭露的问题应当及时调查处理，并通过媒体公开处理结果。

舆论监督的重点是，对违法违规行为的监督，对党和政府的方针政策落实情况的监督，对党纪政纪执行情况的监督，对当前社会热点、难点的疏导，对侵害群众利益行为的监督，对社会丑恶现象、不道德行为和不良风气的揭露和批评。

下面，我们以中央电视台《焦点访谈》节目为例，来说明舆论监督报道的采编程序，从中可以看出舆论监督报道的不可封堵性。

【典型案例】

从《焦点访谈》栏目看采编程序

1994年4月1日，中央电视台新闻评论部创建《焦点访谈》栏目。《焦点访谈》是以深度报道为主、以舆论监督见长的电视新闻评论性栏目。节目开播以来，迅速成为在全国家喻户晓的电视栏目，也是中央电视台收视率最高的栏目之一，受到了党和国家领导人以及广大人民群众的广泛关注和高度重视。

《焦点访谈》每年度都获得中国新闻奖评论类大奖，曾两次被评为"中央主要新闻单位十大名栏目"，1999年和2001年获首届和第二届中国新闻名栏目奖，1994年至今，连续获中央电视台优秀栏目一等奖。

《焦点访谈》曾得到中华人民共和国三任总理的题词或赠言。

1997年12月29日，李鹏总理视察中央电视台时题词为：焦点访谈，表扬先进，批评落后，伸张正义。

1998年10月7日，朱镕基总理专程来到中央电视台，与《焦点访谈》的编辑记者座谈，并郑重赠言：舆论监督，群众喉舌，政府镜鉴，改革尖兵。

2003年8月26日，温家宝总理视察中央电视台，在《焦点访谈》演播室赠言：与祖国同在，与人民同行，与世界同步，与时代同进。

人们称，《焦点访谈》所进行的舆论监督推动了中国的改革开放和民主法治的进程。

《焦点访谈》的舆论监督节目多年来为人们所关注和喜爱，其选题原则是"政府重视、群众关心、普遍存在"的问题，坚持"用事实说话"的方针，反映和推动解决社会进步与发展过程中存在的问题。《焦点访谈》的许多报道成为有关方面工作的决策依据和参考。

《焦点访谈》设有信访室，负责接待人民群众的来信、来电和来访。广大人民群众可以通过电话、寄信、传真、电子邮件、手机短信等方式，提供采访报道线索，反映收视意见。栏目组平均每天收到新闻线索2300余条，每天收到的信件至少两邮袋。

《焦点访谈》确定选题，至少要经过6级筛选、审批，即信访室筛选、节目编导取舍、制片人认可、总制片人同意、新闻评论部主任审核、主管副台长审定。经过6级层层报批，不合适的选题上不去，选上的题目也下不来，每一个选定的题目都是很能经得住考验的。

从报批选题，到派记者出去采访，再到节目编播，有一套完整的监督机制。比如，做一个选题的节目，肯定是派一组2~3名记者一起前去采访，既相互帮助，又相互监督。如果采访组拍着拍着突然不拍了，或拍不下去了，必须向栏目组说明原因，遇到困难就提供支持，遇到阻力就提供支援，无力完成任务就马上换人，必须完成拍摄任务。

因为，选题一旦审定，《焦点访谈》栏目组都无法更改，更不用说记者了。2006年，《焦点访谈》记者在东北某县采访当地政府违反土地承包政策时，受到了来自多方面的强大阻力和严重干扰，采访无法正常进行。中央电视台立即派出了大批记者，由《焦点访谈》制片人带队，前去支援。制片人直接出镜、直接采访当地主要领导，仅用了一天时间，就完成了拍摄任务。

有人说，在中央电视台《焦点访谈》节目组，每天都排着两支队伍：一支队伍是反映情况的，一支队伍是解释说情的。这两支队伍中的人都很难。因为，反映的情况被选上很难，被选上的题目要想拿下来更难，可以说基本不可能。

各省新闻媒体的舆论监督报道也大致如此。所以，各级领导干部遇到舆论监督，一定要正确面对，采取一些不正当的手段，通常不会发挥积极作用，往往是"越抹越黑""越堵越输"，不仅宣传部门的干部堵不住，你自己也堵不住。迁怒于他人更是无济于事，反而容易使问题进一步扩大化、复杂化，诱发新一轮危机。

三、如何接待新闻采访团

新闻采访团的到访，是各地区、各部门、各单位出稿件和上媒体的最好时机。一定要抓住机遇，最大限度地发挥新闻采访团的独特作用，展示自己的工作、展示自己的特色、展示自己的优势、展示自己想展示的其他东西。

新闻采访团是由中共中央宣传部组织、中直国家机关有关部门配合或省级党委宣传部组织、省直机关有关部门配合，由多家中央和省级新闻媒体记者组成。通常，新闻采访团团长由中宣部新闻局或省级党委宣传部新闻处干部担任，就一个时期的重大政治主题或先进典型进行专题集中采访、集中报道。

（一）新闻采访团的特点

组织新闻采访团对某一地区、某一部门、某一单位进行集中采访、集中报道，具有明显的优势和特点。

一是级别高。新闻采访团通常是由中央或省级新闻主管部门组织并带队，能够充分协调中央新闻媒体和省级新闻媒体，新闻报道刊播的版面、时段、篇幅、内容、质量及效果等都能得到保障。

二是层次高。新闻采访团的成员都是由中央和省级党报、党刊、党台以及知名新闻媒体组成，媒体种类多、数量多、覆盖面宽、受众广、知名度高、公信力强。

三是品位高。参加采访的记者，都是中央和省级各大新闻媒体抽选的优秀记者，这些记者都是各大新闻媒体采编部门的核心力量，觉悟高、经验多、能力强，具有敏锐的新闻眼光和很强的大局意识，能够在有限的时间内，撰写出高品位、高品质的新闻稿件。

四是声势大。新闻采访团通常采取集中采访的方式，记者要在指定的时间完成撰稿任务，由采访团负责同志把关，确保新闻稿件的质量。按照规定的时间，中央和省级各大媒体统一发稿、集中报道，形成宽范围、多层次、多类型舆论中的强势新闻报道，声势浩大，影响深远。

（二）新闻采访团的接待

新闻采访团通常由当地党委宣传部门牵头组织接待。对于绝大多数具体部门和单位来说，新闻采访团到访的机会少之又少，来之不易，一定要利用好难得的机会，充分展示自己的工作。搞好接待工作，对于新闻采访团按时完成采访报道任务，发挥着基础性作用。接待工作如果计划不周、组织不力，会严重制约和迟滞采访报道工作的正常进行，影响新闻报道效果。

接待新闻采访团，重点是搞好采访接待，而不是食宿接待。新闻采访团的组织者是新闻媒体的主管部门，新闻采访团团长是记者的顶头上司。每个记者都是带着繁重而艰巨的采访任务来的。新闻采访团通常是巡回采访，在每一地的采访时间都很紧张，每个记者都很敬业，在规定的有限时间内，不吃饭也要完成采访和撰稿任务，绝对不能造成待写稿件的积压。因为到达下一地，又有了下一地的采访任务。所以，接待采访团最重要的是为记者提供充足的采访材料、新闻事件和新闻人物等。否则，不管你把食宿安排得多么好，他完不成采访、撰稿任务也会很烦躁。

1. 要指定主要领导负责接待工作

接到新闻采访团的通知后，各单位要立即指定主要领导具体负责采访团的接待工作。在实际工作中，市级以上单位更多的是边协调、边开展工作。新闻采访团的采访涉及很多部门和单位，加之采访工作性质的不确定性和采访时间限制，所以，最好是由党委宣传部的常委部长直接牵头组织接待工作，这样，可以有效增加随机协调工作的力度，提高协调工作的效率，增加记者的有效采访时间。

2. 要做好必要的准备

认真研究，制订详细具体的服务保障方案和新闻采访工作方案；迅速、及时地向直属机关各有关部门、单位下发采访通知和征集新闻线索通知；尽快收集、整理新闻线索，汇编、印刷成册，方便记者使用，为新闻采访团顺利开展采访工作打下基础。如果临时征集新闻线索，这项工作就会显得很忙乱、很吃力、很艰巨。但这是接待新闻采访团最重要的一项工作，必须做好。否则，让外来记者临时查找新闻线索，就会增加采访的盲目性，大大减少记者的有效采访时间，影响采访质量。有些党委宣传部门的干部，非常敬业、非常有心，注意观察、注意收集，对所属区域内的工作亮点和特点了如指掌，许多非常成熟的新闻线索随时了然于胸，这项工作做起来就游刃有余，非常轻松、十分顺畅。

3. 要积极协调有关单位配合采访

要积极协调所属有关部门和单位，准备有关材料和场所，全力配合采访工作，为记者提供方便；要协调各方面熟悉情况的有关领导，妥善安排采访期间的工作，按照约定的时间参加集中采访座谈会、接受记者采访、陪同记者采访、提供相关资料。

4. 要组织召开集中采访座谈会

新闻采访团到来后，开始采访的第一项工作，最好是组织召开一个简短的集中采访座谈会。参加人员除重点邀请工作有特色、有亮点的部门和单位领导参加之外，尽量宽泛一些为好，以备与有些来之前就已经初步确定采访主题的记者接洽。召开座谈会的目的是方便记者筛选新闻线索、确定采访主题、与被采访单位领导接洽。需要重点说明的是，如果能够挤出时间，当地单位的党政一把手最好能够参加座谈会，并向采访团推介新闻线索。因为主要领导站得更高、看得更远，对所属工作的全局把握得更准，对当地的情况也有独到看法，所以，更清楚集中报道哪些工作和亮点更合适、更科学。另外，也能够直接体现自己对此项工作的重视和对采访团、记者的尊重，能够有效激发记者搞好采访、做精报道的积极性。

5. 要科学合理地安排实地采访

安排采访团进行实地采访的原则是相对集中、有分有合。也就是说，事先准备的、向采访团推荐的采访点仅供记者参考，让记者自由取舍。记者完全可以自己确定采访点和采访对象，接待方要全力提供方便。不要强迫记者必须到哪个点采访，被动创作，记者没有灵感和积极性，是写不出精彩稿件的。记者既可以分头采访，也可以分组采访，还可以集体采访，接待方要尽力配合。实地采访点不要安排得过多。对于一般的采访点，要确保记者拥有两小时左右的采访时间。对于重点采访地点，要安排更长的时间。否则，浮在面上，走马观花，采访不深入，写不出好稿子。要对采访路线进行精心选择和科学优化，事先约好采访对象，防止跑冤枉路、劳而无功。

6. 要为采访团提供力所能及的技术支持

安排住宿，不一定很高档、很豪华。如果有条件，最好能够为记者开通房间的长途电话，告知记者当地IP之类的长途电话如何拨打，这样，既方便记者与当地采访对象联系和了解情况，又能够保证记者与各自的媒体联络，以确保根据单位的策划，及时对采访和撰稿进行技术性调整，增强新闻报道的效益，同时，也能够有效节约通信费用。目前，新闻媒体的采编都已经实现电子化、无纸化，如果条件允许，尽可能安排具有宽带接入的房间，便于记者搜集当地的有关资料和向各自的单位回传稿件，确保媒体及时发稿。如果时间允许，最好每天下午后两小时和晚上，安排记者回房间写稿子，这样，能够确保记者随采随写，不致遗忘有关细节。

要确保采访团的人身财物安全。在采访期间，要注意保护记者财物安全，特别是采访设备，如果发生丢失，不仅有可能使记者的采访中断、无法进行，还会对当地造成不良的影响。要特别注意行车安全，雨雪天气、山区行车，要防止车辆事故和滑坡、滚石造成的伤害，要尽量避免在夜间行车。记者深入有风险的场所采访，要做好必要的防范工作，指定专人引导记者，防止意外。记者深入农村采访，要安排本村人员陪同，防止犬类伤人；在山林野外，防止蛇类伤人。要确保采访团的饮食卫生，防止食物中毒。陪同外出采访的人员，要准备一些治疗感冒、腹泻的药品，以备不时之需。

下面，我们用一个典型案例来说明接待新闻采访团失误，对集中报道效果的影响。

【典型案例】

A市接待新闻采访团失误案例

按照中共中央的统一安排，第二批深入学习实践科学发展观活动从2009年3月开始，历时6个月。某省参加第二批学习实践活动的市、县、国有企业、高等学校共有540多个单位，新闻报道任务非常艰巨、十分繁重。

省委学习实践活动领导小组与省委宣传部组织全省10家主要新闻媒体，成立专题新闻采访团，由省委宣传部的干部担任团长并带队，按计划在全省巡回采访。由于时间紧、任务重，除去来回的路途用时，新闻采访团在每个地市安排的实际采访时间只有不到3天。为了确保新闻报道的时效性，采访团规定，媒体记者在每个地市至少撰写3篇新闻稿件，其中，1篇综合性稿件，2篇专题性稿件，并明确要求，记者当日采访，媒体次日发稿。为此，采访团规定，到达各市，除在市区采访，最多只能深入2个县进行实地采访。

采访团去A市前，基本选定了2个采访目标县及其大致的采访内容，并专门以传真的形式通知了A市。A市决定由市委学习实践活动领导小组办公室负责接待采访团。由于A市接待组的人员不熟悉新闻规律、不熟悉新闻记者的工作，在采访安排上出现了失误。

采访团到达A市后，接待组既没有首先组织召开集中采访座谈会，帮助记者迅速筛选新闻线索，也没有听取采访团的采访意向，而是自行为采访团安排了6个县、每个县4~6个采访点的采访路线。为了赶时间，直接把记者接到了自己认为应该报道的第一个县第一个采访点。此后3天，采访团被动地被接待组拖着，开始了走马观花式的奔波，把本来就十分紧张的采访时间绝大多数扔在了路上。由于A市地处山区，盘山公路道窄不平、坡陡弯急、山大沟深，熟悉山路的A市司机们在接待人员的不断催促下，驾驶着载有记者的几辆越野车拉力赛般在盘山道路上奔驰。很快就有6名记者出现了恶心、呕吐等晕车症状。在每一个采访点，基本上都无法停留采访，采访团的记者都是在接待人员"快快快，下一个点儿已经等我们很久了"的催促下，匆匆上车，赶往下一个采访地。跑点儿、看点儿一直持续到晚上11点多。一天下来，所有记者一无所获。

第二天一早，采访团团长找到负责接待的人员，要求精减采访地点，确保记者深入采访。接待组组长斩钉截铁地回答："那不行。这6个县的采访点是我们领导定的，我们无法更改。再说，我们已经事先通知了采访地，基层的干部群众都准备好几天了，你们如果不去，我们怎么向群众交代？这会影响基层干部群众的情绪。"采访团团长无论如何解释、说明，都无济于事；如果再坚持，就会伤和气；考虑到基层干部和群众的热情和情绪，采访团只好让步。连续3天，看点儿一直跑到深夜，所有记者根本没有时间撰写稿件，采访团"记者当日采访，媒体次日发稿"的要求，也随之被瓦解、落空。

不仅如此，A市接待组的做法，打乱了全省的采访报道计划，迟滞了媒体同步发稿安排，直到第二批学习实践活动接近尾声，各媒体仍然存在一些应写未写的稿件和积压待发的稿件。

......

【案例剖析】

A市接待计划存在多方面明显的失误。

失误一：对采访团的认识失误

A市接待组很热情，服务也很周到。但是，他们对采访团的认识存在明显的失误。他们把采访团当成了参观团，把新闻记者当成了上级领导。新闻采访团及其记者，与参观团及其上级领导存在很大区别。记者采访需要面上的情况，但更加需要点儿上的具体细节，新闻最重要的就是小中见大，用具体、鲜活的事例来说明面上的情况。而这一点，接待组没有满足记者的需求。

失误二：没有为记者提供具有新闻价值的线索

A市接待组既不组织召开集中采访座谈会，又没有为采访团提供记者非常感兴趣的新闻线索，使采访陷入了盲目状态，严重降低了采访效率。

失误三：没有给领导当好参谋和助手

事先，A市接待组没有站在采访团的角度安排采访计划，没有给当地领导确定采访路线提出比较合理的意见和建议。事后，A市接待组没有把接待工作的主要目标和精力放在圆满完成采访任务上，而是机械地执行领导的指示，以不折不扣地跑遍领导指定的地点为最终目标，放弃了深入采访、搞好报道这一核心工作和根本目的，实为舍本逐末。最终，领导对其工作也不会满意。

失误四：对新闻报道的认识存在偏差

A市有关人员没有正确认识新闻采访、报道的真实意义，把新闻采访和报道当成了一种待遇、利益、奖励和荣誉，将其进行了"公平分配、合理配置"，在本地区"下了毛毛雨""撒了胡椒面"，违背了新闻规律，分散和削弱了集中采访、集中报道的合力。

失误五：没有给记者提供基本工作时间

记者实地采访、撰写稿件都需要必要的时间，这是不以人的意志为转移的。每天连续跑点儿，从上午直到深夜，记者整天喝不上水，每天都很疲劳，又正值夏天，显得有些不人道。最重要的是没有给记者留出最基本的采访和撰稿时间，记者完不成采访这一中心任务，就算把食宿安排得再好，也觉得不满意、很烦躁。

第二节
好雨知时节——建立融洽的媒体公共关系

为了有效适应新形势，促进经济社会健康发展，政府的职能发生了一系列转变，对社会事务和公共事务实施科学、高效的管理，成为各级政府最主要的职责。一方面，政府为了使自己的政策、主张能够得到很好的贯彻落实，就要想方设法有效引导舆论，尽量发挥媒体的传播宣传作用，形成社会共识，促进公众执行和落实。另一方面，新闻媒体则常常与社会公众联手，利用强大的舆论力量，形成压力和推力，来影响政府的决策、监督政府的行为和效能。那么，各级党委、政府和领导干部该如何定位与新闻媒体的关系，如何处理好政府与媒体、公众的关系，这在当前信息高度发达、媒体的作用无处不在的情形下，的确是一个极为敏感、充满挑战又极为重要的现实课题，事关党和政府的执政能力。

一、社会公众拥有的权利

我国《宪法》第35条明确规定："中华人民共和国公民有言论、出版、集会、结社、游行、示威的自由。"言论的自由，是中华人民共和国公民拥有的最重要的人身权利之一，也是我国公民的一项最基本的人身权利。《宪法》是我国的根本大法，《宪法》的规定是我国公民享有言论表达权的最高法理依据。按我国《宪法》的规定，在国家政治生活中，公民依法享有表达意见的意愿和利益诉求的权利。

1987年，中国共产党十三大报告明确提出："提高领导机关活动的开放程度，重大情况让人民知道，重大问题经人民讨论。"这是中国共产党首次以文件的形式，支持和表述知情权的基本内涵。2006年10月，中国共产党十六届六中全会《中共中央关于构建社会主义和谐社会若干重大问题的决定》明确提出："要完善民主权利的保障制度，巩固人民当家作主的政治地位""尊重和保障人权，依法保证公民权利和自由""依法保障公民的知情权、参与权、表达权、监督权"。

习近平总书记在党的十八大后在首都各界纪念现行宪法发布施行30周年大会上的讲话中，借用邓小平在党的十一届三中全会上的讲话指出："必须使民主制度化、法律化，使这种制度和法律不因领导人的改变而改变，不因领导人的看法和注意力的改变而改变。"在党的十九大报告中，再次把坚持党的领导、人民当家作主、依法治国三者有机统一于我国社会主义民主政治伟大实践，保障人民的知情权、参与权、表达权、监督权。

（一）知情权

知情权这一概念最早由美国提出。20世纪初，知情权只是新闻界的一个主张诉求和呼吁口号。第二次世界大战后，美国联邦最高法院确认了知情权。1966年，美国国会制定了《情报自由法》，规定每个人都有得到其应知道的信息资料的平等权利。1976年，美国国会制定了《阳光下的政府法》，进一步强调了公民的知情权。

所谓知情权，即对于国家的重要决策、政府的重要事务以及社会上当前发生的与公民权利和利益密切相关的重大事件，公民具有了解和知悉的权利。知情权有广义与狭义之分。广义知情权是指知悉、获取信息的自由与权利，包括从官方或非官方知悉、获取相关信息。狭义知情权是指知悉、获取官方信息的自由与权利。知情权，是公民人格权的重要组成部分。

知情权包括知政权、社会知情权和个人信息知情权。知政权，是指公民依法享有的知悉国家事务、政府行为以及国家机关工作人员的活动，了解国家政策、法律法规的权利。比如，公众对政府政令、法令、工作、作为等信息的知情权。社会知情权，是指公民依法享有的知悉其所感兴趣的社会现象和社会问题，了解社会发展变化的权利。比如，公众对社会事件、社会新闻、经济信息、商品质量等信息的知情权。个人信息知情权，是指公民依法享有了解涉及本人的相关信息的权利，如公民有权了解自己的安全状况、亲属情况、健康状况等个人信息的权利。

（二）参与权

所谓参与权，是指公民有依照国家法律的规定参与国家公共生活的管理和决策的权利，是公民参与制定、审议或贯彻公共管理制度的行为权利。参与权也是公民的一项基本权利。在当代，民主参与被视为一个国家政府体制合法性的基础，政治参与的普遍性和有效性被作为检验民主制度真伪的标准。

参与权是民主政治的关键，公民要有效地表达自己的意志，将自己的意志体现为国家公共政策，就必须有有效的平台和途径参与社会公共生活。否则，参与权就成了一种空谈、口号和幌子。参与权是实现自我管理与自我服务的关键。参与权有助于提高社会主体的参与精神与参与能力，并能够使公民得到有效的锻炼与实践，促进社会公众的成熟与理性。参与权是监督国家的重要环节。社会公众通过充分参与社会管理与决策，能够监督执行权与决策权的依法行使，实现权力运行的阳光化。

（三）表达权

所谓表达权，是指公民拥有依照法律表达自己对于国家政治、经济、文化、艺术、生活及公共管理看法的权利。我国民主政治的本质是人民当家作主，人民有权表达自己的独立意志。所以，表达权是民主政治的本质。公民通过表达自己的意志来体现对国家权力的监督和约束，国家尊重公民的表达权就是自觉接受公众的监督，表达权是监督国家权力正常运行的需要。科学决策是建立在广泛吸纳民意、听取人民群众意见的基础之上的。只有尊重和维护人民的表达权，才能够有效进行科学的决策，表达权是确保科学决策的需要。

在宪法上，表达权主要体现为言论自由与出版自由，表达权主要是通过评议的方式来公开陈述和表明自己的观点。游行、集会、示威等权利，也是宪法赋予公民的权利。各级党政机关和领导干部，都应该更新观念，不应将公民行使正常的表达权看作故意刁难、找碴儿拆台，应该理性、理智、认真地对待公民行使表达权。目前，公民表达权的范围与渠道还需要进一步畅通、拓展与扩大，需要有更多的制度来明确和落实公民的表达渠道和表达空间。

社会公众要正确行使表达权，表达的内容不能违背国家的法律和国家的政策，表达的形式、程序和手段都要合法。

表达权是社会公众所拥有的表达自己愿望和意愿的权利。社会公众行使表达权，通常有两种方式：一是语言表达，社会公众可以通过言论、谈话、讲话、撰写文字材料等形式，表达自己的意愿、意见和利益诉求；二是行为表达，社会公众还可以通过上访、举报、游行、示威，以及要求罢免、改选等行为方式表达自己的意愿。社会公众的表达权，集中体现在公开表达意见上，也就是通过大众传播、广泛表述，让尽可能多的人知道。如果通过私人日记、私下录音录像等方式，秘而不宣，只供自己阅览，或将所记录的意见意愿等言论束之高阁、传诸后世、密不告知当代公众等行为，都不能算是公开表达。

（四）监督权

所谓监督权，是指公民拥有的监督国家机关及其工作人员公务活动的权利。监督权是公民参政权中不可缺少的重要内容，是国家权力监督体系中最具活力的监督。赋予社会公众民主监督权，既有利于改进国家机关和国家工作人员的工作作风、提高行政效能，又有助于激发广大人民群众关心国家大事、为社会主义和谐社会建设出谋划策的主人翁精神。

人民是国家的主人，对于国家和社会的各项事务享有监督权。宪法和法律赋予各级人民代表大会及其常务委员会对政府、法院、检察院"一府两院"进行监督的权力，以保障国家行政机关、审判机关、检察机关对国家权力机关负责，保障行政和司法权力的有效行使，确保广大人民群众当家作主权利的实现。

监督权包括公民直接行使的监督权和公民通过自己选举的国家代表机关代表行使的监督权，新闻媒体舆论监督是社会公众实施监督的重要组成部分。监督权是一种直接的政治监督权，主要包括批评权、建议权、申诉权、控告权、检举权五项内容。

二、表达权、知情权、参与权、监督权的相互关系

社会公众的表达权与知情权、参与权、监督权是相互联系、密不可分的。

（一）知情权受到应有的满足、保障和尊重，是社会公众行使表达权的基础和前提

知情，是指社会公众知晓政务信息、公共管理信息和其他相关信息。其中，政务信息和公共管理信息，应当由政府或有关机构积极、主动、及时地提供，提供的信息要确保真实、可靠，而不能被动、敷衍，更不能刻意保留、封堵，迫使公众通过各种的非正常渠道打听、探听获得。也就是说，要确保公众能够正常行使参与权、表达权、监督权，必须要以公众对有关事项、相关信息充分知情为基础和前提。如果公众不知情，则参与权、表达权、监督权会成为无源之水、无本之木，形同虚设。如果社会公众知情不充分，则参与权、表达权、监督权实施就有可能出现偏差和误用。在新形势下，如果重要政务信息和公共管理信息不及时、准确、充分地公开，则社会公众就很容易产生不信任情绪和抵触情绪。

（二）表达权与参与权相互联系、密不可分

表达权与参与权两种权利的行为主体，都是社会公众。表达权是参与权的重要组成部分，参与权是表达权的具体体现。实施表达权的行为，实质上就是参与。实施参与权的过程，实质上就是一种表达。在现实中，表达和参与、表达权和参与权实质上是一回事，没有明显的区别。

表达权和参与权又存在一定的区别和差异。首先，表达权和参与权在内容上不完全相同。行使表达权的主要内容，是公开发表、表述的意见，属于人类思维和社会意识范畴的行为。行使参与权的内容，是将人类思维和社会意识行动化、具体化、物质化，属于人类的社会实践范畴，更具现实意义。其次，表达权和参与权在形式上不完全相同。公众行使表达权的主要形式是通过言论、评论等表述自己的意愿和意见，表现为多种形式的传播活动。公众行使参与权，既是某种传播过程，同时，又是特定的实践过程。比如，参加投票选举、为支持某种行动捐款捐物、直接参与行动等。

（三）公众的表达权是监督权的基础和前提

表达权涵盖监督权，没有表达权就没有监督权。公众的表达权，既可能是建言献策，也可能是批评监督；既可能是提出建设性意见和建议，也可能是否定性意愿的表述。公众的监督权是通过表达权来实现的。监督权是表达权的具体体现。公众实施表达权和监督权，既可以本人直接公开表述，也可以通过第三者间接地进行传达、转述。

社会公众的知情权、表达权、参与权、监督权是一个完整的有机整体，相互关联，不可分割。缺少任何一种权利，则其他权利就不可能充分实现，四种权利构成了人民民主的具体内容。

三、社会公平正义的捍卫者：新闻媒体的职能

在新形势下，随着改革的不断深化，政府的职能正在向领导和协调公共管理的方向转变，政府不再包揽一切，公共事务的管理主体日趋多元化，管理手段日

趋多样化，正在形成以政府为核心的非政府组织、社会团体、经济实体和社会公众等共同管理社会的管理格局。参与公共管理的各方，既担负着社会责任，又有着其自身利益的诉求。在这样的公共事务管理背景下，新闻媒体的重要性日益凸显，参与意识越来越强烈，在宣传党的主张的前提下，呈现出许多新特点。新闻媒体传播信息的功能不断增强，毫无疑问地成为社会最有效地传达重要信息、动员组织公众的首选载体和工具，在公共管理中的地位和作用越来越突出。

（一）媒体是满足公众知情权最重要的媒介

从本质上讲，向受众传播有用信息是新闻媒体的最基本、最首要的功能。新闻媒体通过公开、持续地向大众传播国际社会发展变化的平行信息，满足社会各界的信息需求，是公众之间互相沟通和交流的主渠道。新闻媒体及时传播各级党委和政府的主张、政策、决策等下行信息，在体现党和政府喉舌的过程中，满足广大人民群众的知情权。新闻媒体准确可靠地反映社情民意、表达公众意愿、反馈人民心声，在体现党和政府耳目的过程中，满足广大人民群众的表达权、参与权、监督权，成为党和政府及时了解社情民意的重要窗口。

（二）媒体是社会的预警者

我国正处于进一步深化改革、经济转轨、社会转型的关键时期，同时，又处于矛盾凸显期，社会利益关系和利益格局在进行深刻调整，影响社会稳定的不确定因素明显增多。一方面，党和政府随时了解潜在的矛盾、问题、风险和挑战，以便及时进行化解，确保社会安全稳定。另一方面，广大人民群众也迫切需要对可能出现的各种风险提前预警，以便及时防范和应对危机。由于政府的信息搜集手段和渠道是有限的，精力和注意力也是有限的，所以，面对日趋复杂的社会公共事务，政府不可能对所有的事务都保持高度的灵敏性和前瞻性。公众受专业素质、地理位置、生理状况等个体条件的限制，对周围环境变化的信息搜集、处理、分析鉴别能力，对各种潜在威胁的感知和反应能力也是零散的、有限的；

而由于新闻媒体触角遍布全社会，时刻监视着社会和自然界的风吹草动，并通过新闻报道告知公众，因此，成为现代社会最可靠的预警者。媒体的及时预警，可以有效避免危机的爆发、减轻危机的危害、降低危机的风险。

（三）媒体是政府的监督者

我国现有的人大、政协、纪检、监察、司法等部门，对政府行为的监督，都属于体制内部的自我监督，而不是第三方、外界、公众的监督和约束，不可避免地存在很多漏洞和弊端；而公共权力的行使，必须置于人民群众的有效监督之下。目前，人民群众的监督权在很大程度上是通过新闻媒体来实现的。党和政府越来越清醒地认识到新闻媒体的监督对于兴利除弊、推动工作的重要作用，因此将舆论监督提升到前所未有的重要位置。新闻媒体舆论监督环境不断改善，监督功能不断强化，对政府监督力度不断加大，在揭露社会弊端、促进政府提高工作效率、纯洁党员干部队伍方面发挥了不可替代的重要作用。新闻舆论监督，已经成为我国民主政治建设中对权力监督制约的重要方式。政府接受舆论监督，如同接受人大的法律监督和工作监督、政协的民主监督一样，逐渐成为社会各界的共识。

（四）媒体是市场经济的重要参与者

一方面，媒体作为市场中介，积极介入市场，沟通买方和卖方，为经济实体服务，成为市场经济之间的重要媒介。另一方面，现在的新闻媒体都是事业单位性质、企业化经营管理或者纯粹的企业经营模式。政府财政不再供养媒体，媒体在承担喉舌功能的同时，也面临着严峻的生存和发展问题。积极参与市场竞争，并在激烈的市场竞争中取胜，是各类新闻媒体面临的突出问题。媒体必须通过开展广告业务、多种经营等商业化手段，最大限度地扩大市场份额。媒体作为市场中的一员，也会与其他企业一样，因为经营不善而倒闭。目前，随着文化产业化进程的推进，各种资本、技术、设备等纷纷向新闻媒体渗透，新闻媒体的产业链不断延伸，媒体已经成为市场经济的重要参与者。

（五）媒体是民主政治的重要平台

随着我国民主政治化进程的推进，公众参政议政的愿望和意识空前高涨、与日俱增。但是，受到客观条件、自身条件和个体能力的限制，每个人不可能直接参与监督具体公共管理事务，无法将自己的诉求直接、公开地传播，只能借助新闻媒体来实现。在公共管理过程中，新闻媒体作为提供信息和公共讨论的便利平台，能够有效地连接政府、非政府组织、社会团体、经济实体和社会公众等多个方面，并能够使之形成及时的、良性的互动关系，从而推进公共政策的制定、执行、修正等环节不断趋于透明和公开。因此，人们开始习惯于诉诸媒体，为实现自己的利益诉求公开发出呼声，以此影响舆论，影响政府的决策过程。媒体对社会各种权力执行情况的报道，也使各种公共事务的管理处于透明状态，防止权力异化和权力寻租，公益原则得到最大限度的体现。近几年我国电视的民生新闻、公共新闻受到广大受众的欢迎，也是媒体作为公众参政议政平台的重要表现。新闻媒体通过坚持不懈的报道、潜移默化的影响，培养公众对国家、对社会发展的关心和参与，协调公共生活，协调个人与政府、个人与社会之间的关系，提高公众应对社会问题的行为能力。同时，也成为民众发表意见、建言献策、参政议政的公共平台和重要渠道。

（六）媒体是协调各方利益的工具

新闻媒体通过传播信息、联系上下、沟通左右，通过传播社会文化和价值观来凝聚受众、激发活力，对于社会结构平衡起着重要的沟通、协调和维护作用。从意识形态上说，新闻媒体是政治、经济、文化等各种力量角逐的必争之地。各种组织、力量为了在公共事务管理中实现利益最大化，常常通过新闻媒体进行宣传、公关、角逐，争夺话语权，赢得更多的支持力量。在公共管理事务中，新闻媒体往往会成为一面镜子，折射出各种社会力量在公共事务管理中的不同实力和影响力。特别是在社会危机事件中，政府及其主管部门、危机责任方、社会公众等利益团体，会出于各自不同的目的展开角逐，展开复杂的博弈和角力。出于消除负面影响、减轻社会公众要求承担责任的压力等考虑，事故各方都想方设法通过媒体表达自己的意愿，争取新闻媒体充当自己的喉舌、博取公众的信任，将危机给自己带来的危害降到最低。新闻媒体因其拥有强大的话语权和影响力，在一定程度上能够影响事件的进程，不可避免地与各方力量发生种种联系，而成为危机事件中利益各方相互争取的工具。同时，新闻媒体以其广泛的影响力，将局部的、隐含的，不平衡、不对称的问题公开化，呈现在社会各界面前，让公众充当裁判，用舆论进行监督，扶危济困、助弱抑强，促进各方利益的科学均衡和合理分配，相当于把在黑暗中厮打的各方暴露在光天化日之下、众目睽睽之中，使强者不至于太过分，弱者不至于太吃亏。

四、政府如何确立与媒体的关系

在新形势下，各级党委、政府和领导干部，要与新闻媒体和记者建立良好、融洽的公共关系，首先必须正确确定与媒体之间的关系定位，善解新闻媒体和记者、善待新闻媒体和记者、善管新闻媒体和记者、善用新闻媒体和记者，才能更加充分地发挥新闻媒体和记者的积极作用。正确确定与媒体之间的关系定位，应该重点把握以下几个要点。

（一）新闻媒体是党和政府的保健医生

中国共产党是执政党，各级党委领导下的各级人民政府是社会事务和公共管理的责任者。党的领导确保了社会事务和公共管理的社会主义性质和方向。所以，党管媒体、党管舆论得到了可靠保障，新闻媒体作为党和政府喉舌的作用得到了有效发挥。

在政府职能转变为社会事务、公共管理新体制下，政府不能再像以往那样把新闻媒体作为党政机关来管理，不能再单纯地依靠行政命令的方式对新闻媒体的所有具体行为进行干预，而是要以依法行政、科学管理的方式，采用法律、政策、经济和技术的手段对媒体进行管理，促进新闻媒体充分发挥作用。

党和政府虽然是媒体管理者，但作为公共权力的掌控和执行机构，也是新闻媒体的监督对象。党和政府在推动科学发展、促进社会和谐进程中，不可避免地会存在和发生各种各样的问题，新闻媒体的舆论监督能够充分发挥自身作用，及时发现党和政府自身存在的问题或问题的苗头，促进党和政府尽快解决问题、有效化解矛盾，防止问题复杂化、扩大化。

从这个意义上讲，新闻媒体相当于党和政府的保健医生，其作用的充分发挥，能够确保党和政府的机体经常处于健康状态。所以，党和政府的有关部门不能因为拥有新闻媒体的管理权，就拒绝新闻媒体的监督，不能排斥新闻媒体、讳疾忌医，而要在管理媒体的同时，主动接受媒体的监督，积极支持媒体的监督。

各级党委和政府要转变工作思路，不能把新闻媒体和记者当成对立面，要树立主动接受舆论监督的意识，尽快适应在媒体和公众的注视、监督下开展工作，把新闻媒体的舆论监督作为强身健体的有效手段。

（二）新闻媒体是党和政府的耳目

及时准确地了解社情民意，是党和政府治国理政的基础和前提。新闻媒体是社会的守望者，是反映民意民生的风向标和探测器。

目前，我国拥有中央、省、市、县党和政府四级办的新闻媒体，60多万名新闻工作者。其中共有23156名记者持有有效记者证。如果算上新闻互联网为标志的新媒体就更是一个庞大的惊人数目，我国现有网站达544万个，仅微信公众号就达2000多万个，各类App上千万个。他们分布广泛、覆盖面广，触角遍布全国。

新闻媒体特有的大众性，对基层广大人民群众具有天然的亲和力；新闻记者特有的非官方身份，既拥有通达上听、推动政务的渠道，又具有深入群众、落地生根的本能。党和政府了解不到的信息，新闻媒体能够敏感地捕捉到；党政干部听不到的声音，新闻记者能够广泛地搜集到。

政府在制定政策前，可以借助媒体广泛征集民意，增强政策的科学性、可行性。政府也可以借助媒体及时了解公众对相关政策的意见和态度，适时修改、调整和完善相关政策，使之发挥更好的效益。政府可以通过媒体，获取社会事务和公共管理中存在的突出矛盾和问题，以便及时采取有效措施，化解危机，防范风险。

（三）新闻媒体是政府的合作伙伴

新闻媒体既传达着政府的声音，又代表着社会公众。政府是社会事务和公共事务的管理者，新闻媒体是政府的合作伙伴和助手。

政府和新闻媒体在职能上存在高度一致性，都以公众需求作为自身存在和发展的基础和前提，将促进社会公平和落实社会责任作为各自的最高追求。如果政府和媒体不能够较好地满足公众的需求，不能够肩负起应尽的社会责任，政府就会被广大人民群众抛弃，新闻媒体就会破产倒闭。

新闻记者是公众的代言人，是党政领导具有挑战性的朋友。新闻记者既不是公务员，也不是党政领导的直接部下，不可能像下级公务员一样，对党政领导言听计从。记者最大的特点就是更多地站在社会公众的立场上，具有独立思考、独立判断、独立发声的能力。新闻媒体和记者具有的这些特性，与政府的根本宗旨和行政目标是一致的。

在处理社会事务和实施公共管理过程中，政府要注重团结媒体、依靠媒体、与媒体合作。面对媒体和记者的挑战，政府不能以居高临下的态度对媒体进行压制和限制，而是要支持媒体、引导媒体，充分发挥媒体的建设性作用。以坦荡的心态和广阔的胸怀，在允许媒体为社会公众说话的过程中，推动矛盾的迅速化解和问题的妥善解决；以大度的心态和包容的胸怀，在接受媒体和公众的指责中，有效释放社会情绪，实现"小骂大帮忙"，防止问题扩大化、复杂化；以闻过则喜的修养和姿态，在听取媒体和公众的批评中，全面总结成败得失，不断改进和完善工作。

各级党委和政府不仅要在关键时刻重视媒体、运用媒体，而且要在平时关心媒体、服务媒体；要树立为媒体服务的理念，尽量公开政务信息，满足媒体的采访报道要求；要为媒体的发展提供政策、人力和财力等方面的支持和扶持，推动媒体做大做强。运用媒体和服务媒体，是一致的，是相辅相成的，是一个问题的两个方面。政府只有努力服务媒体、扶持媒体，媒体才能不断发展壮大，才能不断增强影响力和引导力，才能在关键时刻和困难时机为党和政府提供更加有力、有效的支持。

（四）新闻媒体是政府面前的麦克风

新闻媒体和新闻记者，是联结单位和社会的最重要介质。

媒体和记者是单位的麦克风、扩音器，好形象或坏形象都会被大声音、宽范围传播。同时，媒体和记者又是大众的千里眼、顺风耳，是社会公众认识一个单位或组织最重要的途径。可以说，一个国家、一个地区、一个单位的社会形象，很大程度上取决于媒体形象。所以，如何面对媒体和记者，实质上是如何面对社会公众、如何面对广大人民群众的问题。

各级党委、政府和领导干部的媒体形象，不在于面对媒体和记者的巧言令色、百变机巧，而取决于对待群众的根本态度和平时的工作。

五、建立融洽的媒体关系是大势所趋

建立融洽的媒体公共关系，不仅是我国各级党委、政府和领导干部面临的现实问题，也是国际社会广泛重视的普遍课题。目前，我们身处多媒体、宽传播的大传媒时代，新闻媒体已成为连接政府和公众的最重要的纽带和桥梁，新闻媒体在政府和公众之间担当着重要的、不可或缺的中介角色。我们完全可以说，政府在管理社会事务中的首要任务，就是如何正确面对新闻媒体，如何有效引导社会舆论。

在这方面，西方一些国家走在了我们前面。西方的政治家和政府官员，无一例外的都是首先学会同媒体打交道，然后才考虑进入政坛的。因为，如果不善于和媒体交朋友、打交道，在西方政坛一天也混不下去；只有善于同媒体打交道，才能在普遍选举中最大限度地争取新闻媒体的支持，充分运用新闻媒体引导舆论，瓦解竞争对手，赢得民众的选票。

从想要进入政坛的第一天起，每一个西方政要就开始了同新闻媒体不间断地打交道，运用新闻媒体宣传自己的主张、动员社会公众的力量、推动自己施政纲领的实施、兑现自己的竞选承诺、获取民众的支持。对于西方政要来说，从立志从政到筹划竞选，从参加竞选到任期结束，如何同媒体打交道是各个政要政治生活中最重要的内容，是自己执政理事的前提和基础。

历任美国总统，大多数情况下上班后的第一件事，既不是召见国家安全事务助理，了解安全防务情况，也不是会见国务卿，了解社会事务，而是首先浏览《华盛顿邮报》、CNN等几大媒体的新闻，全面了解国际国内新闻、社会舆论和民众意向。然后，同办公厅主任和白宫新闻发言人确定一天的新闻主题词，统一新闻报道口径。在西方社会，把媒体舆论称为第四权力，把新闻记者称为无冕之王，足见媒体和舆论的影响力。

美国现任总统特朗普尽管与美国传统主流媒体《纽约时报》、CNN等有着非常糟糕的关系，但却是利用新媒体的高手，又被称为"推特总统"，常常亲自赤膊上阵，有时一天连发十几条推特，亲自阐释自己的政策主张，怼传统主流媒体，怼政治反对派，同网民亲切互动，有死忠粉几千万。随着以网络为代表的新兴媒体的出现，西方政府和政要也越来越深切地感受到来自新闻媒体的社会舆论的巨大压力和威胁，采取种种策略来应对媒体，做出种种努力驾驭媒体，千方百计地利用媒体。但尽管如此，西方强势政府和强硬政要始终无法保证在与媒体的博弈中稳操胜券、永居上风。

英国内阁大臣政治献金丑闻、法国总统萨科齐离婚纳小、俄罗斯拟修宪延长总统任期等事件中，新闻媒体的介入跟进引发了社会各界的高度关注，对这些国家政府和政要形成了巨大的压力。应对媒体成为西方政府工作最重要的内容之一。

美国是世界上的头号强国，自诩自己是最民主、最自由的国家。美国很多新闻从业人员将新闻自由作为职业理念和操守来尊重和践行，将监督政府、揭露丑闻视为自己的天职，时常以令人瞠目结舌的形式，揭露和曝光政府工作的阴暗面和高官政要的丑闻逸事，每日每时如影随形、阴魂不散，像"看门狗"一样紧紧盯住政界。在水门、伊朗门、白水门、拉链门等事件中，无一不是媒体首先发难，历届美国总统都深切地感受到新闻舆论的强大。

1974年8月8日，因为两名名不见经传的普通记者坚持不懈地深入挖掘、公开曝光，水门事件真相大白，直接导致理查德·尼克松总统下台。

1986年5月，在伊朗门事件中，经新闻媒体曝光，由以色列牵线搭桥的美国与伊朗武器换人质秘闻公之于众，举世哗然，美国总统里根在美国国内受到公众强烈指责。

1998年1月，因为德鲁吉个人新闻网站爆出美国总统威廉·杰斐逊·克林顿与白宫实习生莫妮卡·莱温斯基"不适当关系"的拉链门事件，险些导致克林顿总统被弹劾。

英国前首相托尼·布莱尔下台前曾经说过，我们今天的大部分工作量，不论是按重要性来说，还是按时间和投入的精力来计算，除了最核心的决策，其他几乎都是在与新闻媒体打交道。足见新闻媒体的重要性。

在我们国家，原来计划经济条件下的新闻媒体不仅被作为党政机关实行属地管理，而且都是清一色、十分单纯的党报党台。只要各级党委和政府一声令下，就能够绝对地管住所有的媒体。因为所有制形式的单一、单纯，存在的社会矛盾比较少，社会意识和社会舆论也都高度统一，出现负面事件很容易封堵，不会出现较大的问题。

目前，我国已进入经济发展的快车道，伴随着经济所有制形式的多样化和经济社会的高速发展，各种社会意识、社会矛盾越来越多、越来越突出。科技的进步、传播手段的多样化，使得负面事件无法封堵。如何正确面对新闻媒体、有效引导社会舆论，已经成为考验我党执政能力的一个躲不开、绕不过的现实课题。

【典型案例】

水门事件

水门事件，又称水门丑闻，是指1972年美国总统竞选中，共和党非法活动引起的政治丑闻。水门事件是由美国新闻媒体曝光的、美国历史上最不光彩的政治丑闻之一，对美国政界以及整个国际新闻界都有着长远的影响。后来，每当美国国家领导人遭遇执政危机或各类丑闻，通常会被国际新闻界冠之以"门"的名称，加以嘲讽，如"伊朗门""虐囚门"等。

水门大厦是华盛顿的一座综合办公大楼，是美国民主党总部所在地。

1972年6月17日晚上，美国民主党总部的一位工作人员离开水门大厦后，偶然回头看了看自己的办公室。他惊异地发现，已经熄了灯的办公室里有几条光柱在晃动。他马上回到水门大厦，把疑点告诉了保安人员。

保安人员立即搜查，抓到5个戴着医用外科手套、形迹可疑的男子，其中一人叫詹姆斯·麦科德，自称是前中央情报局雇员。其实，他是尼克松总统竞选连任委员会负责安全工作的头目，奉命到水门大厦民主党总部安装窃听设备。

《华盛顿邮报》的两位记者鲍勃·伍德沃德和卡尔·伯恩斯坦得到消息，

立即前去进行采访。第二天，《华盛顿邮报》在头版显著位置报道了这一事件。

正在佛罗里达州比斯坎岛度假的尼克松总统看到新闻后，立即停止休假，返回了华盛顿。已经是深夜了，白宫的总统办公室内，尼克松还在与几个亲密的助手紧急商讨应对措施。

经过长时间的讨论，尼克松思考再三，最后决定：一由麦科德出面，把水门事件说成是古巴人为了自己的民族利益而进行的窃听活动。二指令霍尔德曼请中央情报局局长出面，以国家安全为由，不让联邦调查局插手。三想办法疏通，让几个被抓的人不要开口。要求白宫工作人员、大陪审团不要胡言乱语。四指定此事由白宫法律顾问迪安负责处理。

助手们分头行动。尼克松也在第一次竞选连任的记者招待会上，信誓旦旦地向美国公众表示："白宫班子和本届政府中，没有一个现在受雇用的人卷入这一荒唐事件。"他还表示："令人痛心的不在于发生了这类事，因为在竞选中一些过于热心的人总会做些错事。如果你企图把这类事掩盖起来，那才是令人痛心的。"通过一系列的活动，特别是总统的公开表现，暂时欺骗了公众。大选结果，尼克松以少有的压倒性优势击败了民主党候选人麦戈文，获得连任。正当尼克松和助手们弹冠相庆时，一封又一封匿名信寄到法院，密告水门事件还有隐情。

民主党占优势的国会，决定成立一个特别调查委员会，对总统竞选活动进行彻底调查。果然，1973年3月23日，麦科德在法庭上将白宫法律顾问迪安暴露了出来。尼克松决定丢车保帅，让迪安当替罪羊。

迪安在得知他的罪行可判40年徒刑时，主动向检察官做了3小时的交代和揭露，试图将功赎罪，换取赦免。

为了挽回危局，尼克松再次发表声明表示，事先不知道水门事件，事后也没有任何阻挠调查的行为，并为窃听活动辩护，说这些都是为了国家安全，是合法的、必要的，从罗斯福总统时开始，每一个总统都这么干。企图再次利用美国人民对他的信任来蒙混过关。

不幸的是，新闻媒体又曝光了一条更大的新闻。水门事件委员会掌握了一个新的情况：尼克松从1971年年初起，为了记录与手下的谈话和电话内容，下令在白宫办公室安装窃听录音系统。委员会要求尼克松交出有关的录音带和文件资料，尼克松以行政特权为理由拒绝交出，并上诉到法院。不料，在经过3个星期的考虑后，法院多数法官认为，总统也要遵守法律，必须交出录音带和文件资料。

尼克松恼羞成怒，下令免去调查水门事件的特别检察官考克斯的职务。此举犹如捅了马蜂窝，美国各电视台、网立即中断正常节目，在第一时间向美国公众报道了这一爆炸性新闻。公众的反应就像火山爆发一样，抗议电报像雪片一样铺天盖地，社会舆论将尼克松与希特勒相提并论，就连宗教界和原来支持尼克松的出版物都愤怒地指责尼克松。血气方刚的大学生组织了大规模的示威游行。整个美国就像开了锅一样，群情激愤。

在新闻媒体和民意的推动下，众议院决定对总统进行弹劾。尼克松决心顽抗到底，他一面销毁录音带上对他不利的内容，一面继续强调行政特权，表示："将遵循从华盛顿到约翰逊历届总统所遵循与捍卫的先例，决不做任何削弱美国总统职位的事情。"尼克松交出的电话记录千疮百孔，大量重要的内容或者听不见内容，或者无情报价值。尼克松的行为进一步激怒了媒体和公众。美国最高法院首席大法官裁决，尼克松必须交出有关的录音带。新任命的特别检察官在白宫被迫交出的录音带中找到了新证据，有一盘录音带上清楚地记录着水门事件发生后第6天，尼克松指示他的助手，让中央情报局阻挠联邦调查局调查水门事件，这是尼克松掩盖事实真相的铁证。整个白宫工作人员被惊得目瞪口呆，他们一直相信总统的清白，一直超出自己的职权范围来保护总统，而总统却从一开始就掩盖真相，并欺骗他的顾问、公众、国会达两年之久，每个人都有被出卖了的感觉，就连共和党的一批参议员、众议员也建议尼克松辞职。尼克松终于走到了众叛亲离的地步。

1974年8月8日晚上，理查德·尼克松不得不借助新闻媒体，向全国发表电视讲话，宣布辞去总统职务，成为美国历史上第一位也是迄今为止唯一一位因丑闻而中途下台的总统。

值得一提的是，从1972年6月17日詹姆斯·麦科德等5人潜入水门大厦民主党全国总部开始，一直到1974年8月9日尼克松总统辞职，《华盛顿邮报》的两位记者鲍勃·伍德沃德和卡尔·伯恩斯坦对整个事件进行了一系列不间断的跟踪报道，正是由于他们报道的许多内幕消息，揭露了白宫与水门事件之间的联系，从而最终促使尼克松的辞职，足见新闻媒体和记者的作用。

（另外，2018年9月，伍德沃德新书《恐惧：特朗普在白宫》出版，上市第一周就打破销量纪录，爆卖110万册。该书揭露了白宫内部的激烈争斗，并猛烈抨击了特朗普的执政能力，引得特朗普连发十条推特痛批此书。但伍德沃德作为一名口碑良好的杰出记者，也是过去40年白宫历史上最出色的作者，此书的出版对特朗普的负面影响不能不谓致命。）

· ·

【案例剖析】

一、新闻媒体与政府存在博弈是非常普遍的现象

按照国际惯例，新闻媒体除拥有民事权利主体的一般权利，还拥有舆论监督权，被称为是继立法、行政、司法之后的第四种权力。舆论监督权的正当性和广泛性，是法律赋予公民对政府和政要进行批评、建议、申诉、控告和检举的权利。新闻媒体作为社会公众获取信息和发表意见的公共平台，为公民代行舆论监督的职责，时刻拥有对政府、政要进行监督的责任和义务，并常常为了监督和被监督与政府展开公开博弈。这一现象在国际社会十分普遍，每日每时都在不间断地进行着，任何国家、任何党派的官员都不能例外。各级党委、政府和领导干部，也要尽快适应这个现实。

二、现实行为是形成社会舆论的决定性因素

新闻以事实为基础，舆论以行为为导向，也是一条最基本、最普遍的规律。无论是什么性质的国家，均无例外。要想少出或不出负面新闻，必须少出或不出负面事件；要想不出丑闻，首先别做丑事。在现实工作中，坚持以人为本，尽心尽职、努力工作，廉洁自律、慎独克己，新闻媒体的报道和社会舆论的评价就会是正向的、积极的。即使存在批评报道，报道的内容也是善意的、建设性的。这样的舆论环境，会促进经济社会的健康发展，形成良好的社会风尚。同时，也会有效增强执政党和政府的向心力和凝聚力，增强民众对执政党和政府的信心和支持率。否则，行奸使诈、表里不一，不仅不会达到目的，还会损害自身形象，丧失民心，遭到公众的抛弃。

三、新闻媒体和记者的能力是强大的

首先，许多新闻记者是非常敬业的。敬业精神，在新闻行业不是个别现象，表现得十分普遍。这种敬业精神，不是哪一家媒体记者独有的，而是各个国家、各种类型媒体记者的共性。在水门事件中，美国两名普通记者的敬业和执着，不仅首先将事件公之于众，而且，其坚持不懈、锲而不舍的职业精神，促进了事实真相大白于天下。新闻媒体的公开报道，引起了社会各界及国际社会的广泛关注，形成了强大的舆论压力，有力地推动了事件的调查。其次，新闻媒体和记者的职业能力是不容置疑的。新闻记者独特、锐利的"新闻眼"，以及无孔不入、无地不到、无人不访的采访能力、调查能力和行为能力，使其能够不断将采访和报道引向深入，不断接近事情真相。在对事件的调查上，新闻记者常常会走在司法调查的前面，领先司法调查的进程，有时记者的采访调查、媒体的跟踪报

道，为司法调查提供了启示、方向和突破口，一方面为司法调查提供了支持和助力，另一方面对司法部门也形成了无形的压力，加速了事件调查的进展。

四、客观存在的事实是无法掩盖的

事实是客观存在的，是不以人的意志为转移的。马克思主义唯物论即使是在资本主义国家，也是颠扑不破的真理。只要事实存在，就无法掩盖。水门事件中，尼克松总统多次在事件多个关键节点上，利用总统的特权，封堵消息，销毁证据，甚至不惜运用美国中央情报局的力量，阻挠对事件的调查，在取得暂时成功的同时，也在迅速地积累决堤的能量。在执政者严密封堵的情况下，新闻媒体与社会公众一起，采取不同的方式，不断抗争，相互激荡。在执政者权力的高压环境中，逐步由暗流涌动演变为波涛汹涌。尼克松指示助手，让中央情报局阻挠联邦调查局调查水门事件录音带的曝光，成为决堤蚁穴，立即形成溃坝效应，将尼克松总统置于灭顶之灾的被动旋涡之中。

五、不能正确面对媒体的后果十分严重

水门事件再次向世人昭示，不能正确认识媒体，不能正确面对媒体，不能正确定位与媒体的关系，不论是对政府，还是对执政者来说，都是很危险的。谎言永远无法代替真相，真相绝对不能长期掩盖。强行掩盖真相，公开欺骗公众，不仅有害于政府、有害于政党、有害于执政者，而且危害社会、伤害公众的感情，必然会招致社会各界和广大民众的强烈反弹，必然会招致覆舟之灾。前车之鉴，后事之师，古今中外，概莫能外，当戒之、鉴之。

第三节
两岸猿声啼不住——如何建立高效的新闻发布机制

在媒体高度发达的今天，以往的报道模式和宣传策略，远远不能适应形势发展的需要，政府需要一个更为有效的应对手段和系统。高效的新闻发布机制是各级政府工作机制的重要组成部分，有利于党委和政府的工作大局，有利于维护人民群众的切身利益，有利于维护国家和地方政府的形象，有利于社会稳定和人心安定，有利于社会矛盾的有效化解和事件的妥善处理。新闻发布机制是以政府为主体、社会公众为客体、新闻媒体为介质构成的一个不可分割的新闻传播整体系统。政府是新闻发布机制的主导性操作机构，社会公众是新闻发布机制的对象，新闻媒体是连接党委、政府与社会公众的纽带和桥梁。

建立高效的新闻发布机制，要注意三点。一是主要领导直接推动，有关部门通力协作，建立健全新闻发布制度，配置新闻发布会必需的各项硬件设施，确保新闻发布工作规范有序。这里所说的主要领导，包括各地区、各单位、各部门的主要领导，特别是党政一把手。二是及时回答民众所关注的问题，遵循新闻规律，建立科学的工作机制，确保新闻发布工作透明、高效。三是加强新闻发言人队伍建设，体现新闻发布的亲和力和权威性。新闻发布是一项制度，要通过具体的新闻发言人去发布。新闻发布的效果、权威性，与新闻发言人的综合素质密切相关。因此，在建立新闻发布机制时，要十分重视对新闻发言人的选拔、培训。

一、主要领导干部必须真正重视

高效的新闻发布机制很大程度上是"一把手"机制。主要领导真心支持、直接推动，各部门才能通力协作、勇于担当，新闻媒体才能积极配合、主动参与，这是建立高效新闻发布机制的三驾并驾齐驱的马车，三者缺一不可，任何一方不积极不行，任何一方不努力不行，任何一方不真诚也不行。其中，主要领导特别是"一把手"是不是真正重视、是不是真心重视是问题的核心和关键。建立健全高效的新闻发布机制，能够确保新闻发布工作规范有序、及时有效。

西方政要都能够把与新闻媒体打交道作为每天花费时间最长、投入精力最多、工作量最大、最重要的工作。英国前首相托尼·布莱尔曾经说过，作为首相，除了最核心的决策，每天工作量最大的、投入的时间和精力最多的、最重要的工作，就是在应对新闻媒体、与新闻媒体打交道。可见新闻报道工作已经获得了国际社会的广泛重视，新闻媒体对于执政党和执政者来说，越来越重要。我们中国共产党的各级党委、政府和领导干部不仅应该做到，而且必须做得更好。

需要指出的是，我们共产党人与媒体打交道的方式与西方政党应对媒体之道存在着本质的差距。许多资产阶级政党及党魁讲究应对新闻媒体。"应对"是用语言进行答辩、交涉之义，具有应付、对付、敌对、防守和回击等含义，讲求机巧方术，属于权宜之计。我们共产党人应该是"面对"新闻媒体，而不应该是"应对"新闻媒体。"面对"是正面、面向、坦荡、公开的意思。"面对"不仅仅是语言问答，更重要的是行为的表达，是事实的说明。对于新闻媒体来说，丝毫没有应付、对付、敌对、防守和回击等含义，而是友好、真诚、一致和合作。这是由中国共产党的性质和宗旨决定的。

性质和宗旨，是一切政党核心价值取向的集中体现。中国共产党的宗旨是"全心全意为人民服务"，体现了马克思主义根本价值观。毛泽东在《在延安文艺座谈会上的讲话》的第一部分即开宗明义地指出："为什么人的问题，是一个根本的问题，原则的问题。"

在价值观中，"为了谁"的问题是一切价值观共有的核心问题，是确立价值体系的主体和标准的问题。价值主体和客观标准"为了谁"，就以谁为价值主体，以符合他们的根本利益为客观的价值标准；评价主体和主观标准"为了谁"，就要以他们为评价主体，以符合他们的意愿为主观评价的依据。主体和标准问题在一切价值观中都居于统率和决定地位，其他方面的原则和取向都由此确定。世界上各种对立价值观之间的根本区别，归根结底在于"为了谁"。

中国共产党的宗旨从价值与评价、主观与客观相统一的高度，明确而完整地回答了这个问题，它反映了党和党的事业的性质，代表了党的价值观的最高原则。毛泽东指出："共产党人的一切言论行动，必须以合乎最广大人民群众的最大利益，为最广大人民群众所拥护为最高标准。"

为人民服务，不能只挂在嘴边，也不能光贴在墙上，而应该落实到具体的行动上，特别是党政机关和领导干部，直接体现党和政府的形象，一定要深怀爱民之心境，恪守为民之职责，善谋富民之良策，多兴利民之善举，诚心诚意为人民谋利益、谋福祉。

把全心全意为人民服务确立为党的根本宗旨，集中体现了马克思列宁主义的历史观、价值观。在共产党看来，人民是天，没有比人民更高、更大的；人民是地，没有比人民更深厚、更富承载力的。人民，只有人民，才是创造历史的动力，才是社会的主人。

人民群众是国家的主人，国家干部是人民的公仆。这句话说得太多了，听得也太多了。但是，有些领导干部并没有真正理解和认识其中的含义，也没有在实际工作中认真落实和践行，更没有体现在建立高效的新闻发布机制、最大限度地满足广大人民群众的知情权上。

二、主要领导干部必须转变观念

有些领导干部感到,自己每天公务繁多、工作繁重,没有时间与记者见面、接受采访,没有精力去面对新闻媒体。有些领导干部认为,与记者接触多了,在新闻媒体露面多了,会产生自我表现之嫌,会引起上级的不满,会招致同级的非议,会影响自己的前程。有些领导干部认为,为官要处事低调,应该给上上下下、左左右右一个谦虚谨慎的好印象,接受记者采访太过张扬,与自己的性情不符。有些领导干部认为,干工作还是多做少说,甚至只做不说,这样,才能彰显工作作风扎实。所以,新闻媒体来采访,不是把记者拒之门外,就是千方百计地回避记者、寻找种种借口拒绝采访。这些领导干部的上述种种想法和做法,看似开明大度、冠冕堂皇、求真务实,实质上,或多或少都是怀有一己之私,替自己打算。

新闻记者的采访,不是一种个人行为,而是接受了新闻媒体的指派。新闻媒体代表的是社会公众,传播信息很大程度上是为了满足广大人民群众的知情权。

有些领导干部平时没有把主要心思用在为公众办事上,对所属工作了解得不深、不透,面对媒体和记者,自觉底气不足,生怕出丑;或私欲膨胀、谋取私利,或奉行本位主义、侵害群众利益,面对媒体和记者,自知腰杆不硬;或工作不深入、不细致、不尽职、不负责,负面事件频繁发生。负面事件发生后,面对媒体和记者,躲躲闪闪,遮遮掩掩,能推就推,能拖就拖,这都不是上策。

我们的大多数领导干部,对工作尽心尽力,对人民尽职尽责,为了推动区域经济发展、加快基础设施建设、改善人民物质文化生活条件,苦心谋划,殚精竭虑,全力推动,放弃了对个人家庭的关照,透支了自己的身体健康。但是,由于不注重运用新闻媒体向广大人民群众报道政府的规划、说明政府的思路、展示政府的工作、展望未来的前景,造成自己尽心竭力做的事情,老百姓不知情、不了解、不理解、不认可、不配合甚至反对、抵制,出现群众上访和群体事件,还要挨批评、受处分，感到很冤枉、很委屈。只有充分运用新闻媒体广泛报道政府的工作，才能有效地消除误会、统一思想、凝聚智慧、汇集力量，为顺利开展实际工作营造积极的社会环境。

三、主要领导干部必须真心鼓励

"楚王好细腰，宫中多饿死。"一个地区、一个部门、一个单位的主要领导干部特别是党政一把手，其处事风格、工作作风甚至好恶倾向，都会对所属的干部产生重大的影响。

主要领导干部特别是党政一把手，是不是真心实意地鼓励，是能否建立高效新闻发布机制的关键。一个单位的工作人员面对新闻媒体和记者的态度，在一定程度上，反映了主要领导的执政理念和工作作风，折射出了这个单位及其主要领导对待广大人民群众的态度。所以，主要领导干部特别是一把手的真心鼓励，是搞好新闻发布工作的前提。

（一）要建立高效的新闻发布机制，领导支持推动

主要领导必须以实际行动，真心鼓励和全力推动。主要领导干部特别是一把手，要以大度的胸怀，允许所属有关干部接触媒体，包容其出现的失误和差错；要让所属各级领导干部深切地感觉到，积极面对媒体，主动与记者打交道，不仅不会对个人产生任何副作用，还会受到主要领导的肯定和鼓励。

（二）要坚持以民为本，满足信息需求

要鼓励所属相关干部，尊重人民群众的知情权，通过新闻媒体的报道，满足人们了解本单位的总体工作情况和单项工作情况的需求；要鼓励所属干部与记者交朋友，借助新闻媒体通达社情民意，倾听人民心声；要借助新闻媒体，积极展示本单位的工作，普及本单位负责工作的基本常识和知识，传播有利于民的信息，增强群众公共安全意识，提高全社会风险防范和应对能力。

（三）要坚持及时准确，积极引导舆论

要鼓励所属相关干部，借助新闻媒体这一公共话语平台，为我所用，造福于民。出现特别事件，要直接领导所属相关干部，及时掌握信息发布的主动权、主导权，积极引导新闻媒体第一时间进入现场采访，第一时间发布权威信息，及时准确、客观全面地报道事件动态及处置进程，把社会舆论引导到健康、理性的轨道上来。

（四）要坚持公开透明，做到开放有序

除涉及国家安全和国家秘密外，对于执政、行政的公共信息，要鼓励所属相关干部按照公开透明的原则，及时准确地发布信息，开放有序地组织采访，充分运用新闻媒体扩大便民服务的覆盖面，提高为群众办事的效率。通过新闻媒体，切实满足社会公众的知情权。

（五）要坚持统筹协调，明确工作责任

有关地区和部门要切实把新闻报道工作纳入自身工作的总体部署，坚持经常研究、经常谋划、经常组织、经常总结；要鼓励所属相关干部，坚持执政理事与新闻报道工作同步安排、推进，积极主动地做好信息公开和舆论引导工作。

（六）要坚持规范管理，依法开展报道

要指导所属相关干部，严格遵守《中华人民共和国政府信息公开条例》《中华人民共和国保守国家秘密法》《中华人民共和国突发事件应对法》等有关法律法规，按照有关办事规定和要求，依法开展公共管理事务、政务信息发布和新闻报道，做到科学、依法、有效管理，促进工作的规范化、制度化、法制化。

四、主要领导干部必须切实支持

各级党委、政府的主要领导要切实支持新闻发布组织建设。成立新闻发布组织，是搞好新闻发布和信息公开工作的基础保障。各级党委、政府的主要领导，要在平时注重关心和支持新闻发布工作的组织建设，选好配强工作人员，形成以党委宣传部为统领、政府新闻办为主体，有关部门相互协调、通力配合的坚强有力的新闻发布工作组织。要积极支持宣传部的工作，适时出面帮助协调有关部门、有关人员，主动帮助解决工作中遇到的实际困难和问题。

（一）加强硬件建设

各级党委、政府及其主要领导，要注重新闻发布工作的硬件建设，设置规模适当的新闻发布会议室，配齐必要的办公设备，配备扩音系统、广播电视收听收看系统、宽带网、先进实用的应急通信设备、必要的应急保障用品和相应的应急无线电频率，确保随时投入使用，适时发布新闻。

（二）强化技术保障建设

各级党委、政府要注重新闻发布工作的应急技术保障建设，为党报党台配备适应复杂条件下新闻采编播发需要、性能精良、移动性好、便于携带的先进技术装备，确保在应急条件下采集、传输、播发渠道畅通，随时随地都能够发布新闻；要支持建立具备较强技术保障能力的专门队伍，确保技术支撑坚强可靠；要为所属主要新闻单位建立应急技术保障体系提供必要的政策扶持和资金支持。

（三）加强应急广播系统建设

有线广播、无线广播具有投资小、见效快、覆盖面广、传输稳定、接收设备简单、在极端恶劣的条件下都能收听等显著优势和突出特点。各级党委、政府和领导干部要高度重视并充分发挥广播媒体的特殊作用，将应急广播系统建设纳入各级政府相关应急体系建设的总体规划，把广播媒体作为应急信息发布的重要平台。在出现通信、电力中断的突发公共事件时，充分发挥广播的作用，向当地群众发放收音机等接收设备，及时发布有关新闻，随时传播党和政府的声音。

经历了2008年"5·12"汶川大地震后，人们深深地体会到，收音机才是最快、最方便、最有效同时也是最后的获取新闻信息的可靠工具。地震发生后，供电系统中断，电视信号中断，有线电话中断，手机信号中断，只有广播电波是没有中断的、是畅通的，为灾区人民留下了一条及时获取各方面信息的可靠渠道，打开了一扇洒进阳光、望见希望的窗口。党中央以及社会各界向灾区人民赠送的大批收音机，及时把党和政府的声音传到了千家万户，增强了灾区人民战胜灾难的信心和勇气，在抗震救灾过程中，发挥了不可估量的重要作用。专家们提出的十条抗震避震知识中，最后的一条就是关于携带收音机的提示。

五、主要领导干部必须直接参与

通常，由于所处的地位不同，相对于其他干部，主要领导干部站得更高，对区域内的宏观情况更熟悉，对具体问题的看法更全面、更深刻、更具大局性和前瞻性。主要领导干部直接参与新闻发布的策划、筹备，对新闻发布的内容进行把关、确定，对于新闻发布工作取得实效，具有非常重要的、不可替代的作用。

（一）主要领导干部必须参与新闻发布策划

新闻发布的策划是基础性工作，对于新闻发布能否取得理想的效果，至关重要。要想新闻发布工作取得良好的效益，必须对新闻发布的具体内容进行认真、细致的研究和策划。这一点非常重要、非常关键。

1. 日常常规性新闻发布

主要领导比其他干部更加了解所属工作的大局和全局，对区域今后各项工作的方向更具有准确的把握，更加知道本阶段最需要公开哪些信息，更知道重点向社会公众首先说明什么。所以，主要领导直接参与新闻发布的策划，会使新闻发布工作更具针对性和有效性。

2. 特别事件的新闻发布

特别事件常常与突发事件、公共危机相伴相生，新闻发布时效性很强，有时甚至刻不容缓。作为决策者的主要领导直接参与新闻发布的策划，可以减少对于有关问题的来回折返、反复请示，可以当机立断、快刀斩乱麻，直接采取果断措施，做出紧急决策，立即公之于众，马上付诸实施，可有效化解矛盾和危机，有效遏制事态的扩大化。

3. 对特别事件的定性

特别事件发生后，对事件的定性十分重要。对于特别事件的定性，直接决定着马上要采取的处置方式和方法。随着形势的发展，经济所有制形式的多元化，在特别事件中，常常是多方利益激烈博弈，多种矛盾相互交织，不同阶层的人群、形形色色的问题，相互作用、相互影响、相互制约。在这种复杂的局面下，如果不能及时正确地区分人民内部矛盾、敌我矛盾等不同性质和不同类型的矛盾，就会进一步使问题复杂化、扩大化，就可能使非对抗性矛盾迅速演变成对抗性矛盾，增加问题的处理难度。主要领导直接参与特别事件的定性，可以在较大程度上避免类似问题的发生。

（二）主要领导干部必须做好亲自发布新闻的准备

必要时，主要领导可以直接面对媒体发布新闻。在有些情况下，如果主要领导干部，特别是"一把手"直接参加新闻发布会，直接面对媒体、面对公众，介绍有关情况、回答记者和公众提问、表达妥善处理问题的决心和意图，通常能够收到意想不到的积极效果，很可能会使复杂、棘手的问题迎刃而解。

【典型案例】

云南省省长回应旅游乱象

2014年至2017年，关于云南旅游的负面新闻频频被爆出，连续多起导游辱骂游客、强制消费、因消费纠纷追打游客等恶性事件在网络曝光。人民网旅游3·15投诉平台统计数据显示，在全国旅游市场投诉下降的大形势下，云南投诉却在逐年上升，2014年至2016年云南省的旅游投诉连续三年居全国榜首。仅2016年，平台收到797条涉及全国各省份的投诉，其中涉及云南省的就占316条，几近全国投诉量的一半。

面对各种游客被打、被骗事件，云南也曾推出过许多措施。2015年，云南省旅发委牵头制定"诚信旅游指导价"。2016年，云南发布《云南省整治"不合理低价游"专项行动方案》。同年，云南省在7个州（县）市设立旅游警察队伍，成为中国首个全面设立旅游警察的省份。但令人尴尬的是，整改后成效似乎不如预期。各种旅游乱象"野火烧不尽，春风吹又生"，云南旅游市场治理进入"乱象——治理——平静——反弹"的循环，形成的"顽症"久治难愈，对云南旅游形象和产业发展造成很大危害。

2017年"两会"期间，全国人大代表、新任云南省省长阮成发在云南代表团开放日上回应记者提问时说："我承诺本月出台史上最严的治理措施，治理云南旅游乱象。"时隔20天，云南省于3月27日发布了旅游市场秩序整治工作措施22条。22条整治措施于2017年4月15日起正式施行，被称为"史上最严措施"。该"措施"从旅游购物管理、导游管理、景区景点管理、政府监管职能等七方面做出了明文规定，明确了严禁变相安排和诱导购物、严禁安排旅游团队购物或兜售商品、严禁强迫或变相强迫旅游者进入购物商店消费等明令禁止的七大违规行为，多措并举，以确保云南全省旅游市场秩序在一年内实现根本好转。

最严监管令的出台，从体制、机制上解决问题，铁腕出击，重拳整治，取得了很好的效果。通过近一年持续不断的努力，阮成发省长在党的十九大云南代表团媒体开放日向全国通报：云南旅游市场秩序整治取得了明显成效，经营行为进一步规范，旅游环境明显改善，游客满意度大幅提升，旅游市场秩序明显好转。全国旅游投诉平台相关数据显示，2017年中秋、国庆长假期间，云南旅游投诉已下降到全国倒数第6位；2017年4月到2018年2月，云南旅游投诉同比下降76.8%。云南省人民政府通报数据显示，2018年上半年，云南接待海内外游客3.4亿人次，同比增长26.87%；实现旅游业总收入4201.35亿元，同比增长26.78%；旅游项目完成投资600亿元，实现年度任务的54.5%。

【案例剖析】

启示一：主要领导亲自发声、明确表态，彰显惩治恶性事件的决心，决定了打击旅游乱象的政治高度。

旅游业一直是云南省的支柱产业，是全省经济发展的主要驱动力。但近年来持续发酵的旅游乱象网络舆情，相关部门对此采取睁一只眼、闭一只眼的松散处理态度，不但使游客的经济利益受到损失，而且让恶性舆情事件的制造者存有法不责众的侥幸心理，更加有恃无恐、变本加厉。

省主要领导的介入，确立了政治站位和高度，为处理该事件定了调子。就好比在竞技比赛中，运动员私下里甚至公开搞小动作，试探裁判判罚尺度，如果裁判只做口头警告，不及时加以制止，不但不会引起运动员的重视，反而会使其变本加厉，甚至漠视和践踏比赛的严肃和公正。而主要领导亲自发声，无异于裁判员亮出红牌，明确比赛的判罚尺度，云南省省长阮成发就曾在十二届全国人大五次会议云南代表团答中外记者问环节指出，"有问题不可怕，可怕的是不面对，视而不见。"

就旅游行业整治而言，主要领导的支持就是尚方宝剑，对懒政、怠政的官员和胡作非为的旅游从业者都是一种震慑和警示，谁不遵守规则就会被淘汰出局。而对想积极作为却没有施展空间的官员是一种鼓励和鞭策。成绩最终要用政绩来说话。所以，相关部门和领导在短期内就做出了积极响应，把严厉打击旅游乱象作为一项政治任务来推动，取得了明显成效。

启示二：主要领导敢于担当，主动揭示问题，占据舆论高地，赢得了广大群众的支持，主导了媒体的正确方向。

2017年"两会"期间，云南省主要领导在回应记者提问时，明确表态云南省将在当月"出台史上最严的治理措施，治理云南旅游乱象"。时隔20天，云南省于3月27日果断发布了旅游市场秩序整治工作措施22条，对打击旅游乱象做出了明确回应。

阮成发省长在省政府第106次常务会议上指出："有些购物店之所以那么嚣张，为什么就关不掉呢？背后有人吧？""对于造成恶劣影响的购物店，工商、公安甚至纪检部门要去查查。"主要领导代表官方表达"壮士断腕""刮骨疗毒"的决心，彰显了领导干部勇于担当的个人魅力，直面问题的朴素作风体现了政府公信力，增强了民众好感，赢得了社会广泛支持和信任。尤其是云南人民，看到父母官在全国民众面前郑重承诺，激发了自尊自强的情怀，不允许负面舆情抹黑云南形象。官方媒体和网络舆论也很快做出了积极响应，政府明确的态度和坚定的决心迅速深入人心，群情振奋。政府和民众形成了政府主导"喊打"、全民响应"配合"的高压态势，对整个云南旅游行业的不良现象和风气形成极大的震慑作用，也有力推动云南旅游行业完成"自我救赎"。

"言必行，行必果。"云南省对旅游行业的整顿立竿见影。"史上最严令"出台一年内，受理旅游投诉720件，其中涉及购物退货257件，查处涉旅案件251件，罚没金额798.76万元，旅游投诉大幅下降，游客满意度大幅提升。

启示三：主要领导率先垂范，以身作则，是对民众最有效的思想动员，是全民行动的风向标和指南针。

《三国演义》里面有句话"蛇无头不行，兵无主自乱"，说的就是领导率先垂范的积极作用。主要领导在全国人民代表大会这样万众瞩目的重大场合大胆发声，积极表态，极大地鼓舞和鞭策了政府人员搞好旅游改革、重塑旅游形象的决心。民众看到政府主要工作方向，确实是一心为民、一心向好，感受到主要领导亲民爱民为民的个人政治魅力，也会自觉主动配合工作。这实际也是一次强有力的思想发动，为上下一条心解决问题奠定了广泛良好的群众基础。

主要领导的态度就是风向标和指南针，其亲自挂帅、公开亮相，把整治工作列入政府工作重要议事日程，使政府部门上上下下干劲十足。领导指向哪里，负责具体工作的人员就跟进和战斗到哪里，摒弃观望和不作为、慢作为的惯性思维。在主要领导的亲自跟进、协调、倡导和推动下，各级职能部门能够迅速统一到省政府"动真格，不含糊"的决策部署上，不愁各项管理措施得不到落实。

启示四：主要领导主动发力、参与整治，更加有利于综合布局、资源整合和经验借鉴，进一步完善了妥善处理类似事件的应对机制。

2017年以前，相关部门在处置和应对消费者投诉时，都是发生一件回应一件，各自为战，就事论事。每一个旅游事件被孤立了起来，在如何定性和具体处置上采取的方法和标准不一，处理水平参差不齐，结果五花八门，不但消费者不满意，被处理的责任主体也感到"一碗水没有端平"，适得其反。有人经过分类汇总发现，同一类投诉问题竟有十几个不同的处理结果，让人哭笑不得。

主要领导出面，从全省高度统筹此项工作上具有明显优势。

一是充分调动各方力量。在宏观决策上有强大数据统计分析支撑，在论证研究上有专业科学的智力支持，更有利于做出准确的形势判断，制订积极有效、切实可行的综合解决方案，消除各自为战、单打独斗的弊端。阮成发省长曾指出旅游乱象更深层的问题："主要是有的地方对旅游行业战略定位出现了偏差，热衷于追求旅游数量增加，不注重品质提升，不能满足多元化、个性化、高端化需求。"

二是能够迅速响应，有针对性地加以解决，处理问题公开透明，打消公众疑虑。2017年9月，阮成发省长曾就网友旅游投诉留言进行答复，责成相关部门调查处理，给网友一个交代，开诚布公，积极听取一线反馈，打造公信力，有效解决并防止不良舆情事件发生发酵，将其扼杀在萌芽阶段。在遭遇危机公关时能迅速做出反应，通过分析和对比，采取专业有效的应对措施，化解不良舆情聚焦，牢牢掌握主动权，主导舆论走向积极的一面，争取更广泛的舆论支持。假以时日，对此类事件处理会更加得心应手、驾轻就熟，从而最终形成有效应对机制。

第四节
塞翁失马，焉知祸福——如何搞好新闻发布工作

新闻发布的核心是新闻发布的内容。要想实现新闻发布工作效果最理想、效益最大化，必须讲求新闻发布策略，采取科学有效的方法，精心策划，周密组织。

一、新闻发布工作的基础和内容

从严格意义上讲，人们常常使用的"正面新闻、负面新闻""正面报道、负面报道"等说法，是不准确的。

新闻和报道反映的是新近发生或正在发生的事实，也就是说，新闻反映的是事实，是事实的直接反映。所以，新闻或报道没有正面、负面之分，而事实或事件却有正面、负面之别。

新闻发布工作的基础是客观事实，是新近发生或正在发生的事实。比如，党的重大方针政策出台、政府重要管理办法规则实施、重要新产品问世、重大事故和灾害等都属于新近发生的事实，而在建重大工程项目、正在流行的重大疫情等，则都属于正在发生的事实。

新闻发布的客观事实也可以是新近发现的事实。比如，重要历史疑案的真相大白、重大考古工作发现、重要历史事件亲历者的现身等。

二、辩证认识正面事件与负面事件

习惯上，有些地区、部门和单位及其领导干部，对于发布正面事件的新闻比较积极、主动甚至热衷参与，认为发布正面事件的新闻很风光、很有面子，能

够展示本地区、单位和本部门的工作成绩，能够引起社会各界的广泛关注，能够受到社会公众的肯定、赞扬，还能够得到上级领导的赞扬、奖励。

而对于负面事件的新闻发布则持消极、被动、回避、遮掩甚至封堵的态度或做法。认为发布负面事件的新闻很丢人、很没面子，有损本地区、本单位和本部门的形象，会引起社会各界的不满，受到社会公众的指责，使上级领导产生不好的看法，影响单位发展，不利于个人进步。

事实上，这些想法和做法都是缺乏辩证思维的，都是片面的、消极的、不明智的做法。

新闻发布工作，依据的是客观事实。只要事实是客观存在的，就是不以人的意志为转移的。特别是负面事件，你承认与否认、正视与回避、公开与掩盖，都对其存在状态发挥不了任何作用。

实践反复证明，回避、掩盖、否认，会使问题急剧恶化，造成无法预料的后果，不仅无法实现自己的意图，而且会损害党和政府的公信力，损害单位的形象，使本地区、本单位、本部门陷入十分被动的困境，造成更大的甚至是无法挽回的损失。石家庄三鹿奶粉事件很能说明问题。

正面事件有时会产生负面效果，负面事件也可能形成正面效果。正面事件的新闻，如果考虑不周、发布不当，有可能转化成负面事件，进而引发危机。同理，出现负面事件后，如果正确认识、科学处理，主要领导真心支持、遵循新闻规律，周密策划，及时发布，则产生正面事件无法达到的效果也不是不可能的。

"塞翁失马，焉知祸福"体现了古老的哲学智慧，常被用来说明坏事变好事。而实际上，整个寓言也包含了好事变坏事之义。

《淮南子·人间训》说，近塞上之人有善术者，马无故亡而入胡。人皆吊之，其父曰："此何遽不为福乎？"居数月，其马将胡骏马而归。人皆贺之，其父曰："此何遽不能为祸乎？"家富良马，其子好骑，堕而折其髀。人皆吊之，其父曰："此何遽不为福乎？"居一年，胡人大入塞，丁壮者引弦而战。近塞之人，死者十九。此独以跛之故，父子相保。故福之为祸，祸之为福，化不可及，深不可测。

同一件事，从不同的角度去认识，用不同的方法去处理，常常会收到不相同，甚至完全不同的效果。在现实生活中，好事变坏事者有之，坏事变好事者也很常见。其中，既有否极泰来，也有乐极生悲。在新闻发布工作中，一定要认真把握，具体情况具体分析，审时度势、趋利避害。

三、实现正面事件社会效益最大化

不言而喻，正面事件通常会产生正面新闻、产生正面的社会效果，这很容易做到。但是，如果想要做好，就不是一件容易的事了。对于正面新闻的发布，按照传统的做法，常常是例行惯例式的发布方式，平铺直叙，客观描述，毫无新意。所以，对于正面新闻的发布，通常难以产生轰动性的社会效果。

正面事件新闻发布需要我们认真研究的，或者说正面事件新闻发布的重点和难点主要有两个：一是如何使正面事件产生最大最好的社会影响；二是如何有效避免正面事件产生负面影响。

（一）要使正面事件产生的积极社会影响实现最大化，关键取决于新闻发布机制的策划能力

要使正面事件产生最大、最好、最积极的社会影响，虽然很不容易，但通过科学统筹、精心策划，是完全能够实现的。正面事件是十分宝贵的新闻资源，认真挖掘，充分报道，能够给人以奋发向上的精神动力，能够产生良好的示范作用，能够鼓舞若干人振奋起来、行动起来，改进自己的工作，改善自己的命运。

从整个社会来看，正面事件每天都会发生和出现，种类繁杂、数量众多。但是，或常常因为事件发生地没有建立高效的新闻发布机制，难以形成新闻进行广泛传播而被埋没；或常常因为事件发生地的新闻发布机制不敏感，没有将隐含

于司空见惯的事物中的正面事件纳入视线，或发现不及时而被遗漏；或因为事件发生地的新闻发布机制效率不高，对于发现的正面事件没有及时向新闻媒体推出，贻误了最佳时机而被错过；或因为当地有关人员对于正面事件的认识不准确、不到位、不深刻，没有把正面事件最感人、最震撼、最具时代特征的一面展现出来，没有充分发挥出正面事件应有的影响力，等等。

（二）实现正面事件社会效益最大化，必须善于观察

整个社会中的正面事件虽然众多，但具体到一个地区、一个单位、一个部门中，情况就大不相同了。在本单位的范围内，常常看不到具有典型意义的正面事件。事实上，许多具有重大意义的正面事件，往往隐含于我们每天从事的平凡工作之中。许多具有典型意义的先进人物，常常存在于我们耳熟能详的平民百姓之中。关键是要善于观察、善于发掘。

（三）实现正面事件社会效益最大化，必须顺应时代发展

我们所发布的反映正面事件的新闻，必须合乎时宜，必须能够生动、具体地体现时代精神，才能引起社会各界的高度关注，才能诱发社会公众的广泛共鸣，才会产生最大、最好的社会效果。这就要求我们各级新闻发布工作者，要注重把握党和国家的宏观工作大局，准确洞悉当前和今后一个时期国家倡导什么、需要什么。要在平时的工作中，深入实际、深入生活、深入群众，把基层广大人民群众火热的社会实践与时代的要求结合起来，融会贯通，才会推出合乎时代特征的正面事件和先进典型。

（四）实现正面事件社会效益最大化，必须不失时机

相同的社会环境，相似的正面事件，公开发布后，多数情况下产生的社会影响却不尽相同，有时差距很大，这主要是因为新闻发布的时机不同造成的。通常，先行公开发布正面事件会形成强大的首声效应，对社会公众会产生强烈而深刻的影响。随后，如果再有其他地区、部门和单位发布类似的新闻，由于丧失了

首声效应，则其对社会公众产生的影响力，将远远不及先行发布者。这就是我们经常见到的现象：后来推出的这个先进人物比原来推出那个人物更典型，先进事迹更多、更好，但其姓名很快就会被公众遗忘，而大家记住的，只是第一个推出的人物。

【典型案例】

雷锋事迹的发现和推介

雷锋，湖南省望城县人。1940年12月出生，1959年12月参军入伍，1962年8月15日因公殉职，年仅22岁。雷锋入伍不到3年，荣立二等功一次、三等功三次，并荣获"节约标兵"和"模范共青团员"称号。

雷锋入伍以来，无论是在新战士中，还是在老战士中，都很突出。雷锋大公无私、一心向党，见工作就干，见先进就学，见困难就上，见同志有缺点就帮。雷锋多次立功受奖，被选为抚顺市人大代表，出席过沈阳军区首届共青团代表会议。1960年秋天，沈阳军区政治部前进报社收到了一封辽宁省辽阳市的读者来信，信中表扬了解放军战士雷锋，说他在辽阳一带遇到百年不遇的洪水灾害时，给中共辽阳市委写了封慰问信，并随信汇寄了100元。来信还说，雷锋对灾区人民的深情，已成为灾区人民战胜灾害的精神力量。

前进报社总编辑嵇炳前看完信后，很快与雷锋所在部队的上级机关沈阳军区工程兵政治部取得了联系，得知雷锋是工程兵部队评出的"节约标兵"、团队的"忆苦思甜"典型，对此十分重视，积极向中央新闻媒体推介这一先进典型。嵇炳前找到时任新华社和《人民日报》军事记者、负责东北地区军事报道的佟希文和李健羽，介绍雷锋的事迹，并当即陪同佟希文、李健羽找到沈阳军区工程兵政治部主任王寄语了解情况。王寄语激动地对记者说，只要你们与雷锋一接触，一定会感到雷锋是位非常可爱的人。

1960年11月，佟希文和李健羽来到雷锋所在连队进行了认真采访。回到沈阳，他们一边"消化"材料，一边核对记录，决心写好雷锋这位平凡中见伟大的全新的人物典型。写了改，改了重写，连续几天几夜撰稿。在撰写这篇报道时，佟希文和李健羽得知雷锋于1960年11月8日加入了中国共产党，于是，文章就从"穿上军装还不到十个月的战士雷锋，不久前参加了伟大的中国共产党"开头，文章标题取名《党的好后生》。后来，稿子送给了沈阳军区副政委杜平审稿时，杜平将题目改成了《毛主席的好战士》。同年11月26日，《前进报》刊发了这篇报道。

新华社、《解放军报》等媒体转发了这篇通讯，此后，雷锋的照片、日记和模范事迹，通过报纸、电台得到了广泛的宣传报道，雷锋成为先进典型，陆续收到来自全国各地热情赞扬他的来信。

1962年8月15日上午，雷锋和他的助手乔安山驾车从工地回到驻地。经过营房前一段比较窄的过道时，为了安全起见，雷锋站在过道边，指挥乔安山倒车、转弯，汽车左后轮突然滑进了路边水沟，车身猛一摇晃，骤然碰倒了一根平常晒衣服、被子用的方木杆，雷锋被方木杆砸在右太阳穴上，当场昏倒在地。战友们立即用担架把他送到附近医院抢救，各级首长立即赶到了医院，同时，以最快的速度接来沈阳的医疗专家。痛心的是，由于颅骨损伤，导致大脑机能障碍，雷锋同志因公殉职，年仅22岁。

1963年1月7日，国防部命名雷锋生前所在班为"雷锋班"。1963年3月1日，朱德题词："学习雷锋做毛主席的好战士。"1963年3月5日，毛泽东题词："向雷锋同志学习。"刘少奇题词："学习雷锋同志平凡而伟大的共产主义精神。"周恩来题词："向雷锋同志学习：憎爱分明的阶级立场，言行一致的革命精神，公而忘私的共产主义风格，奋不顾身的无产阶级斗志。"此后，全国人民特别是青少年掀起了向雷锋学习的热潮。

雷锋成了助人为乐、好人好事的代名词。每年3月5日，成了全民学雷锋的日子。雷锋这位伟大的共产主义战士、全心全意为人民服务的楷模，对中国甚至对国际社会都产生了广泛而深远的影响。

【案例剖析】

雷锋事迹的发现与推介，给了我们许多启示。

启示之一：伟大常常寓于平凡之中

纵观雷锋22年短暂的一生，非常平凡。雷锋眉清目秀，但身高只有1.54米，体重不足55公斤，均不符合征兵条件。因其政治素质过硬，并有开拖拉机、推土机的经验和技术，被破例批准入伍。

参军后，雷锋是人民军队中一名极为普通、平凡的战士。雷锋所做的每一件好事，都不是惊天动地的大事，都是非常平常的、一般性的好人好事，我们每一个人只要肯做，都能够做得到，也都能够做得像雷锋一样好。发现并推介这类正面事例比较困难。

如何才能发现这类平凡的正面事例中蕴含的不平凡甚至是伟大的意义？这需要新闻发布队伍具有很强的大局意识、敏锐的目光和辩证的思维。毛泽东教导了我们工作思路，就是实事求是，努力研究和正确把握客观事实的规律性，具体问题具体分析。具体到雷锋的事迹，毛主席曾经说过："一个人做点好事并不难，难的是一辈子做好事，不做坏事。"记者佟希文和李健羽告诉了我们具体方法，就是深入实际、仔细了解、认真思考。

启示之二：顺应时代推介正面事件

雷锋事迹的推出，正当其时。

中华人民共和国成立后，在中国共产党的领导下，迅速完成了土地改革，完成了对工业、农业、手工业和资本主义工商业的社会主义改造，建立了社会主义制度，全国人民快速走进了社会主义新社会。

但是，中国的社会主义制度，是建立在几千年封建、半封建社会基础之上的。生产力极其低下，基础设施相当薄弱，加之百余年国际帝国主义的长期侵略和掠夺，经历了长期的战争，全国上下一穷二白，迫切需要统一意志、鼓舞士气、凝聚力量、大干快上，加速国家全面建设的历史进程。特别是从旧中国走过来的社会大众，头脑中还存在许多封建主义、资本主义思想的残余，成为制约社会主义思想深入人心的障碍。

此时，在全党、全军、全国人民中，迫切需要倡导和树立社会主义新思想、新观念、新风尚，以实现全国人民更加紧密地团结起来，鼓足干劲，力争上游，多快好省地建设社会主义强国。1960年，推出雷锋这一先进典型，顺应了形势的发展，是时代的需要，是党和人民的呼唤。雷锋事迹一经公开报道，必然会引起社会各界的强烈共鸣。

启示之三：把握正面事件的本质

同一个正面事件，从不同角度观察会得出不同的结论，公开报道后会产生不同的社会效果。当时，对于雷锋这一先进典型事例的定位，也有许多不同角度和观点。

1963年2月中旬，《中国青年》杂志社准备出版一期学雷锋专辑，编辑部请毛主席为学雷锋题词、定调。毛主席让办公室的同志先拟几个题词供参考，办公室的同志结合新闻媒体对雷锋的宣传报道，从不同角度出发，拟写了十几个题词："学习雷锋同志全心全意为人民服务的思想""学习雷锋同志鲜明的阶级立场""学习雷锋同志大公无私的共产主义风格""学习雷锋同志艰苦朴素的作风""学习雷锋同志毫不利己、专门利人的优良品德""学习雷锋同志勤奋好学的革命精神"等。应该说这些题目从不同的角度，都反映了雷锋精神的一个侧面，但毛主席都没有使用。

经过思考，毛主席亲自书写了"向雷锋同志学习"七个潇洒苍劲的行草大字，为学习雷锋定了调。毛主席解释说，学雷锋不是学他哪一两件先进事迹，也不只是学他某一方面的优点，而是要学他的好思想、好作风、好品德；学习他长期一贯地做好事，而不做坏事；学习他一切从人民的利益出发，全心全意为人民服务的精神。当然，学雷锋要实事求是、扎扎实实、讲究实效，不要搞形式主义。不但普通干部、群众要学雷锋，领导干部也要带头学，才能形成好风气。

毛主席的这番话，不仅指出了学雷锋的方法，而且揭示了雷锋身上最本质的东西，并明确指出了学雷锋的方向。

启示之四：新闻发布的首声效应至关重要

如上所述，雷锋先进事迹的推出，顺应了形势的要求，踏准了时代的节拍。特别值得注意的是，雷锋这一先进典型，除其事迹小中见大、平凡之中蕴含伟大、真实亲切、生动感人，还是同类先进典型中较早推出报道的。因而，形成了强大的首声效应，对社会各界产生了广泛的影响，在广大受众中产生了强烈的共鸣和认同，给人留下了十分深刻、十分深远的记忆。

后来，在雷锋精神的启发和激励下，全国各地、各行各业出现了经久不息的学雷锋热潮，社会主义新风尚迅速形成，有力地激发了广大人民群众大干社会主义的积极性，到处呈现出比、学、赶、帮、超的热烈景象，全党、全军、全国人民达到了空前的团结，造就了英模辈出的时代。全国各条战线相继涌现并推出大批先进典型，但就其影响来说，都远远不及雷锋的事迹。

四、如何避免正面事件形成负面效果

正面事件通常会产生正面效果。但是，如果处理不当，正面事件很有可能形成很大的负面新闻，产生严重的负面效果。有时，由正面事件引发的负面效果和作用，要远远大于负面事件产生的消极影响，其可能产生的广泛而深远的负面社会影响，在短期内很难有效消除。所以，在新闻发布工作中，一定要认真考量，严防正面事件产生负面效应。

（一）确保正面事件的真实性

防止正面事件形成负面效果最重要、最关键的是，一定要确保正面事件的真实性。

真实性是新闻工作的铁律，也是新闻发布工作的基础。在发布正面事件的新闻时，一定要对事实进行清晰的确认。确认事实的方法主要有以下几种。

一是请正面事件的提供单位确认。按照"谁主张、谁举证"的原则，指导提供正面事件的单位或部门，认真核查有关物证、人证，两者缺一不可。

二是请专业机构确认。根据正面事件的性质，请相应专业机构严格按照专业规则、专业手段、专业技术，对正面事件进行确认。

三是请专家进行确认。聘请正面事件涉及问题和领域的专家、学者，组织鉴定团体，进行科学的论证和确认。

【典型案例】

陕西华南虎照片事件新闻发布的反思

2007年10月12日，陕西省林业厅组织召开新闻发布会，公布了镇坪县农民周正龙拍到了野生华南虎照片，经有关专家鉴定，照片为真。会上宣布"镇坪县发现野生华南虎"。同时，公布了周正龙10月3日拍摄的两张华南虎照片，并向其颁发奖金2万元。

此后，人们围绕华南虎照片的真假，通过新闻媒体展开了激烈的争论，事件受到了社会各界的高度关注。

10月15日前后，一些网友在网络论坛中认为，虎照是利用图片编辑软件制作出来的假照片。

19日，中国科学院植物研究所种子植物分类学创新研究组首席研究员傅德志，在其博客中用人头担保华南虎照片造假。主要依据是华南虎照片中，虎头上方的植物叶片与虎头大小相近，而秦岭山区不存在这样的植物。

21日，周正龙也以人头担保，照片为真。

23日，陕西省林业厅派出工作人员与周正龙一起到北京，向国家林业局汇报了有关情况。

24日，国家林业局表示，将组织专家赴镇坪县进行野生华南虎资源状况专项调查。

11月16日左右，有网友在论坛上贴出了一张名为《老虎卧瀑图》的年画照片，画中的老虎与虎照中老虎的姿态、斑纹非常相似。

12月2日，网站公布了有关民间机构的鉴定报告，认为周正龙拍摄的照片中，"华南虎影像是不真实的"。

19日，国家林业局表示，已要求陕西省林业厅本着实事求是、科学严谨和对公众负责的态度，委托国家专业鉴定机构对周正龙所拍摄的华南虎照片等原始材料依法进行鉴定，并如实公布鉴定结果。

21日，陕西省林业厅宣布启动华南虎照片二次鉴定工作。

2008年2月3日，陕西省政府办公厅对陕西省林业厅在"华南虎照片事件"中"违反政府新闻发布制度"进行公开通报批评。

4日，陕西省林业厅就"草率发布发现华南虎的重大信息"发出《向社会公众的致歉信》。

3月4日，陕西省林业厅厅长张社年在北京接受媒体采访时表示，陕西省林业厅仍在寻找权威鉴定机构，积极推进华南虎照真伪鉴定，待鉴定结束后，将会给公众一个负责任的答复。

6月29日，陕西省政府召开新闻发布会宣布，华南虎照片系周正龙造假用老虎画拍摄的假虎照。涉嫌诈骗犯罪的周正龙当天已被公安机关提请检察机关批准逮捕，13名省、县相关责任公务人员受到处分。

【案例剖析】

陕西华南虎照事件新闻发布工作失误，教训非常深刻。整个事件不过是：一个农民，提供了一条虚假新闻线索，作为新闻发布工作组织者的陕西省林业厅有关干部，不进行深入细致的调查研究就急功近利、信以为真。华南虎照事件新闻发布工作失误，带给了我们许多反思。

反思之一：主观主义导致新闻发布工作失误

在接到镇平县关于周正龙拍摄到华南虎活体照片的报告后，林业部门的工作人员仅凭近几年生态好转、野生动物数量增加等自然条件，就主观地认为华南虎照片印证了野外痕迹调查结论，而没有组织技术人员对虎照真实性进一步调查、核实和确认。当网民与受众开始质疑后，林业部门个别工作人员凭借个人的摄影知识坚持"挺虎"，导致此事件不断升级。事实上，公安部门在后来的调查中，对"拍虎"现场重建后证实，周正龙拍摄时距"虎"最近距离约3.9米，最远距离约10.5米，从根本上推翻了周正龙拍摄活体野生华南虎真实性的基础。

反思之二：准备工作不扎实导致新闻发布工作失误

对于镇坪县发现华南虎的报告，各级林业部门在没有组织现场核实确认、缺乏有力证据、事实本身存在不确定性的情况下，违规召开新闻发布会，草率宣布"镇坪县发现野生华南虎"。在一些网友和公众对虎照产生广泛质疑，明显分化为"打虎派""挺虎派"争论不休时，不仅没有有效组织开展现场调查对虎照真伪进行科学鉴定以回答公众疑问，而是就照片谈照片，明显站在"挺虎派"立场，参与网上争论，使问题的影响不断扩大。

反思之三：科学精神欠缺导致新闻发布工作失误

对于华南虎问题，陕西省各级林业部门既没有组织专家进行认真鉴别，也没有对拍摄现场进行核实，更没有华南虎活体、尸体或录像资料、研究人员亲眼目击等有力证据。在这些科学判断野生华南虎是否存在的标准都没有得到确认的情况下，仅由林业厅几名技术人员和省内非华南虎专家在召开新闻发布会前对虎照进行了简单鉴别之后，就向社会发布了新闻信息。这种做法是不科学、不严谨的，是"华南虎照片事件"产生的重要原因。

反思之四：违反新闻工作程序导致新闻发布工作失误

陕西省林业厅未按程序履行报批手续，擅自举行新闻发布会发布未经核实的重大信息，在工作程序上违反了陕西省政府新闻发布制度的有关规定。客观上，绕过了正常严谨的新闻发布工作机制的约束，失去了及时发现疑点、有效过滤虚假信息的机会，犯了新闻发布工作的大忌，造成了公开发布的信息严重失真。

反思之五：不熟悉新闻规律导致新闻发布工作失误

在公众对虎照产生广泛质疑后，在陕西省政府明令禁止公务人员参与争论炒作的情况下，个别工作人员仍然通过网络博客参与网上争论，加剧了社会各界的关注程度。更加重要的是，由于陕西省林业厅的有关干部不懂新闻规律，不能正确使用新闻媒体这一重要工具对舆论纷争实施有效的釜底抽薪，反而不断地在网上发表刺激公众情绪的言论。尽管初衷是好的，但客观上，产生了火上浇油的效果，其行为成了不间断地推动已经形成的舆论共振系统的附加策动力，这样，不断强化舆论共振效应，使共振效应的幅度不断增大、范围不断扩展。结果，使问题不断扩大、不断恶化，形成了新闻群体事件，对个人、对全省都产生了十分消极的影响。

（二）要全面认识正面事件

要防止正面事件形成负面效果，必须胸怀大局意识，站在更高的位置，运用更加长远的目光，对正面事件进行冷静、理智的审视。

一是审视正面事件与大局是否相符。我们推介、发布的正面事件新闻，绝不能与国家的宏观政策和工作大局相悖。地方发布的政策、法规，绝不能与国家的政策法规相左。比如，2008年初春，某县为了尽快发展地方经济，划出了大片开发区，准备开始大规模招商引资活动。县里几个领导找到笔者，想就这一重大规划，协调全省新闻媒体进行宣传报道，以扩大声势和影响，吸引投资者前来投资办企业。笔者直言不讳地问，你们这个规划要占用大面积的土地，会不会踩住国务院划定的确保18亿亩耕地的红线？如果你们按计划实施，这件事会不会产生负面效应？几个人吃了一惊，立即返回，对规划进行修改和调整。

二是审核正面事件对相关事物是否产生不利影响。辩证唯物主义认为，事物之间是相互联系的，任何事物都不可能独立于其他事物而孤立存在。一件事物的产生和存在，都会与周围事物具有千丝万缕、难以割断的联系，都会对周围事物产生正面影响或负面影响。对于正面事物，我们要以普遍联系的观点，加以认真考量。比如，某地想要上一个有色金属矿藏开发和生产之类的企业，我们就要想到，有色金属生产通常都是高污染行业，如果兴建这个企业，会不会对周围群众及饮用水源等造成危害和污染。

三是要历史地对待正面事件。能够成为新闻的正面事件，通常都具有明显的时代特征。个别地方和单位为了走在其他地方和单位的前列，有时会把一些正面事件做得有些过头、出格，这一点，要引起新闻发布机构的重视。遇到一些正面事件，要头脑清醒、理智审视，要多想一想这件事能否经得起历史的考验，要尽量防止今天刚刚发布的新闻没过多久就成为笑谈。这样的教训很多，这样的案例举不胜举。

（三）巧妙处理准正面事件

在一些非常特殊的情况下，可能会出现一些比较特别的正面事件，虽然具有许多合理性，但同时也存在某些不确定性。也就是说，此正面事件的真实性暂时还不能够真正得到完全确认。而对于此正面事件发生的地区、部门和单位来说，公开报道、广泛传播此正面事件，会收到非常好的社会效益和经济效益。并且，早一天公开报道、广泛传播，就早一天受益。此时，应该如何决策？

如果以政府或单位的名义，正式组织新闻发布活动，向社会各界公开报道、广泛传播，则能够立竿见影地达到目的。但是，存在一定的风险，因为此正面事件短期内还没有得到完全确认。万一是虚假的，或含有虚假的成分，则会产生严重的社会影响，政府或单位的公信力就会受到较大损害。

如果机械地严格按照新闻的真实性铁律办事，那么，对于没有得到完全确认的事情，是不能进行公开报道、广泛传播的。但是，如果因为这个正面事件目前还没有得到完全的确认，还存在一定的不确定性，就对它进行"冻结"，不允许报道，一方面可以规避风险、防止以后确认不真实造成被动，但另一方面就无法实现良好的经济效益和社会效益。

此时，最好的策略就是对此带有不确定性的正面事件非正式发布消息，即由新闻媒体自行公开报道、自发形成广泛传播态势。也就是说，当具有一定不确定性的正面事件出现后，政府积极主动地组织有关专业人员，想方设法寻求真相，千方百计调查事实。但是，在找到确凿证据、形成可靠结论之前，既不轻易进行主观肯定，也不随意进行依据不足的否定，最重要的是寻找真相。同时，在条件允许的情况下，不封堵、不禁止甚至可以鼓励新闻媒体、社会团体、社会个体等共同调查或自行调查事件的真相。

这样做，可以收到一箭三雕、一举三得之效。

一是规避了风险。不管调查的结果如何，政府都是负责任、有作为、求真务实的政府，一定会受到社会各界的信赖和好评。

二是恪守了新闻的铁律。政府组织专业队伍调查事实真相，不封堵、不限制甚至鼓励新闻媒体共同调查或自行调查事件的真相，这本身就是很好、很真实、很吸引人的新闻。

三是达到了传播目的。一方面，对于存在一定不确定因素事件的调查，能够极大地刺激新闻媒体和记者求新、求异的职业兴奋点，激发记者"揭盖子"的欲望和积极性、主动性，使其变得异常亢奋，新闻媒体会伴随着调查的进程不间断地发稿，实现了及时报道、广泛传播的意图。另一方面，新闻媒体对一个包含不确定因素的事件进行长时间、连续的报道，会广泛吸引受众注意力，激发受众寻根探秘的好奇心，并会通过口口相传、新兴传播手段进行更加广泛的传播，这件正面事件的知晓率会越来越高，会有效地吸引游客的到来或资本介入。

比如，湖北省在处理神农架野人之谜过程中，表现出了比较高超的智慧，运用了比较高明的策略，使社会各界对神农架的关注深远而持久、热烈而执着。湖北神农架野人之谜与陕西镇坪华南虎照片事件存在一些相似之处，但湖北省收到的效果要好得多。

【典型案例】

湖北神农架野人事件

下面是1976年5月15日，湖北省神农架林区革命委员会向中国科学院古脊椎动物与古人类研究所报告发现"野人"一事的电报全文。

1976年5月14日凌晨。

中国科学院古脊椎动物与古人类研究所：

我区革委会六位干部发现一奇异动物，其特点：

1. 浑身红毛，脸呈麻色，脚毛发黑；

2. 腿又粗又长，脚是软掌，走路无声，屁股肥大，行动迟缓；

3. 眼像人眼，无夜间反光；脸长，上宽下窄，很像马脑壳，嘴略突出，耳较人大些，额有毛垂下；

4. 无尾，身长约五尺，体重在二百斤左右。

湖北省神农架林区革命委员会

1976年5月15日

1974年，湖北房县桥上公社清溪沟大队农民殷洪发称，自己首个目击了"野人"，并与"野人"进行了搏斗。

5月14日凌晨，神农架林区党政领导干部报告，其6人驾车行进途中，遇到"红毛野人"。

1976年6—7月间，由中国科学院古脊椎动物与古人类研究所等单位专家组成的奇异动物科学考察队，开始了对"野人"的正式研究活动。

10月，房县桥上公社群力6队女社员龚玉兰反映，见到"野人"在树上擦痒。侦察小组闻讯后赶至现场，在离地1.3米的树上发现其毛发，经科学鉴定，属于灵长目动物。

1980年1月底，时任华东师范大学讲师的刘民壮同志等向湖北省有关部门领导汇报了他们1979年6—12月在鄂西北考察"野人"的情况，并办了展览，展出了"野人"巨大脚印的石膏模型、怪人骨骼及许多有关照片。

5月4—6日，湖北省科委、中国科学院武汉分院在武汉市召开了鄂西北"野人"科学考察会议。

1993年9月3日，铁道部大桥工程局谷城桥梁厂的10位专家，在神农燕子垭看见了"黑红毛野人"。

1997年6月，坚守神农架的"野人迷"张金星，发现并拍下了30多个"野人"大脚印照片。

诸如此类，不一而足。目击者试图表明，神农架"野人"不仅可能存在，而且频繁露面。归纳起来，主张"野人"存在的一方主要有以下几点理由。一是没有捕获到"野人"活体，是因为该动物具有相当高的智能，可以逃避人类的追捕和搜索。二是大量间接证据表明，该动物是比猿类更高级的灵长目动物。三是有大量的目击者和遭遇证人。四是有过"野人"出没报告的地区，大多动植物资源丰富，气候温和，适合高等级灵长目动物生存繁衍。

与此同时，质疑之声也是一浪高过一浪，其主要依据有以下几点。一是没有任何可靠的影像或实体证据能够清晰可靠地证明"野人"的存在，"野人"只是个别人的错觉。二是从来没有发现过"野人"的尸体、骨骸和化石，缺乏有力的证据。三是有生物学家认为，一个动物种族的繁衍需要足够数量的个体，但间接证据可以表明，该动物数量不多，不足以维持种族的繁衍。因而，可以认为"野人"是不存在的。四是有人认为，"野人"作为一种高等灵长目动物，可能在历史上存在了一段时间。但由于人类文明的扩张、栖息地缩减、生态破坏、环境污染等原因，该物种已经灭绝。五是有人认为，"野人"只是一种未知的生性机敏的大型猴科或猿科等灵长目动物，并不比猿科高等。

由于证据不充分，无论是湖北省政府，还是科学界，都始终没有对"野人"之事做出公开、明确的肯定或否定。

【案例剖析】

湖北省对于神农架"野人"之谜的处理是科学的、正确的、巧妙的，既坚持了科学精神，又恪守了新闻规律，最重要的是实现了扩大神农架社会影响的意图。湖北省对于神农架"野人"这一存在不确定性的事物的处理，体现出了几个比较明显的特点。

特点之一：坚持了科学精神

多年来，在神农架林区，已有上百人声称曾目击"野人"。但迄今为止一直没有捕获"野人"活体实物，也没有发现"野人"尸体标本。但长期以来，在没有完全消除"野人"存在的不确定性、没有充分证据证明"野人"存在的情况下，湖北省自始至终既没有否定"野人"的存在，也没有排除"野人"存在的可能。这就是科学精神的体现。

多年来，湖北省不间断地支持有关事业单位、科研机构、人民团体以及民间组织和个人，对神农架林区进行科学考察，以进一步查清林区现有物种的种类、分布、数量和生存情况等，其中当然包括对"野人"的考察，为政府采取有效措施保护林区生态资源，特别是濒危生态资源提供决策参考依据。这也是一种科学的精神。

多年来，湖北省对待"野人"之谜这一充满不确定性的事物，体现了很强的包容意识。对于社会各界探寻"野人"之谜真相的积极性和主动行为，从来没有明令禁止，而是秉持肯定和支持的态度，只是不断地强调探寻者的安全，体现了包容的心态和人文关怀。不仅如此，湖北省不间断地指导和支持有关单位、有关人员的科学考察活动，体现了政府积极、主动、有作为的形象。

特点之二：恪守了新闻规律

对于神农架"野人"之谜这一能够立竿见影地扩大地方社会影响的新闻素材，湖北省始终坚持新闻工作真实性的铁律，在未经权威专家科学确认之前，不主观臆断，不凭推测办事，不"一边倒"地倾向于主张者或质疑者任何一方，政府不组织公开发布存在不确定性的新闻，恪守了新闻的真实性原则。

湖北省的这种态度，极大地刺激了新闻媒体和新闻记者本身固有的求新、求异、求奇的职业特性，激发了新闻媒体和记者深入采访、追踪报道的积极性和主动性。同时，也调动了科研单位、专业人员履行职责的积极性，激发了社会有关人士寻根揭秘、寻求真相的兴趣爱好。

特点之三：实现了传播意图

对于神农架"野人"之谜这一存在不确定性的新闻素材，湖北省采取了不限制或鼓励新闻媒体自发采访、自行报道的策略，激发了全国各地新闻媒体记者深入调查、深入采访、深入报道、跟踪报道的积极性。据不完全统计，全国新闻媒体对湖北省任何一个事件的报道数量和篇幅，都远远低于神农架"野人"之谜。不仅如此，在湖北省内的有关单位和个人，常常抛出一些有关"野人"的新发现，每次都能引发新闻媒体和社会各界高度关注的浪潮，形成强烈的舆论共振效应。30多年来，从未间断，而且，这种高度关注"野人"的浪潮，一浪高过一浪，舆论共振效应的振幅不断扩大，振动的区域也不断扩展。

除新闻媒体传播，许多科研机构、群众团体以及民间个人通过身临其境的实地探访，也将"野人"之事带到了全国各地，通过街谈巷议、口口相传，有效地扩大了"野人"事件传播的覆盖面，提高了"野人"及神农架的知名度。目前，社会各界人士有的可能不知道龟山、蛇山和黄鹤楼，但恐怕没有不知道神农架、"野人"的。如今，人们一提起湖北，就首先会想到神农架、想到"野人"。

现在，"野人"存在也好，不存在也罢，政府开展新闻传播所要实现的不就是这样的结果吗？湖北省这种新闻传播策略，体现了较高的智慧。

特点之四：促进了林区发展

多年来，一个神秘的影子一直笼罩在神农架当地人的脑海中，挥之不去。谁也说不清它到底是什么，人们都在口口相传着一个名字："野人"。而所谓的"野人"究竟是什么动物呢？它和人类有没有渊源？直立行走却又遍体生毛？这神秘的"野人"和人类的原始祖先有什么亲缘关系？或者，所谓的"野人"会不会只是一种虚幻的传说？无数的疑问，诱使无数的人经历了无数认真仔细的探寻。随着时间的推移，这种坚持不懈的探寻，还会不断延伸下去。

值得注意的是，几十年来，"野人"虽然一直是一个巨大的谜团，这个谜团却始终激发着各类人群探究揭谜、寻求真相的欲望。湖北神农架这片茂盛的森林，被披上了一层神秘而奇异的面纱，吸引着千千万万人广泛的关注和向往。从这个意义上讲，客观上，这个谜团产生的经济效益和社会效益，可能不亚于真相。

位于湖北省西部的神农架林区层峦叠嶂、沟壑纵横、山势雄伟、景色秀丽。从恐龙时代起，这里的地质运动和气候变化都比较小，是举世罕见的天然物种基因库。神农架拥有世界同纬度地区非常完整的森林生态系统，有50种植物和70种动物受到国家重点保护，包括银杏、金丝猴、金雕等著名濒危物种。现在，神农架早已成为各地游客的理想观光地，早已成为世界各国科学考察的重点区域，早已成为各类探险者的乐园。"野人"之谜，使湖北神农架一直具有浓郁的神秘色彩，更加强化了国家乃至世界对神农架的关注程度，进一步增强了社会各界对神农架的爱护和保护意识。

五、如何使负面事件产生意想不到的正面效果

负面事件不一定形成负面新闻。传统观念认为，"好事不出门，坏事传千里"，负面事件一经公开公布，一定会迅速传开，会极大地损害本地区、本单位、本部门的社会形象，造成严重的负面影响。

事实上，并非如此，负面事件并不必然会产生负面新闻，更不一定会产生负面效果。相反，负面事件不仅完全可能产生出正面新闻，还可能会收到正面事件难以实现的效果。做到了这一点，无异于点瓦砾成金玉、化腐朽为神奇。实现负面事件产生正面效果，是一种高超的政治智慧、高明的领导艺术，也是新闻发布工作的最高境界。要做到这一点，必须具备一些必要的条件。

（一）必须能够及时察觉负面事件

及时察觉负面事件的前兆和苗头，是及时处理的前提。对于新闻发布者来说，其目力所及和感知范围是有限的，不可能随时随地毫无疏漏的准确发现本地区、本单位、本部门方方面面出现的负面事件的苗头和前兆。

要及时察觉负面事件的前兆和苗头，最好、最有效的办法就是发动群众。"群众的眼睛是雪亮的"，任何负面事件的前兆和苗头都逃不过广大干部群众的眼睛。如果本地区、本单位、本部门的广大干部群众，能够自觉、主动地为我们的工作进行监控守护，我们的各级组织就会耳聪目明、明察秋毫，就能够及时有效地发现问题，妥善合理地解决问题，为我们新闻发布工作的谋划、策划，赢得先机和主动。

发动群众的根本方法是切实把广大干部群众作为单位和组织的主人，坚持党的群众路线，实行领导干部和一般干部群众相结合的领导方法和工作方法，坚持从群众中来到群众中去。从群众中来，就是充分依靠群众及时发现我们工作中存在的问题。到群众中去，就是全面依靠广大干部群众的支持，搞好新闻发布工作，有效化解危机，树立党和政府的威信。

（二）决策者必须开明睿智

决策者厚道亲民，是及时察觉负面事件的前兆和苗头的基础。决策者的执政、理事理念，是装不出来、掩盖不住的，会直接体现在平时的工作和生活之中，所属广大干部群众都会有切身的体会和深切的感受。如果决策者或主要领导干部在广大干部群众面前飞扬跋扈、盛气凌人，就会人为拉大与广大干部群众的心理距离，干部群众发现了问题，有的不敢说、有的不愿说、有的虽然想说但没有说话的地位和渠道，有的甚至根本不想说并希望早一点看到决策者丢官倒霉的下场。所以，决策者特别是主要领导干部坚持以人为本、亲民爱民显得相当重要，这既是党的一贯要求，也是化解特别事件的群众基础。

决策者开明务实，是正确对待负面事件的决定性因素。决策者特别是主要领导干部的工作作风，在特别事件的处理过程中，显得十分关键。是正确面对，还是视而不见；是积极作为，还是封堵掩盖；是正视问题，还是粉饰太平；是彻底解决，还是虚与委蛇；是以己为本，还是以人为本；是刚愎自用，还是广纳忠言；是爱慕虚荣，还是讲求实效，所有这些，都是能否正确对待负面事件的决定性因素。

决策者通达睿智，是激发新闻发布队伍聪明才智的核心因素。如前所述，我们伟大的祖先舜帝，通达睿智的重要表现之一，就是十分重视、十分信任、十分亲近"新闻官"，赋予了"新闻官"上情下达、下情上传的职责；并授予了"新闻官"不管是清早还是深夜，随时可以出入于左右的特权，这大大激发了"新闻官"忠于职守、恪尽心力的意识和行为。先祖舜帝的通达睿智，至今对于我们的各级领导者和决策者都有很大的借鉴价值。这样的做法，能够真正激发新闻发布工作者开拓性、创造性的工作热情和开展工作的积极性、主动性。

（三）必须实行智慧的管理方法

管理体制是凝聚一个单位或组织的黏合剂。管理体制和管理方法体现着管理文化。管理文化是更高层次的管理方略。有些单位和组织，管理体制或管理方法可能是相同或相似的，但具体到每一个党政机关、企事业单位，都应该有着其各不相同的甚至是独特的机关文化或企业文化。我们以企业文化为例，加以讨论。

当今，企业科学管理的理论和实践中，存在两种截然不同的企业文化模式。一是欧美模式，以美国为代表。美国企业文化的内涵和核心是"胡萝卜加大棒子"，也就是用物质刺激和严厉惩罚来激发和维持职工的工作积极性，不注重感情色彩，突出硬性管理特征。二是日韩模式，以日本为代表。日本企业文化的内涵和核心是"亲情加家庭"，就是把企业办得具有家庭特点，用感情和亲情凝聚职工，管理者不仅关心职工的工作，而且关心职工的家庭和生活，激发职工的主人翁意识，激发职工自觉工作的主动性，注重人文关怀，突出感情激励特征。

随着形势的发展，从事科学管理研究的学者更加倾向于日本的管理模式。第二次世界大战结束后，日本的企业文化模式在企事业管理中发挥了重大作用，知名企业层出不穷，经济社会快速发展，由疮痍满目的战败国迅速成为世界上第二号经济强国。值得重视的是，日本的企业文化成功地激发了职工建设性、创造性开展工作的自觉性和主动性，日本的许多产品从设计到制造都达到了非常精良的水平。

特别是日本的企业文化，有效地刺激了有关人员聪明才智、机变的发挥，常常使企业转危为安、化危为机，使企业常立于不败之地。比如，三菱帕杰罗汽车、东芝笔记本电脑等日本商品，在发生质量问题、企业面临很大危机之时，企业员工团结一致、齐心协力、巧妙谋划、机变百出，有惊无险、名声大振。其中，通过新闻媒体巧妙发布新闻，大张旗鼓地召回、检修其问题产品，公开向用户真诚致歉。结果，不仅没有影响企业的声誉和形象，反倒成了这些公司对客户、对社会高度负责任的标志，赢得了国际社会更大的信赖。这样的高明之举，绝大多数出现在日本的企业文化条件下，而不是发生在美国企业文化条件下，值得我们深思、研究和借鉴。

（四）应急体系必须灵敏高效

新闻发布工作者队伍必须素质过硬。新闻发布工作者必须具有很高的政治智慧，必须具有极强的辩证思维能力，必须十分熟悉新闻规律和社会大众的心理规律，必须对本地区、本单位、本部门的基本情况了如指掌，必须对社会上与负面事件及其对应的正面事件融会贯通，必须进行深入理性的思考，必须展开认真细致的研究讨论，必须依照科学的程序进行科学策划，必须进行周密细致的计划、安排、组织和实施，必须对全过程进行不间断的监控，必须适时依势对中间细节进行正确的调整。

发生负面事件后，如果能够科学评估、策略得当、谋略精巧、计划周到、组织严密、措施有力，能够熟悉新闻规律、科学运用媒体，讲究方法策略，正确处理问题，就不但有可能迅速摆脱困境、走出危机，还有可能使之产生正面效果，甚至有可能实现正面事件无法实现的效果和目的。这样，不仅能够有效地化解负面事件，还可能成为"扬名立信"的契机。

【典型案例】

平陆事件负面事件产生正面效果

1960年年初，发生了轰动一时的"平陆事件"——61名民工集体中毒，这是中华人民共和国成立以来最大的一起突发事件。在当时物质条件比较差的情况下，各级党委、政府及社会各界，采取了一系列有效措施，不仅成功处理了这一特大负面事件，而且产生了积极、深远的社会影响。

1960年2月2日18时，山西省平陆县负责三门峡水利工程配套的风南公路张沟段施工，有61位民工食物中毒。这是一起典型的报复投毒刑事案件，投毒犯张德才的犯罪动机是为了报复民工连副连长全某。

刚到工地时，张德才表现不错、热情勤快，赢得好评，当上了排长。民工劳动强度很大，但是，由于当时物质条件非常匮乏，伙食较差，常常吃不饱。后来，张德才因吃苦精神不强，不积极出工，被批斗了两次。张德才感到从此在人前抬不起头来，对批斗他最严厉的副连长全某怀恨在心，欲投毒报复。但他无法给全某单独下毒，就把毒药放进了大锅里，犯下了弥天大罪。

中毒事件发生后，县医院紧急救治，急需一千支二巯基丙醇特效药，且必须在4日黎明之前注射，否则，民工就有生命危险。为了找药，县医院的司药员连夜赶往三门峡市，黄河船工打破了黄河不夜渡的惯例，冒着危险将司药员送过了黄河。

同时，各级党委、政府和社会各界为了及时救治中毒者，克服困难，齐心协力，做了大量的具体工作。最后，在党中央领导下，卫生部向空军求助，空军机组人员克服了山峦重重、地形复杂的困难，连夜将急需药品空投到平陆县，县医院得到特效药之后，经过艰苦的努力，终于从死神手里夺回了"六十一个阶级兄弟"的生命。投毒者张德才受到了法律的制裁。2月6日，《北京晚报》首先刊登了记者郭仲义采写的《千里急救》报道。随后，中央媒体、地方媒体纷纷加入了报道行列，掀起了新闻报道热潮，形成了中华人民共和国成立以来从未有过的新闻报道的声势和规模。

【案例剖析】

20世纪60年代初，我国对于"平陆事件"的成功处置，是使负面事件发挥正面效应的典型案例。其中，有许多成功的经验和做法，至今对我们具有很大的启示和借鉴作用。

经验之一：新闻媒体的正确报道发挥了不可替代的作用

1960年，我国的新闻媒体结构还比较单一，中央、省级、地市级和县级四级党委和政府，只有党报和党台，其他类型的媒体很少。中毒事件发生之后，平陆县当时的县报记者最先得到消息，他们请示县委，县委领导不准报道，晋南地区的党报和《山西日报》，同样是沉默、不报道。

2月3日下午，一个通讯员给《北京晚报》记者郭仲义打电话说，山西平陆有人中毒，当地没有抢救药，现在北京的飞机要去空投药品。郭仲义立即带上照相机，跑到王府井特药商店。商店的人听说是《北京晚报》记者要求跟机采访，立即表示欢迎。晚上9时，飞机起飞。郭仲义第一次坐飞机，对空投急救药品进行了现场采访，当晚随机返回北京抵达报社后，连夜赶写稿件。对于"平陆事件"，郭仲义巧妙地选择了"救人"的角度，成功地突破了当时"左"倾思想的制约和束缚。3天后的2月6日，《千里急救》的新闻刊登于《北京晚报》第二版头条。

随后，中央人民广播电台广播了这个消息。山西、晋南等有关地区领导和记者猛然醒悟，有人感叹说，还是北京的报纸和记者有水平，"选择救人角度真妙！"于是，当地的媒体纷纷加入报道行列，通过丰富多彩的形式，如实报道了抢救经过，全国各地的报纸、广播也都给予了积极响应，扩大了新闻传播的影响。其中，以《中国青年报》推出《为了六十一个阶级兄弟》长篇通讯，影响最大、最深远，使"六十一个阶级兄弟"成为此次事件的代名词，取代了"平陆事件"。新闻报道热潮又带动了文艺界的宣传竞争。新闻界、文艺界对此事件报道和宣传的声势和规模，达到了中华人民共和国成立以来从未有过的高潮。

全国新闻媒体对"平陆事件"的报道，比较客观地反映了各级党委、政府和社会各界全力帮助救治中毒者，体现了尊重生命、团结一致、齐心协力、众志成城的时代精神，在社会主义建设极端困难的时期，鼓舞了士气，增强了信心，激发了全国人民共渡难关、建设国家的活力。

经验之二：各级领导心系群众措施得力

2月2日晚上7点，中共平陆县委正在召开扩大会议，有人进会议室找到正在开会的县人民医院王院长说："一小时前，风南公路张沟段有61名民工发生中毒，请立刻组织医务人员抢救！"主持会议的平陆县委书记郝世山立即宣布："现在要全力处理一件急事，会议暂停！"说完马上召开县委常委会议决定全力抢救。片刻，大卡车就载着负责同志、载着县医院全部最好的医生，在茫茫的黑夜里，翻山越岭，前去救治。

县里的汽车到张沟工地之前，张村公社党委书记薛忠令早已率领公社医院20多名医护人员展开了紧张救治。县里的医生到达后，经过紧张详细的会诊后，断定非用特效药二巯基丙醇不可，且必须在 4 日黎明前给病人注射这种药，否则无效！

坐卧不安的县委书记郝世山，立即派人到处找药。时至 2 月 3 日中午，在附近的山西运城县、临汾县及河南三门峡市都没有找到相关药物。郝世山果断地决定，为了 61 位同志的生命，现在只好报告党中央，向首都求援。他立即给卫生部挂了特急电话！给北京有关特药商店挂了特急电话！

于是，这场紧张的抢救战役，在两千里之外的首都接着开始了。

经验之三：人民群众齐心协力众志成城

县人民医院的司药王文明和张寅虎，没有因为药房里没有这种药而一推了之。因当时交通条件所限，两人连厚衣服都没顾得穿，连夜摸黑翻过一道道深沟险壑，跑步到三门峡市去找药。他们来到了黄河茅津渡口，当时黄河水量很大，星光之下河水拍打岸头，两个小青年明明知道夜渡黄河容易翻船落水，极其危险，但心甘情愿去冒险！深夜，老艄公王希坚被叫醒后，立即起身，打破了"黄河渡口，夜不行船"的古训，吆喝王云堂等几名船工，冒着极大风险，把人安全送到了对岸。

在张村公社医院抢救中毒者时，张村公社的广大人民群众，在物资非常匮乏、自家生活十分困难的情况下，把自己多日舍不得食用的豆腐、粉条、蔬菜、糖、细粮等当时最好的食物主动送到医院，供医务人员和病号食用，想尽办法为救治中毒者出力、帮忙。

3 日下午 5 点多，北京王府井特药商店职工王英浦到首都广安门外的库房取药，冒着数九天的寒风，拼命地蹬着载货自行车飞驰。30 里的路程，一个多小时就赶到了，被大家称为"神腿"。

晚 6 点，在北京王府井国营特种药品商店，药品箱正在紧张装箱时，服务员想到，夜间空投药箱上必须有发光设备，否则，地面人员无法找到药品。年轻女服务员李玉桥主动飞奔至五洲电料行，请共青团员贺宜安帮忙紧急制作发光设备，李玉桥帮他卖货。贺宜安和王明德把四节电池焊接在一起，接上灯泡组成一个发光体，半小时制作4个，建议安装在药箱的4个面上，空投落地时，一面被摔坏，确保其他几面还亮着。

当晚9点多，县委书记郝世山、县长郭逢恒等全部赶赴空投现场接药。

听到县有线广播的消息，成千上万的群众自发地从温暖的家中走出来，抱着大捆大捆的棉柴、芦苇、废木、碎柴，向平陆县城外的圣人涧空投场奔涌而来。空投场燃起了4大堆火光，指示空投地点。

降落伞带着闪闪的亮灯向下飘落，人流追踪着降落伞飘落的方向奔跑。县长郭逢恒迎面碰见了蒲剧剧团只有16岁的女演员杨果娃。小女孩是演小旦的，戏装也没顾得卸就跑来了，让县长感动不已。

降落伞带着药箱安全着陆，数千人簇拥着这一箱药放到了县交通局派来的一辆最好的汽车上，汽车随即向50里外的张村医院飞奔。

经验之四：有关方面通力合作不遗余力

2月3日下午4点多，卫生部药品器材处处长江冰在接到平陆县委打来的长途电话后，一边叫人通知特种药品商店赶快准备药品，一边跑去请示局长和正在开党组会议的几位部长。副部长徐运北指示：一定要把这件事负责办好，立刻找民航局或请空军支援送药！

卫生部药品器材处一边紧张地向特种药品商店催药，一边与民航局联系送药。电话中，民航局焦急地称，明天早晨才有班机去太原，那样太迟了！

当卫生部药品器材处接通空军作战部的电话时，空军已经知道了这件事，正在协调专机。原来，民航局在自己无法送药的情况下，十分负责地与空军联系，请求支援。空军作战部值班主任立即跑去请示首长，首长指示：全力支援，要办得又快又好！于是，有关人员各就各位，研究航线，研究空投，向部队下达了飞行命令。

平陆县邮政局局长董鸿亮守护在局里，确保通信畅通，把平陆至北京的长途电话变成了一条极为敏捷、随时畅通的专线。

2月3日23点30分，空军的飞机飞到预定地点，清楚地看见地面的3堆火光。为了空投准确，必须降低高度。机长周连珊驾驶飞机，迅速下降500米，巍峨的山影从机身旁掠过，非常危险。舱门打开，飞机向地面俯冲，寻找最佳空投角度，连续试了3次。最后一次，实施了准确地投放。随后，飞机在空中盘旋，确认安全空投后返航。

从平陆县委打电话向北京求援到药品从天而降，涉及了许多单位，牵动了很多人的心。可是，全部复杂的辗转过程只用了8个多小时，现在看来都是惊人的高速度！

经验之五：负面事件产生的巨大的正面效果

61名民工得到成功救治后，在全国产生了强烈反响，极大地激发了广大人民群众大干社会主义的积极性和主动性。写给党中央和毛主席的信，像雪片般飞到了北京。

在从芮城风陵渡到平陆南沟的筑路施工工地上，民工们展开了劳动竞赛，由过去每人每天挖15方土增加到30方，工效提高了一倍。有的人更是一天干了3天的活！大家决心提前3个月修好这条支援三门峡水利工程建设的公路。同时，受此鼓舞，全国各地的施工工地上，也在创造着无数的奇迹！

热爱党、热爱社会主义的纯真感情达到了高潮。不怕苦、不怕累，大干社会主义的热情和干劲得到了充分激发。一方有难、八方支援的社会主义新风尚得到了充分弘扬，全国人民达到了空前的团结，为党领导下的战胜3年自然灾害奠定了群众基础。

同时，我国新闻媒体对于"平陆事件"的报道，开创了中华人民共和国成

立以来报道负面事件的先例，为我国新闻媒体成功报道负面事件积累了成功的经
验。更重要的是，对各级党委、政府，有关部门和单位的领导干部如何正确处理
负面事件提供了重要的成功经验，为如何通过新闻报道使负面事件发挥积极的正
面作用提供了成功的典范。

第五节
有心栽花花不开，无意插柳柳成荫——新闻发布的禁忌

近年来，有些地区和部门组织的新闻发布活动存在一些问题。特别是负面事件的新闻发布，存在的问题更多，有些问题直接导致了问题的复杂化、扩大化，应该引起我们的高度重视。新闻发布工作，以尊重新闻规律为基础，以事实为前提，以化解矛盾为目的，以解决问题为依托。

新闻发布工作要达到两个要求、实现四个目的。正面事件的新闻发布，至少要达到两个要求，即公开信息、说明情况；负面事件的新闻发布，至少要实现四个目的，即公开信息、说明情况、消除疑虑、化解危机。其中，最重要的是不能违背新闻规律，不能违反新闻发布的禁忌，要注意以下几个问题。

一、要提供尽可能丰富的材料

有些单位组织新闻发布活动，特别是组织负面事件的新闻发布会，常常是匆匆忙忙开始、潦潦草草结束，前后不过十几分钟。这样的新闻发布会，会让带着新闻单位交给的深度报道任务、从四面八方远道而来的记者产生误会。记者会认为没有得到起码的尊重，会有一种上当受骗，被捉弄、被愚弄的感觉。带着这样的情绪，许多记者很可能不会认真报道发布的内容，而可能找你发布内容的弱项，然后进行自行采访、公开报道。

有些单位组织的新闻发布活动，往往把发个通稿当成新闻发布活动的中心内容、主要目的甚至唯一目的：错误地把组织新闻发布的核心工作和中心任务，

放在了新闻通稿这一单一、具体的形式上，把主要精力放在了撰写新闻通稿上；组织能写善辩人员，反复研究、反复推敲、反复修改、避重就轻、闪烁其词，大做文字游戏，最终，把一篇字数少得可怜的新闻通稿改成了一篇毫无实质性内容、通篇官话、左右逢源、进退自如、十分圆滑的官样文章，整篇新闻通稿显得非常空洞无物、虚无缥缈；在大张旗鼓、劳神费力召集的新闻发布会上，把通稿一读、一发了事。

新闻发布工作最基本的功能是公开信息。所以，新闻发布工作最重要的是要为新闻媒体和记者提供尽可能多、尽可能丰富的直接材料和背景材料。通常，党报党台，侧重于各级党委和政府采取的有效措施和取得的最新成效；都市文化类媒体则侧重于具体细节和民意民生；以网络为代表的新兴媒体由于不受版面、时段等客观条件的限制，其对于有关材料的需求则是多多益善。所以，在新闻发布过程中，要区别不同类型媒体，有针对性地准备相关材料，尽量满足各类新闻媒体的需求。这样，就能有效防止和避免一些媒体因为正当渠道的材料来源不能满足其报道需求，而进行随机、随意的自行采访，甚至从旁门左道挖掘小道消息，造成新闻传播失真。

在发布新闻特别是发布负面事件新闻的过程中，新闻通稿仍然不失为一种比较好的新闻发布形式。但是，要切记两点注意事项。一是新闻通稿应配以相关材料。也就是说，在正式发布新闻通稿的同时，要为新闻媒体和记者提供相应的背景材料，作为新闻通稿的必要补充，以有效弥补新闻通稿信息量不足的缺陷，防止道听途说之类失真报道的传播。二是新闻通稿与通讯稿紧密结合。如前所述，在组织撰写新闻通稿的同时，一刻都不要耽搁，立即组织党报党台等骨干新闻媒体的中坚力量，迅速赶赴事件现场，寻找相关人员，进行深入采访，以新闻通稿发布的内容为主线，尽快撰写更加详细、更加深入的通讯稿，有力地支持和配合新闻通稿。由于篇幅、深度和信息含量不同，新闻通稿和通讯稿可能不能同时发布、刊播，但要确保两者一前一后刊播。新闻通稿和相应通讯稿刊播的时间差越小，则不实消息传播的空间就越小，有效引导舆论的主动权就越大。

【典型案例】

湖北石首事件带来的启示

湖北省石首市是地处湘鄂交界处的一个县级市，县城人口约10万人。受历史文化的影响，百姓颇具楚风遗韵，性情耿直刚烈。

2009年6月，因为一名青年厨师的"非正常死亡"事件，石首市成为新闻媒体和社会各界关注的焦点。

2009年6月17日晚上8点多，石首市区永隆大酒店23岁的年轻厨师涂远高，从酒店楼上坠落，当场身亡，死者上身赤裸。

警察勘验后，称在死者所住房间发现一封遗书，法医认为是自杀。警方通知殡仪馆，要求将死者尸体运走。但死者家属坚决反对，他们不相信只有23岁的涂远高会跳楼自杀，并产生了许多疑问：为什么没有出血呢？下巴、脖子和胸口上的青紫伤痕是怎么来的？遗书是真的吗？

事发后，永隆大酒店大门紧锁，无人出面处理问题。愤怒的家属砸破玻璃门，将尸体抬进了酒店大厅，要求查明死因。

永隆大酒店在县城本是一家中档酒店，所有者是当地一个有影响力的企业家张永隆，现在已承包给他人经营，但当地群众对这一情况既不知情，又没兴趣。石首事件发生后，各种传言、传闻开始在市民中传播。这些传言几乎一边倒地站在死者家属的立场上，认为永隆大酒店存在问题。

事发后两天，当地众多群众长时间、持续围观，少时数千人，多时达七八万人，交通陷入瘫痪，部分群众与四处赶来的警察发生了冲突，多辆消防车和警车被砸坏，引起了社会各界的广泛关注。

19日，事发后第3天，石首市政府网站发布题为《我市发生一起非正常死亡事件》的消息，内容不到500字。消息称，众多不明真相的群众设置路障，围观起哄。

20日，事发第4天，随着网络论坛和媒体对此事关注激增，石首市政府发布致全市人民的公开信，表示要严格依法查明死因，号召市民不要被少数不法分子蛊惑，不信谣、不传谣、不围观、不起哄。

22日，事发第6天，湖北省委书记、省长亲赴石首市处置该事件。

23日，事发第7天，荆州市委书记应代明表示，坚决将"6·17"事件查个水落石出，案件由省公安厅指导督办，荆州市公安局成立专案组办理案件，请国内最权威的专家主持尸检。

事发后第9天，25日凌晨3点多，石首官方与涂远高家属签署协议，最终的安抚金额为8万元。凌晨5点多，涂远高遗体即完成火化。上午8点，石首市政府网站发布消息，"权威法医专家鉴定结论：涂远高为高坠自杀死亡"。

【案例剖析】

笔者认为，许多特别事件的产生、发展、演变、扩大直至恶化，都与当地政府新闻发布工作存在的缺陷具有直接的关系。通过客观分析和理性思考，笔者认为湖北石首"6·17"事件带给我们许多启示。

启示之一：矛盾的长期积累提供了各种传闻产生的温床

传闻与谣言存在很大不同，谣言常常是无中生有，而传闻则往往是事出有因、无风不起浪。特别是在社会矛盾经过长期积累，达到一定程度之时，有关传闻随时都有可能出现。

准确地讲，传闻属于新闻传播范畴，传统传闻表现形式主要有街谈巷议、口口相传等，是新闻传播最基本的形式。在漫长的历史长河中，传闻在信息传播过程中，始终占据着非常重要的地位，在基层广大人民群众中有着非常广泛和深远的影响。

根据记者的调查，湖北石首"6·17"事件发生之前，积累了许多与之相关的社会矛盾，为各种传闻的产生提供了适宜的温床。

2002年8月11日中午，也是在永隆大酒店，16岁的服务员田凤，在酒店工作两个月后，坠楼身亡。家属停尸14天。官方最终认定是自杀，强制火化。家属反复奔波上访，没有结果，给石首市民心中留下了阴影。

7年后，涂远高又坠楼身亡，强化了死者家属和许多市民心中的阴影，并产生了强烈的质疑：永隆大酒店又是一起同样的"自杀"？会不会还是同样的处理结果？

一些传闻称，在永隆大酒店垃圾堆里发现大量一次性注射器，群众产生了疑问："这家酒店与毒品有关？"

近年来，毒品泛滥并引发治安状况恶化，不少吸毒者靠抢劫、盗窃、敲诈勒索、卖淫、以贩养吸等方式获取毒资，令石首市民非常不满、怨声载道。

听说在永隆大酒店垃圾堆发现被丢弃的注射器后，群众对永隆大酒店的愤怒情绪被激化。有人质问："这家酒店到底是做什么的？这次一定要查清楚！"群众需要明确的答案。但石首官方保持缄默、失语。

另外，通过采访当地群众，记者发现地方政府对群众的利益诉求重视不够，不注重解决群众反映强烈的实际问题，在处理涉及群众切身利益的社会矛盾时，方法简单，甚至粗暴，导致矛盾的积累，影响了干群关系，使群众对政府产生了疑虑，这也是导致事态扩大的重要原因。比如，当地最大的国有企业石首市水泵厂改制时，原厂区变身为房地产项目，对原厂工人安置不到位，工人大多下岗，不少住在工棚之中。工人曾堵住工厂大门抗议讨说法，被200多名警察强制清场、驱散。

对于石首市政府的不作为，小河口镇新江村和南河口村村民意见很大。政府引资在当地开设的一个钒厂，严重污染环境，当地村民多次到工厂阻止开工，政府都没有给予重视。2008年6月11日下午，19辆车载着100多手拿砍刀、棍棒的人来到两村，袭击村民，造成40多名村民被殴打砍伤。事后，受伤村民虽然获得赔偿，但钒厂依旧没有被关闭，反而扩大了规模。

启示之二：话语权的缺失造成了政府的被动

事发80小时后，石首市政府网站才发布了题为"我市发生一起非正常死亡事件"的消息。

《人民日报》发表评论员文章指出，石首事件的起因是一起非正常死亡案，面对诸多疑问，警方的解释未能成功说服死者家属和公众。在长达80小时内，一方面是政府的新闻发布语焉不详，一方面是网友借助非正式媒体发布信息、探寻真相。据不完全统计，在这段时间里，体现政府立场的新闻稿只有3篇；而一网站的贴吧中，就出现了近500个相关主帖，在一些播客网站，出现了不止一段网友用手机拍摄的视频。

石首事件再次提醒有关政府部门和领导干部，如何妥善应对当今社会信息传播和意见表达多渠道、互动性的新局面。长期以来，党和政府十分重视传统媒体如报纸、电视台的新闻宣传和舆论引导，近年来政府上网和党报新闻网站建设也取得长足进步，但要统一思想达成共识，还有很多工作要做。

在网络时代，每个人都可能成为信息渠道，都可能成为意见表达的主体。有个形象的比喻，就是每个人面前都有一个麦克风。这对舆论引导提出了更高的要求。面对突发事件，政府和主流新闻媒体仅仅发布信息还不够，还必须迅速了解和把握网上各种新型信息载体的脉搏，迅速回应公众疑问，这需要政府尤其是宣传部门具有快捷准确的舆情搜集和研判能力。如果在突发事件和敏感问题上缺席、失语、妄语，甚至想要遏制网上的"众声喧哗"，既不能缓和事态、化解矛盾，也不符合党的十七大提出的保障人民知情权、参与权、表达权、监督权的精神。在互联网、移动通信支撑的社会多元表达平台上，政府发声和舆论引导需要比过去更高更强的能力。在这方面我们有过成功的经验。汶川地震紧急救援时期，政府一天一场有时是好几场新闻发布会，主流媒体放开新闻报道，互联网、手机、无线电、卫星通信等新技术传播媒体也各显神通，保障了灾情和救灾工作的高度透明。信息开放的结果极大地振奋了民族精神，增强了社会凝聚力，也提高了政府的威望，加深了政府和人民的血肉联系。

信息透明有助于提升政府的公信力，这是汶川大地震中成功经验的启示。在中国社会转型期，面对错综复杂的利益调整，各级政府理应发挥作用，促进社会各阶层意见和利益的均衡表达与顺畅沟通，促进干群之间的对话沟通，随时注意倾听民意、化解矛盾，维护社会稳定和健康发展。

石首事件发生在新形势下，由于网络、手机等新兴媒体的加入，不仅为传统传闻提供了更加广阔的传播空间，而且有效地放大了传统传闻的声势和强度，成为现实舆论场中的一个组成部分，具有典型的汇聚效应、放大效应和扩展效应等特点。

同时，传统民间传闻舆论场与新兴媒体传闻舆论场会相互影响、相互引用、相互策动、相互激荡，产生叠加效应，形成舆论共振。如果不进行及时、有效、科学的干扰和干涉，则共振的频率会不断增大、共振的幅度会不断放大，最后产生难以预料、难以控制的后果。

启示之三：不谨慎地使用强制措施导致了事态扩大

地方政府在解决正常纠纷等人民内部矛盾过程中，过度使用警力，造成警民关系不融洽，也是导致事态扩大、演变、恶化的重要原因之一。

记者在采访中了解到，在石首，官方参与的"抢尸事件"发生过不止一起，最近的一起就发生在十几天前。6月1日晚，石首市久合垸乡袁家荡村六组农民黄中刚因身体不适，到当地焦市卫生所诊疗。之后，在转院治疗的救护车上死亡。妻子成先兰及家属停尸医院讨说法。在未达成协议的情况下，石首市公安、政府干部和社会人员上百人抢走尸体，强行火化。医疗事故鉴定为医院没有责任，补偿家属4万元。在向记者提起抢尸时双方力量的不对等和不公平的场景时，成先兰悲愤交加、潸然泪下。

6月18日凌晨1点多，承包永隆大酒店的两名女老板和政府人员与死者家属谈判，提出补偿3万元安葬费。家属没有答应。石首市公安局再次要求将尸体运至殡仪馆。在现场围观者的强烈支持下，家属再次拒绝。

上午9点多，酒店两名女老板和警方人士约家属在酒店的客房部再次谈判，没有达成协议。石首市公安部门再次要求，下午5点之前一定要搬走尸体。死者家属见势单力孤，于是跪在大街上，请求围观群众支援，帮助守住尸体，获得了众多群众的响应。

当晚，当地公安部门和政府工作人员，试图进入酒店运走涂远高的尸体，被拦在酒店外面。在围观群众集体阻止下，警方被迫退却。此时，现场的视频、照片和文字不断被传至互联网上，引起各地网民的高度关注。

19日上午，高基庙镇领导和派出所出面，向涂德强等家属提出，签字认可自杀结论，酒店方先出3.5万元安葬费，以后的钱再说。家属回应我们不要钱，就是要给个交代，人是怎么死的？协商未果。

政府方面选择了强硬的态度并加强了力量。下午2点多，从荆州调来的200多名武警出现在街头，加上当地公安及政府有关人员总计500余人，分乘20余辆车，开进酒店所在的东岳山路。

围观人群被彻底激怒。约2000名群众拿起砖头、啤酒瓶、椅子，阻止前进。冲突中，警方保持克制，没有还手，被群众驱赶到400米外的车站。高基庙派出所的一辆警车被砸坏、掀翻。两段用手机拍摄的视频很快就出现在了互联网上，标题极具震撼性——《石首战争！》。

此时，石首市市长张善彩出现在永隆大酒店对面"健康门诊"的四楼，用高音喇叭对下面的人群喊话："大家不要闹事，死者是跳楼自杀的，不要被一小撮人蒙蔽……"

此举导致了楼下成千上万群众谩骂和群起攻击，砖头、石块、啤酒瓶如漫天飞蝗，向市长张善彩一齐砸去，虽然绝大部分没能砸上四楼，但"健康门诊"的玻璃所剩无几。

有人开始募捐，"大家都丢钱，让家属去告状！"短时间内募集了上万元捐款。还有人买来成箱的啤酒。围观者把酒店大门用椅子堵住，阻止他们担心的警方"抢尸，强行火化"。永隆大酒店附近的主干道和小巷挤满了人。围观者还在东岳山路、东方大道设起路障，阻止警方人员进入。

晚上，现场街区突然停电。但现场群众早有准备，早已用募捐的钱买来了发电机，冰棺得以继续工作。家属买来了两桶汽油，并在尸体旁放了十几个煤气罐，以示决心。

20日清晨7点多，警方消防车再次试图进入现场，并试图用水柱驱散人群。在被水柱冲散后不久，人群立即开始反击，向武警投掷砖头、石块和酒瓶，现场有七八名武警战士受伤。有人喊道："我们不打当兵的，只砸车。"将轮胎扎穿、消防车砸坏。双方形成拉锯、对峙态势。

上午10点，更多的民众拥来，武警再度撤离。当天，从皇叔街一直到笔架中学，长达1300米的街道挤满了群众。

下午，一股大火从永隆大酒店一楼燃起。火势渐次汹涌，并烧向二楼、三楼。目击者称，纵火者是一个年轻人，点了火就跑了。

关于纵火的动机，又出现了不少猜测和传闻，有的说是要制造混乱，以利于抢尸体，有的说是为了毁灭证据，有的说是不法之徒故意搞破坏，等等。现场的群众越发觉得需要坚持到底。

"石首事件"的演变、异化和升级，引起了中央和省领导的高度重视，对事件的处理做出了重要批示、提出了明确要求。公安部、武警总部、湖北省、荆州市党政主要领导，迅速成立了事件处置领导小组。

当天，中共湖北省委书记罗清泉、省长李鸿忠赶到石首，现场指挥处理。从湖南、河南、湖北三省调集的5770名武警也陆续赶到。武警晚间封锁了现场入口，只准出不准进。

21日凌晨5点，守候在永隆大酒店外面的群众疲惫不堪。街上传来武警大举开进的声音，高音喇叭随之响起："请围观群众迅速离开，否则后果自负……"

列队的武警排成方阵，用警棍敲打着盾牌，整齐有序地向前推进。没有出现激烈冲突的场面。有一名中年女子因为人群涌动，被挤得摔倒在地，被两名武警战士迅速架起，带往路边。围观的人群一点点儿后退。

高音喇叭中传出了死者哥哥涂远华的声音："我以涂远高哥哥的身份，希望大家离开现场……"涂远华当众宣读了与政府达成的十条协议，包括遗体运往殡仪馆、待尸检结论公布后才火化等。现场的人群终于开始退却。一辆车开至酒店门口，戴着钢盔的防暴警进入了永隆大酒店。涂远高的遗体被迅速抬上车，送往石首市殡仪馆。

大规模聚集的人群由此渐渐散去。当晚，事态基本平息，大量武警撤离。一片狼藉的现场被清理完毕，只剩下了被烧毁的六层酒店，黑洞洞的大门和窗户显得格外刺眼。要完全修复酒店、恢复原状，需要时间。

启示之四：不恰当地发布信息造成了火上浇油

17日，事件发生后，石首市政府可能没有把酒店先前出现的一系列问题与本次事件联系起来，认为只不过是一起普通的亡人事件，交由公安部门处理即可，没有引起高度重视。

随后，社会上各种传闻不绝于耳、甚嚣尘上。传闻迅速填充了舆论场的空白，形成了首声效应，使政府在舆论引导上出现了被动。这些传闻推动着事态不断发展、不断扩大。此时，政府应当高度重视，迅速采取有效措施，对舆论场实施正确、科学的干扰和纠正。但政府恰恰没有做到这一点，形成了更大的被动。

当出现了停尸酒店、大众围观、交通瘫痪、警民冲突、警车被砸等事件不断升级后，政府却于事件发生后的第3天发布了一条非常简短、语焉不详而又刺激公众情绪的消息，对于正在发生的事件，起到了消极的作用。比如，消息中使用了"众多不明真相的群众""起哄"等贬义词，让公众感到了政府居高临下的态度和对公众的不平等。

20日，面对民间舆论场和新兴舆论场的强大共振，在现场群众群情激愤的情况下，政府发表了致全市人民的公开信，号召市民不要被少数不法分子蛊惑，不信谣、不传谣、不围观、不起哄。公开信中，明显把死者家属及同情死者家属的群众推到了对立面。同时，号召"市民不要被少数不法分子蛊惑"的说法，也有贬低群众智商、矮化社会公众之嫌，引起了更加众多围观群众的反感和不满，进一步激化了矛盾。

中央电视台新闻评论员公开发表言论并进行质问：过去的很长时间里，我们经常听到这样的语言，"不明真相的群众""少数不法分子"或者"少数别有用心的人"。我们先说多数的人，不明真相的群众应该是多数是吗？既然他不明真相，让他明白了真相，这个多数不就择出来了吗？再说"不法之徒"这个说法，既然是"不法之徒"，为什么你没有对他依法处置？那就说明你还没有证据，没有证据你凭什么叫他"不法之徒"？这是荒唐的说法。我们再说"别有用心"，法律上是否有"别有用心"这样的定罪？如果没有，是否可以因心定罪？你怎么能够猜测到他是"别有用心"？即使别有用心，如果没有触犯法律的相关条款，又如何因你的猜测而定罪？从某种角度来说，这样的语言其实也违法。

石首市市长张善彩站在高楼上，用高音喇叭对现场人群喊话，其喊话内容的潜台词，明显地表达了这样的意思：在这里围观聚集的人都是在闹事违法。客观上，让现场的群众感觉到，政府把我们大家都当成了违法犯罪分子来看待。此举无异于火上浇油，把现场更加广大的社会公众再向对立的方向推了一把，进一步加剧了群众的对抗情绪，招致千夫所指、抛砖、丢石、砸酒瓶的结果是在所难免的。

要修复被烧的酒店很容易，但要想彻底修复因当地政府处置不当、造成政府与众多群众不应有的对抗，有效消除给石首民众造成的心理阴影，则要难得多，需要石首市委、市政府与广大人民群众长时间的共同努力。

二、内容要科学巧妙

新闻发布的内容，特别是新闻通稿，要在切实做到准确、精练、庄重、朴实的基础上，尽量做到科学、巧妙。也就是说，新闻发布要做到言简意赅、化繁为简、举重若轻、解疑释惑。

（一）新闻发布的表述要准确恰当

表述准确是对口头语言和书面语言表述最基本的要求。表述准确，才能传情达意，才能实现新闻发布的意图，达到公开信息、说明情况的目的。否则，就会引起记者的误解，造成信息的首传失真，导致难以挽回的影响。

1. 内容表述要准确

语言表达准确是一切文章的共同要求，对于新闻发布更加重要，因为新闻发布存在强烈的首声效应，一旦表述不准确，产生歧义，要想纠正会非常困难，很可能会形成误会、产生危机、加重危机或造成新一轮更大的危机。

2. 语言表述要恰当

新闻发布的内容表述不得使用容易产生歧义、令人费解的语言，要选用最恰当、最能表达特定事物的词汇和语言。要尽量做到使用的词汇和语言具有不可替代性，任何其他词汇都没有这个词汇更能确切、圆满、恰到好处地表述这一事实。做到这一点很不容易，必须具有较强的文字表述能力和语言表达能力。

3. 使用词语要贴切

发布新闻时，不论语言表达还是文字表述，要注重辨明词义，力求用词最贴切、最准确。这一点对于发布新闻的准确性极为重要。汉语词汇十分丰富，可以表达同一个意思的同义词非常多，这为语言表达的准确提供了有利的条件。同义词的含义非常接近，而又有着细微的差别。非同义词的选用只有正确与否之分，而同义词的使用贴切与否，则存在表述是否准确之别。因此，用词贴切与否，是表述准确与否的关键。

4. 要注意同义词词义的细微区别

在新闻发布过程中，每说一句话、每写一句话之前，都要对同义词的词义仔细加以辨别，正确区分出细微的差别，进而选用最贴切、最精确的词。主要从几方面辨别：一是词义的程度不同，如想念、惦记、牵挂等；二是语义的轻重不同，如认可、肯定、赞成、赞扬等；三是语义的规模和范围不同，如战斗、战役、战争等；四是使用对象不同，如爱护、拥护、爱戴等。

在发布新闻过程中，有时语言使用不当，可能会伤害受众的感情，产生不必要的误会，甚至可能激化矛盾，所以，要仔细分辨词语的感情色彩和风格色彩。感情色彩主要指是褒义、贬义，还是中性。风格色彩主要指是庄重还是随和，是口头语言还是书面语言。比如，传言、传闻、谎言、谣言、造谣等。

为使语言表达准确，还要注意词语是指人还是指物，是主动还是被动。有的词只适用于人，有的词只适用于物，不能混用。

（二）新闻发布的表述要简练明确

新闻发布的内容具有很强的目的性、针对性。新闻发布的目的是为了尽快说明情况、充分公开信息，针对的是社会大众。所以，无论是语言表达还是文字表述，都要力求简练、明快。

1. 语言结构要简单

要多用单句、少用复句，要多用短句、少用长句，要多用直陈、少用修辞。比如，"事件发生后，县委高度重视，立即成立了10人调查组，县委书记亲任组长，对事件展开了调查。通过一天的认真调查，初步认定，这是一起由普通民事纠纷引发的群体事件，属于人民内部矛盾。经过调查组调解，双方情绪趋于稳定，正在积极协商，解决问题。请大家相信双方群众的基本觉悟，相信县委有能力圆满解决此事。"

2. 要避免语言的堆砌

新闻发布的语言要力求准确、直接、简练，避免赘余，不能故弄玄虚、故作高深，避免不管是否必要、有用无用，不负责任地将一些"漂亮"词语、"新名词"堆在一块，让人看了眼花缭乱、扑朔迷离，此举不仅无益，而且还会造成新闻发布的中心内容被淹没、隐晦，影响新闻发布的效果。

3. 新闻发布的表述要明确

发布新闻时，特别是发布负面事件的新闻时，最重要的是要表明立场、表明态度、表明措施、表明信心。比如，"事故发生后，县政府高度重视，立即成立了10人调查组，县长亲任组长，对事件展开了调查。通过一天的认真调查，初步认定，这是一起严重的责任事故。目前，调查正在深入进行，直接责任人已被有效控制。县政府决心，一定要尽快查清事实，严格依照有关政纪法律，对相关责任人严肃查处，决不姑息。"此时，绝不能遮遮掩掩、闪烁其词，让人感到政府态度暧昧、立场不明、消极观望、信心不足。

（三）新闻发布的表述要朴实直白

新闻发布要纯朴、实在、直接、明白，要力争用简短的语言和文字，迅速将问题说清楚、把事情讲明白，达到公开信息、通报情况、统一认识、消除疑虑的目的。

1. 新闻发布的语言要平实

新闻发布使用的语言最好不要带有强烈的感情色彩，语言要简洁、实在，多用常用语言，不用或少用冷僻词语；多用理性的语言，少用感性语言。直接、客观地进行表述，能够使受众清楚地了解和理解正在发生的事实即可达到目的。尽量不使用带有强烈感情色彩的文学语言，不要通过具有感染力的描绘和渲染，刺激记者和受众的感情和情绪。

2. 新闻发布的语言要朴素

新闻发布的口头语言和文字语言要力求做到朴实无华、诚恳实在，使用简洁、浅显、通俗的语言发布新闻。不要追求华丽的辞藻，避免进行过分的语言修饰，尽可能不使用修辞手法。如果用词过于繁华绚丽，大量使用形容词之类的修饰，过多运用各种修辞手法，不仅会让人感觉到浮夸、不实甚至虚假，而且让人产生不必要的联想，增加发布内容的不确定性。

3. 新闻发布的语言要明白

新闻发布最重要的是把事情讲清楚，把问题说明白。要努力做到言不需解、言不费解，让人一听就懂、一看就明白。新闻发布，特别是突发事件的新闻发布，具有很强的针对性和时效性。所以，无论是语言表达还是文字表述，无论是记叙、说明还是议论，都必须开门见山、直截了当、一针见血，一下子表明意图，让受众和记者从语言的表达中直接了解到发布者的目的。不能有话不直说、绕圈子，或者隐晦暗示，让人从文字的背后去解读和领会出某种意图。

【典型案例】

杞县新闻发布不科学造成群众集体外逃

2008年6月7日，河南省杞县利民辐照厂在生产过程中，对一批辣椒粉完成辐射照射后，旁边货物突然倒塌，把放射源卡在了井口，无法放回水井。事情发生后，有关方面采取了一系列措施，想方设法排除故障。这本来是一起生产故障，但由于放射源是钴-60，很容易让人产生"核辐射""核泄漏""核爆炸"等骇人的联想，使群众产生了大面积恐慌。这一十分特殊的情况，没有引起政府应有的重视，没有及时发布权威消息，消除民众的恐慌。

利民辐照厂故障事件的处理并不顺利。6月14日15点，由于没有排除故障，辐射源不能正常回到水井中，辐照室内的辣椒粉由于长时间照射，温度过高自燃。消防及环保部门紧急采取注水、灭火等措施，自燃事件于当晚12点得到控制。这更加剧了民众的不安和恐慌。

随即，各种传闻和传言在民间、网上广为传播。直到事发一个多月后，7月12日下午，开封市政府才召开新闻发布会，首次就杞县利民辐照厂卡源故障向新闻媒体和社会公众正式通报有关信息。

下面是新闻发布会的主要内容。

新闻发布会通报，6月7日2点，杞县利民辐照厂在完成辐照辣椒粉作业后，进行降源时，发现放射源无法降入放射源井内，造成卡源故障。企业负责人立即将卡源情况上报了省环保厅、市环保局及环保部北方核与辐射安全监督站。该厂是一家民营企业，自1997年建成投运至今，从事辐照作业，主要用于对方便面调料包、辣椒粉、中药材、大蒜等辐照灭菌，其持有环境保护部颁发的辐射安全许可证。

接到报告后，省环保厅、市政府高度重视，迅速指派有关专家在第一时间赶赴现场。经调查确认：放射源未能降入放射源井内的原因是因被辐照的货物倒塌，造成放射源护源架倾斜。根据该情况，省环保厅会同专家立即采取了5项措施。一是启动应急预案。市环保局、杞县人民政府、杞县环保局负责日常监管，省、市环保部门各派一名专业技术人员进驻现场监测，并实行日报告制度。二是在周边区域设立明显标志，严禁无关人员进入警戒区域，实行双人双岗24小时值班，严格执行安全保卫制度。三是责成业主尽快委托有资质的处置单位制订处置方案，聘请专家评审论证，将确定的处置方案上报环保部批准后实施处置。四是在处置方案未获批准前不得擅自行动。五是处置过程要充分尊重专家意见，科学处置，确保万无一失。

6月14日15时，放射源室内辣椒粉因长时间受到辐照积热发生自燃。有关部门采取了注水等措施，引燃物于次日零点得到有效控制。经省职业病防治所对注入放射源室内的水进行采样分析监测显示，水体及周边环境未受到污染。

6月15日，环保部核安全司放射源处及北方核与辐射安全监督站派出专家组赶到现场指导处理工作。他们认为，河南省各级政府和环保部门对故障高度重视，且组织严密、措施得力，确保了放射源处于安全状态。同时，要求今后一要继续注水，防止货物燃烧，保证放射源安全，确保现状稳定；二要尽快制订处置方案，报批后实施，彻底解决卡源问题。

按照要求，6月20日，该厂与西南科技大学达成了协议。目前，"机器人降源处置方案"已编制完成，待专家评审论证并经环保部审批后即可开始处置。

新闻发布会介绍，此次卡源故障未发生人员伤害。7月11日，省辐射安全技术中心最新监测结果显示：周边环境辐射剂量为0.09～0.12微戈瑞/小时，低于省环境天然辐射剂量平均值0.134微戈瑞/小时，放射源至今完全处于安全状态。根据原国家环保总局有关辐射事故分级的规定，该卡源情况不属于辐射事故。

（新闻发布会内容选自2009年7月13日《大河报》，有改动）

这次新闻发布似乎并没有收到非常理想的效果，没有有效挤压各种传闻的传播空间。在政府信息严重缺失、各种传闻推波助澜之下，终于演变为全县民众大逃亡事件。2008年7月17日下午1点，河南省杞县大街、小巷、村镇、道路，人声鼎沸，人车混杂，喇叭齐鸣。拉满人的拖拉机、三轮车、摩托车挤成一团，老百姓如惊弓之鸟，一窝蜂地争相往外地逃命。"杞人忧天"古老的故事，重现于河南省杞县原发地。

【案例剖析】

认真深入地分析和解读这次新闻发布会的内容，就会发现不是很科学、很巧妙，还存在一些隐性缺陷和潜在不足。所以，此新闻发布会所发挥的作用是有限的，难以完全实现政府发布新闻的目的。以后发生的事实，也充分证明了这一点。

其一，符合常规要求，未能满足特殊需要

如果是一般生产企业、一般生产故障，那么，开封市在新闻发布会上公开发布的内容，应该说基本上符合新闻发布工作的要求，不存在什么大的问题。

但是，利民辐照厂是一个非常特殊的企业，出现故障的部位又是更加特殊的核辐射源，这个事件就显得格外特殊、格外引人注目了。按照常规企业的一般性生产故障发布新闻，显然是不合适的。如果政府存在试图通过新闻发布会，有意识地淡化事件在人们心目中的特殊性，那就是一厢情愿的想法，导致了掩耳盗铃的行为。主观上的良好意图，导致了客观上的不良后果。

其二，讲清了来龙，未说清去脉

新闻发布会公开发布的信息，客观、真实地说清了故障产生的原因、经过及进行的一系列处理过程，讲清了故障的"来龙"。这种不遮不掩、实事求是的公开表述，是值得充分肯定的。

但从客观上讲，政府权威的新闻发布会，向公众传达和证实了三个事实：

一是辐射源确实出现了故障，二是目前放射源处于安全状态，三是故障仍然没有排除。

当地群众得到这样的可靠信息，面对十分特殊的涉核故障，很容易、很自然让人想道：放射源目前处于安全状态，以后能不能确保一直处于安全状态？都一个多月了，故障还没有排除，到底能不能排除？能不能成功排除？排除失败会不会引发更大的危险？而这些关键性问题，新闻发布会都没有明确说明和回答。也就是说，没有讲清故障的"去脉"。

其三，采取了措施，未取得成效

新闻发布会上公开说明，故障事件发生后，省环保厅会同专家立即采取了5项非常严密、非常严格、非常到位的措施。

这些措施的公开，一方面表明了政府的高度重视、认真负责和积极作为，另一方面客观上却让当地群众感觉到，政府采取这样严格的措施，说明问题非常严重，政府长时间不公开，是有意安抚老百姓，防止群众恐慌。

特别是通过新闻发布，当地群众看到，政府采取了这么多措施，用了一个多月的时间，却毫无效果，说明这个问题很难解决，十分棘手，进一步加剧了群众的不安和恐慌。

其四，说清了事实，未消除疑虑

新闻发布会对故障事实表述得非常清楚、非常真实、非常到位，说明了事件真相。但是，由于表述方法不通俗、不科学，不仅没有有效消除当地群众的疑虑和恐慌，而且客观上把当地群众的注意力转移到了故障能否顺利排除上。

新闻发布的对象是普通群众，所以，发布的新闻内容，不在于科技含量有多么高，也不在于用词造句有多么完美，关键是要让群众一听就懂。要善于用通俗的语言和形式，把高深莫测的问题大众化，把纷繁复杂的问题简单化。这就是新闻发布活动中十分重要的、不容忽视的策略问题和技巧问题。

在处理新闻发布的内容与形式的关系上，北京专家的说法显得更加科学，值得借鉴。逃亡事件发生后，中国原子能科学研究院博士肖雪夫来到杞县，向群众宣传放射知识时，打了个比方："老虎非常可怕，但只要关在笼子里就非常安全。利民辐照厂的钴-60放射源就是关在笼子里的老虎，外面的6道防护层都非常安全，完全处于可控状态。"十分形象地说明了故障的现状，有效消除了当地群众眼前的恐慌。肖雪夫接着说："目前，全国这类放射源共有56个。以前，也有几个地方发生过类似故障，都被专家制订科学方案排除了。"用事实说明了故障是完全可以排除的，从根本上消除了当地群众对故障处理前景的担忧。几句话一说，群众一下子就听明白了，恐慌的情绪一下子就烟消云散了。

三、不能自相矛盾

内容自相矛盾、说法前后不一是新闻发布工作的大忌。政府或组织发布的新闻，特别是关于负面事件的新闻，一旦让新闻记者和社会公众产生了自相矛盾的感觉，则不仅会引发强烈的质疑，还会激发媒体和公众对新闻发布主体责难、围攻的情绪，具体表现为纵向追究历史旧账、横向与反面典型相联系，把新闻发布主体揭得无处藏身；或者纵向、横向都与正面典型相比较，把新闻发布主体比得无地自容。出现这样的情况，毫无疑问地会引发了新一轮危机。所以，在平时的新闻发布工作中，要尽力避免自相矛盾。

（一）新闻发布的内容不能与事实相矛盾

事实是新闻发布的基础。离开了事实，新闻发布就成为无源之水、无本之木。新闻发布的内容是客观事实，对客观事实的说明，要力求真实、客观、全面。

全面正确地认识客观事实，常常需要一个过程。新闻发布者对于正在发生的客观事实，往往不能做到一下子彻底搞清楚。此时，要坚持知道多少就发布多少，边调查、边处理、边发布、边报道。

真实，是新闻的本质，是新闻的生命，是新闻的铁律，也是新闻发布的本质、生命、铁律。政府发布的信息必须经过核实，始终坚持讲真话、讲真事、讲真理，只有发布真实的信息，才能有效引导舆论、真正取信于民。

新闻发布并不一定要把所有的情况都说明、所有的信息都公开，但所公开的内容和发布的信息都要真实可靠，都必须与事实相符，这是新闻发布工作最重要的原则。

一般情况下，新闻发布应该最大限度地公开信息，充分说明情况。但对于一些尚未了解清楚的具体问题，最好暂时不说，防止信息发布失真、不实和虚假，等了解清楚之后，再行发布。

有些问题可以不说，也可以少说，但绝对不能说假话、欺骗社会公众和记者。即使是善意的谎言，也是新闻发布工作的大忌，要坚决杜绝。

新闻发布要立足于事实，而不是立足观点。在新闻发布工作过程中，新闻发布者要严格依据现有事实、围绕现有事实进行客观表述和直接叙述，了解多少就发布多少，绝不能主观臆断、进行推测。对每一个具体情况的说明，都要有事实支撑和政策、法律依据，绝不能建立在某些个人观点之上。

【典型案例】

杭州飙车案"70码"的尴尬

2009年5月7日晚8点左右，年仅20岁的男性青年胡斌，驾驶红色三菱跑车，在杭州市繁华的街头与朋友"飙车"，将正在穿过斑马线回家的25岁男性青年谭卓撞飞20多米远，致其当场身亡。事发路段标明限速为每小时50公里。胡斌的行为，引起了围观群众的强烈愤慨和指责怒骂。

事件发生后，各大新闻网站、新闻媒体迅速予以报道，引起社会各界的广泛关注和强烈指责。

8日下午，杭州公安交警部门就"5·7"交通肇事案召开新闻发布会，向媒体通报：根据肇事者的口供，肇事车当时速度为每小时70公里。交警的这一说法，引起了民众的强烈不满和广泛质疑。

14日下午，杭州市交警支队通过多方调查取证，并专门从全国各地请来了10位汽车鉴定方面的权威专家，对事故车车速进行了认证，确认事故车在事发路段的行车速度在每小时84.1～101.2公里范围。

7月20日，杭州市西湖区人民法院对"5·7"交通肇事案进行了一审公开宣判。法庭认为，胡斌无视交通法规，案发时驾驶非法改装的车辆在城市主要道路上严重超速行驶，沿途与同伴相互追赶，在住宅密集区域的人行横道上肇事并致人死亡，造成恶劣的社会影响，犯罪情节严重，应从重处罚。以交通肇事罪判处被告人胡斌有期徒刑3年，胡斌家属赔偿受害者家属113万元。

【案例剖析】

5月8日，杭州交警在新闻发布会上，向媒体通报肇事车当时速度为每小时70公里后，遭到社会各界的多方质疑。众多现场目击者认为，当时肇事车把人撞飞至5米多高、20多米远，时速应该超过100公里。

"70码"一词，在网上迅速蹿红，杭州"阔少"飙车案事态急剧扩大化。许多网友以各自不同的方式，开始了验证和查证行动，并做了多种多样的试验。网友普遍认为，肇事车车速在每小时100公里左右。后经杭州市交警部门认定，胡斌肇事时的车速在每小时84.1～101.2公里之间，对事故负全部责任。15日晚，杭州市公安局再次就"5·7"交通肇事案举行新闻发布会。杭州市公安局常务副局长、新闻发言人郑贤胜针对此前的"70码结论"称，5月8日，杭州公安局交通管理局举行的新闻发布会上，向媒体通报"当时肇事车的车速为70码"的说法不妥当、不严谨，在此，代表杭州公安机关向社会道歉。

有媒体评论，飙车案事态的扩大，事故双方的身份反差只是外因，普通民众的反应也并非"仇富"，而是在不断的担心与失望中形成的对"不公平"的畏惧和戒备，以及由此引发的共同焦虑和不安。

所以，在新闻发布活动中，特别是备受关注的负面事件新闻发布中，确保发布的关键信息与事实相符，显得非常重要。否则，就会对政府或组织的公信力产生较大的负面影响。

（二）新闻发布的内容不能与党的主张相矛盾

新闻发布是一项制度和机制，具有完全的社会性、政治性和组织性特征。所以，在新闻发布工作过程中，新闻发布工作者不再是一个自然人，要最大限度地突出自身的社会属性，最大限度地淡化自身的自然属性。面对新闻媒体和社会公众，说不说、说多少、说什么、怎么说，绝不仅仅是自己个人的事情，而是一种政府行为或组织行为。因为新闻发布者是政府或组织的代言人，是新闻发布组织的喉舌，发布的内容，代表的是一级政府、一个机构或一个组织。

新闻发布的内容既是对信息的公开和情况的说明，同时，也代表了政府、机构或组织的立场，传达、表明了官方的正式态度和观点。因此，绝不是能言善辩、巧舌如簧的人就一定能够担任新闻发布工作者。新闻发布工作者，首先要在立场和观念上，必须站在政府和组织一边，必须按照政府或组织既定的方针和确定的内容发布新闻、介绍情况、表明立场、阐述观点，绝不能完全按照新闻媒体的需求和意愿发布新闻，不能无原则地满足媒体、迎合受众。

政府新闻发布者代表的是政府或组织，政府或组织都要有一整套比较完整、合理、可行的发布规划或处置方法。新闻发布工作者要以解决问题、化解危机、服务社会、树立良好的政府或组织形象为己任，不得自行发表对执政或经营不利的言论和信息。新闻发布工作者要在许多重大的具体问题上，特别是在政治问题、重大是非问题、重大利害问题等方面，谨言慎行，讲求技巧，注重策略，处处维护政府或组织的利益和形象。

新闻发布工作者在大是大非问题面前，一定要做到立场坚定、旗帜鲜明。虽然要求新闻发布工作者一定要说真话，但是，不能不区分场合、不区分对象、不区分情况，毫无原则地把真话完全说尽、把实话统统道光。要求新闻发布工作者讲真话、道实情，要具体分析发布的内容是什么、发布的对象是谁。说真话、道实情和坚持立场是相互联系、相互统一的，要把两者在是否对国家和人民有利的大局和前提下，有机统一起来，不可割裂开来。

（三）新闻发布的内容不能自相矛盾

在新闻发布中，所公布的内容要合乎逻辑，语言表达、文字表述都要前后一致，要严格遵守矛盾律，不能出现矛盾，不能出现逻辑错误。要说明的情况，更不能出现前后不同、自相矛盾，不能前面肯定、后面否定，前面说其错误、后面说其有道理。这样，会造成社会公众思想混乱。特别是负面事件的新闻发布内容，如果自相矛盾、含糊不清，就会让人质疑政府的立场、质疑政府的诚信、质疑政府的公信力、质疑政府的执政能力，很可能会进一步刺激本来就已经不稳定的公众情绪，诱发新一轮危机，使事态进一步恶化。

【典型案例】

陕西凤翔县"血铅事件"新闻发布的失误

2009年3月初，凤翔县长青镇马道口村一年级6岁女孩苗凡，持续腹疼，并有烦躁、厌食、注意力不集中等症状，被家长带往凤翔县医院检查，结果竟是"铅中毒性胃炎"。

当时，此事并未引起村民重视，直到7月6日，孙家南头村村民薛亚妮感到自己8岁的儿子孙锦涛又矮又瘦，个头像4岁的孩子，还不到50斤重，6岁的侄子孙锦洋也不正常。于是，带着8岁的儿子和6岁的侄子，去了宝鸡市妇幼保健院，想给他们查查缺什么微量元素。微量元素的检测结果令医生吃惊：兄弟俩血铅含量分别达到了每升239微克和242微克，大大超出了0～100微克的正常值。

凤翔县长青镇孙家南头村、马道口村毗邻宝鸡东岭集团凤翔冶炼公司，仅300米之遥。7月底，村中的不少儿童在一次微量元素检查中，均发现血铅含量严重超标，其中最高值为每升267微克。这些儿童的年龄均在12岁以下，最小的不足1岁。医生告诉薛亚妮，血铅含量在每升100微克以下，相对安全；在100～199微克之间，血红素代谢受影响，神经传导速度下降；在200～499微克之间，有免疫力低下、学习困难、注意力不集中、智商水平下降或生长迟缓等症状。

这个情况引起了马道口、孙家南头村的重视。村民们自发到宝鸡市各大医院进行检测，结果两村数百名婴幼儿及儿童绝大多数被检测出体内铅超标，其中部分超标严重，已达到中毒标准。

村民们反映，这些血铅含量超标儿童与同龄人相比，个头偏矮。此外，近年该村种植的玉米、小麦也不同程度减产。

一时间，"血铅超标"在陕西省凤翔县马道口村、孙家南头村等地成了人们热切关注又忐忑不安的话题，群众产生焦急、气愤、不安、无奈等情绪。与两村相邻的年产铅锌20万吨的东岭冶炼有限公司，被怀疑与此有关。

8月15日，在宝鸡市组织的医学检测中，确认731名已受检儿童中，615名血铅超标，其中166名为中、重度铅中毒。到8月18日，血铅超标儿童达到了851人。

8月15日20点，凤翔县政府举行新闻发布会，通报了环保部门对污染源的调查监测结果。环保部门认为，东岭冶炼公司是造成儿童血铅超标的主要成因，但也不排除有其他方面的因素。

下面是新闻发布的主要内容。

新闻发布会指出，凤翔县长青镇工业园区内部分儿童血铅超标事件发生后，环保部门组织市、县监测人员对园区所有企业的排污情况进行了全面排查，对事发地的地下水、地表水、周边土壤、交通干线空气质量，以及东岭冶炼公司排污情况进行了采样监测，共采样69份。

检测结果显示，地下水、地表水、周边土壤、企业排污，均符合国家规定的相关环境质量标准，但交通干线监测点铅浓度是远离道路主干道350米处监测点铅浓度的6.3倍。

监测结果还显示，东岭冶炼项目周边土壤铅浓度呈现上升趋势，但符合国家土壤环境质量标准。

新闻发布会上公布，环保部门根据检测结果认为，东岭冶炼公司是造成这次部分儿童血铅超标的主要原因，但也不排除有其他方面的因素。"其他方面的因素"包括汽车尾气、家庭装修、饮食习惯、生活习惯等。东岭集团党委副书记赵卫平在新闻发布会上表示，这次部分儿童血铅超标与东岭有一定关系，虽然企业的污染排放达到了工业排放标准，但与人居指标仍有差距。为此，向血铅超标的孩子及其家长和周边的老百姓表示深深的歉意。

在新闻发布会上，本次环境监测组组长、宝鸡市环境保护监测站站长韩勤有宣布了环保部门对此事的处理结果："对本次调查监测中发现的问题，我们下一步将重点抓好以下工作：一是已责令陕西东岭冶炼公司停止冶炼生产；二是督促凤翔长青工业园区管理委员会按照公布的搬迁计划加快卫生防护距离内的群众搬迁进度；三是要求陕西东岭冶炼公司按照环评要求，全面落实整改措施，确保污染物达标排放；四是配合省厅对凤翔县长青工业园开展环境影响评估。"

血铅事件发生后，凤翔县政府已拿出100万元，用于血铅超标儿童的检测和治疗。对于在家进行非药物排铅的儿童，政府为他们配送牛奶、干菜、干果等排铅食品。

【案例剖析】

笔者认为，凤翔县政府组织召开这个新闻发布会，很有必要。但是，新闻发布会的内容存在不少明显的失误和不足。实践证明，这个新闻发布会也没有达到预期的效果、没有产生积极的作用。主要存在七方面不足。

其一，让人感到政府说话自相矛盾

从新闻发布的内容来看，前面宣布监测结果，"东岭冶炼项目周边土壤铅浓度呈现上升趋势"，接着马上强调"符合国家土壤环境质量标准"；前面公布，"环保部门根据检测结果认为，东岭冶炼公司是造成这次部分儿童血铅超标的主要原因"，接着又强调也不排除汽车尾气、家庭装修、饮食习惯、生活习惯等其他方面的因素；前面刚说"企业的污染排放达到了工业排放标准"，接着又强调"与人居指标仍有差距"等。

既然东岭冶炼公司的排放达到了国家规定的排放标准，那么为什么还要责令停止冶炼生产、进行整改？又要求东岭冶炼公司按照什么样的环评要求，进行整改？整改的结果要达到什么样的污染物排放标准？发布这样的新闻内容，让人感到自相矛盾，让人听不懂、搞不清、想不明白。进而让人感到，政府对于血铅超标事件的原因认定模糊不清、政府的态度摇摆不定、政府的立场让人难以把握。

其二，让人感到政府的措施不到位

在新闻发布会上，公布的四条处理措施，让人感到软措施多、硬措施少、长远措施多、现实措施少。比如，第一条措施，"责令陕西东岭冶炼公司停止冶炼生产"，让人感到只是停止了东岭冶炼公司冶炼生产环节，而不是全面停产。东岭冶炼公司还在生产，就意味着东岭还有可能造成新的污染。

措施的第二条，"督促凤翔长青工业园区管理委员会，按照公布的搬迁计划，加快卫生防护距离内的群众搬迁进度"，让人感到不能达到立即解决群众被污染的问题。因为搬迁需要两三年的时间，只要公司生产，就可能产生对邻近群众的污染。

其他两条，如第三条，"要求陕西东岭冶炼公司按照环评要求，全面落实整改措施，确保污染物达标排放"；第四条，"配合省厅对凤翔县长青工业园开展环境影响评估"等，也都是长期的、经常性的工作，都是对环境保护工作宏观的、普遍的要求，对本次血铅超标事件所发挥的直接作用有限。

总之，凤翔县政府公布的四条措施，让人感到弹性有余、刚性不足，对于立即遏制事态的发展，迅速处理迫在眉睫的血铅超标事件，有效化解眼前的社会危机，所发挥的作用将是有限的，也是不够的。

其三，让人感到政府在有意袒护东岭

新闻发布会多次强调，检测结果显示，东岭冶炼公司地下水、地表水、周边土壤、企业排污，均符合国家规定的相关环境质量标准。

新闻发布会认为，东岭冶炼公司是造成这次部分儿童血铅超标的主要原因，但也不排除汽车尾气、家庭装修、饮食习惯、生活习惯等其他方面的因素。

同时公布，交通干线监测点铅浓度是远离道路主干道350米处监测点铅浓度的6.3倍。

这样的结论让人明显地感到，造成儿童血铅超标的原因不一定是东岭冶炼公司，其中一个重要原因是干线道路上的汽车尾气。所以，一部分责任应该由患者自己负责。血铅事件发生后，只是政府忙于血铅超标儿童的检测和治疗。新闻发布会上公布，对于东岭冶炼公司需要承担的责任和义务，则没有提及、没有明确，让人感到凤翔县政府有意袒护东岭冶炼公司。

其四，让人感到政府在与公众"躲猫猫"

新闻发布会涉及的许多内容，特别是关键环节的内容，使用了大量转折关系的复句。前一句肯定、后一句否定，前一句讲事实、后一句做辩护，前一句列数据、后一句说标准，前一句认定事件原因、后一句寻找客观理由，并对关键问题进行了常规推测。

新闻发布会这样的形式和内容，看来是经过了认真的研究和仔细的推敲，让人感到八面玲珑、滴水不漏，看似非常专业、非常认真、非常全面、非常辩证，其实不然。这样发布新闻，违反了新闻规律，难以达到预期的目的，难以产生积极的效果。

有的记者反映，凤翔县政府发布的新闻，让人感到新闻发布者巧舌如簧、能言善辩。有的网友嘲弄道，凤翔县政府遮遮掩掩、躲躲藏藏，是作文的高手，是在大做文字游戏，是在与社会公众玩"躲猫猫"。

新华社等主要新闻媒体公开质问：有关部门含糊其词，到底想掩盖什么？

其五，让人感到政府是权宜之计

新闻发布会公布的措施，陕西东岭冶炼公司停止冶炼生产，让人感到只是暂时停止了东岭冶炼公司的冶炼生产环节，而不是全面停产。等到风声一过，再继续恢复生产。

政府采取的措施中，"要求陕西东岭冶炼公司按照环评要求，全面落实整改措施，确保污染物达标排放"，让人明显感觉到，政府责令东岭停止冶炼生产，只不过是为了应付眼前的危机。只要东岭冶炼公司落实了整改措施，确保污染达标排放，马上就可以恢复停产的冶炼生产环节，继续开展生产活动。

新闻发布会之前，就有群众反映，搬迁目的地新址上的原住村民，也发现了儿童血铅超标现象，当地群众已经对搬迁目的地新址的环境状况产生了质疑。但新闻发布会对此质疑没有给予充分重视和认真对待，仍然宣布，"督促凤翔长青工业园区管理委员会，按照公布的搬迁计划，加快卫生防护距离内的群众搬迁进度"。让人感到，政府只是想把两年前未完成的搬迁任务完成了事，而置新址的污染现实于不顾。

其六，让人感到政府的做法不厚道

新华社等主要媒体发表评论员文章，公开质问：血铅事件发生后，凤翔县政府拿出了100万元，用于铅超标儿童的检测和治疗。然而，如果发生了铅中毒后遗症，责任该由谁承担？"涉铅"村民的损失恐怕远不止于此，除了对铅中毒是否有后遗症的担心，铅污染让他们承担了先前自行就医检测、精神的创伤、个人的花费、生活成本的提高等，这些损失该不该由政府承担？

有些网友指出，两年前，凤翔县政府拿到了搬迁款，却没有完成搬迁工作。现在发生了血铅事件，县政府仅拿出100万元，仅仅负责血铅的检测和治疗，有避重就轻之嫌。甚至有网友尖锐地质问，政府单方面决定，用纳税人的钱，为自己失职、渎职造成的后果买单，是否合法、是否合理？

特别是凤翔县政府，对于事件的认定含糊其词，对于自身存在的问题和失职行为遮掩搪塞，让人感到很不厚道。

其七，让人感到政府不是以人为本

新闻发布会上，反复强调"工业排放标准""土壤环境质量标准""国家规定的相关环境质量标准"等，而明显淡化了人的生活需要的标准，让人感到凤翔县政府似乎没有把以人为本放在应有的位置、给予足够的重视。

有些新闻媒体和网民甚至批评指出，从新闻发布会读出的信息来看，凤翔县没有真正吸取教训。有的网民甚至预言，凤翔县今后仍然会坚持用牺牲老百姓的生命健康，来换取GDP增长的发展道路；仍然会把实现自己的政绩放在第一位，而不顾给老百姓造成的危害。

实践也证明，凤翔县政府组织的这个新闻发布会，产生了比较大的副作用。

从15日开始，通往东岭冶炼公司的公路被当地群众堵死，堵路村民要求当地政府彻查14岁以上少年儿童以及成人的血铅情况，并要求关闭东岭集团冶炼公司的工厂。长青镇镇长蒲仪明一直盯在现场，进行沟通和劝说，近乎哀求："如果有可能，我愿意把心掏出来给大家看。政府在处理这件事上，确实很积极。请大家不要激动，冷静下来，相信政府，没有什么解决不了的事情。"但始终未能说服村民停止堵路。17日上午，数百村民冲击东岭冶炼公司厂区，一些建筑物的玻璃被砸，来自河南、宁夏、陕西等地的十几辆大货车受到损坏。东岭厂区铁路专用线近300米围墙被推倒，厂区一片狼藉。当地警方100余人进驻厂区，维持秩序。

宝鸡市市长戴征社闻讯，火速赶到东岭集团，向现场冲击厂区的数百名村民鞠躬道歉，为血铅超标事件给当地村民及其孩子所造成的伤害，表示深深的歉意。并承诺，凡是患儿驱铅治疗的费用，以及搬迁方案的费用，政府将尽最大努力予以承担。当天下午，市长戴征社与村民代表进行对话，进行解释和劝说。

直到21日晚8点多，在13名村民代表和媒体记者的监督下，造成凤翔部分儿童"血铅"超标的东岭冶炼公司铅锌生产线全面熄火停产，村民代表才表示，确定东岭冶炼公司的确停产了，大家也就放心了。

四、给记者提问的机会

新闻发布是官方新闻传播的源头之水和基础环节。所以，在新闻发布时，与新闻媒体和新闻记者无缝衔接和密切合作，是提高新闻发布工作效率和效益的基础和前提。

（一）回答记者提问的必要性

新闻发布主要有现场新闻发布和新闻发布会两种形式。新闻发布会是大家非常熟悉和经常运用的形式。现场新闻发布，也有其独到之处，具有客观、具体、形象、真实等特点。

比如，"5·12"汶川大地震发生后，温家宝第一时间赶到灾区，多次在抗震救灾现场回答记者提问，通过新闻媒体向灾区人民传递信心、鼓舞士气。2008年5月24日，温家宝在汶川县映秀镇救灾现场，会见联合国秘书长潘基文，并回答了中外记者提问。温家宝忧民、亲民、平和的风范，给人留下了难忘的记忆，树立了党和政府良好的国际形象。

新闻发布属于上行活动。新闻发布活动与一般行政活动不同，不论采取哪一种形式，作为新闻发布者来说，必须树立一个新的观念，就是新闻发布的内容属于上行内容。不管是政府还是企业组织的新闻发布活动，发布的内容都是面向社会公众或特定群体的，都是面向广大人民群众的。对于政党来说，广大人民群众就是"天"。对于企业来说，社会公众就是"上帝"。所以新闻发布属于向上发布、说明情况类似机关公用文中的上行文。

新闻媒体是连接新闻发布主体和社会公众最重要的桥梁和纽带，以向社会公众提供最全面、最准确、最可靠、最权威的信息资讯为己任。在新闻发布现场，新闻媒体和新闻记者所代表的已经不再是新闻媒体和记者个人，而是社会公众。此时，媒体记者突出的是社会属性，成为社会公众的信使、使者和代言人。

在新闻发布现场，新闻发布者突出体现的也是其社会属性，成为所属单位或组织的集中信使和代言人。所以，在新闻发布现场，新闻发布者不能以自己的个人好恶作为行为取向，如果有记者需要提问，应该持支持和欢迎的态度，尽量回答记者的提问。如果存在时间不允许，或记者提出的问题当场不能回答等特殊情况可以向记者索要名片，并告诉记者，条件成熟时，马上与记者联系。这样，记者会感到非常满意，对已发布内容的报道也会充满善意，并格外尽心、卖力。

（二）记者提问可以有效消除信息盲区

相对新闻发布者而言，新闻记者离社会公众更近。因而，新闻记者更加知道受众的需求。新闻媒体和新闻记者，是政府、组织和社会公众之间最重要的介质，回答记者的提问，并通过新闻媒体进行广泛传播，能够更加有效地满足社会公众的信息需求。

相对新闻发布者而言，新闻记者更加熟悉新闻规律。记者的提问，可以引导新闻发布者，从更加有利于新闻传播的角度去发布信息，使新闻传播的效率更高、新闻传播效益更好，从而提高新闻发布的质量和效益。

相对新闻发布者而言，新闻记者更加熟悉受众对于新闻的接受特点。记者的提问，可以有效引导新闻发布者，从更加有利于受众接受的心理角度传播信息，从而有效提高受众接受新闻的兴趣，使公众更易于接受，增强新闻发布的有效性。

相对新闻发布者而言，新闻记者更加熟悉社会公众对信息需求的阶段性特征，更加清楚受众当前最需要知道哪类信息、什么样的信息。记者提问，可以有效引导新闻发布者发布受众亟须了解的现实新闻信息，有效消除信息盲区，填补信息空白，更加充分地满足公众的知情权，并及时说明疑点、避免误会、化解矛盾，增强新闻发布的实效性。

（三）记者提问可以融洽现场气氛

记者的提问，通常会使新闻发布者脱稿回答问题，摆脱照本宣科式的自弹自唱，使表述的新闻信息更加口语化、更加形象化、更加生动化、更加人性化，更加有利于提高记者的报道积极性，更加有利于社会公众接受。

记者的提问，通常会使新闻发布者尽快摆脱正襟危坐的呆板，诱发新闻发布者丰富多样的体态语言，使新闻发布者表述新闻信息的形式更加灵活，对问题的说明更加到位、更加深刻，从而有效激发记者把信息转化为新闻的兴趣和积极性，有效增强新闻发布活动的传播效果。

记者的提问，通常会使新闻发布者感到自己介绍的工作受到了关注，自己表述的问题引起了重视，从而有效增强表述新闻信息的兴趣和信心。而新闻发布者现场回答记者的提问，会使记者感到自己的提问引起了重视，自己的到来受到了尊重，从而产生了自豪感，进而有效激发记者放大正面效应、抑制负面效应，做好新闻报道，体现成就感，实现自己的价值。如此，新闻发布者和新闻记者相互激励、相互推动，必然会大大增强新闻发布和新闻传播的效果。

记者的提问，通常会使新闻发布现场气氛活跃起来。在新闻发布现场，特别是负面事件新闻发布现场，记者提问、新闻发布者回答，可以迅速有效地消除尴尬、打破僵局、活跃气氛，促进新闻发布工作效率的提高。

（四）记者提问可以增强组织的亲和力

记者提问，新闻发布者回答，可以具体体现新闻发布者、新闻记者和社会公众三者之间的平等地位，可以有效突破"我说你听""我在上你在下""我发布你接受"等不平等的传统宣传模式，有效消除新闻记者、社会公众的逆反心理和抵触情绪，有效降低受众的接受门槛儿，提高新闻传播效率。

记者提问，新闻发布者回答，可以有效拉近新闻发布者与新闻记者、社会公众的心理距离，体现新闻发布者的真心、诚意，增强所发布新闻的可信度。

记者提问，新闻发布者回答，可以使新闻发布者及时了解新闻记者和社会公众的信息需求取向和现实行为需求，使政府或组织更加明确今后工作的方向和现实工作中存在的弱项和不足，从而有针对性地改进工作或加强某一方面的工作，赢得广大人民群众更广泛的支持。

记者提问，新闻发布者回答，可以使新闻发布者及时了解新闻记者和社会公众的现实思想和认识，从而有针对性地说明有关情况、发布相关信息，纠正记者和公众对某一问题认识上的偏差，以正视听，消除不应有的误会和误解。

【典型案例】

石家庄雷击塌房事件新闻发布会的不足

2009年8月4日上午9点多，石家庄市天降大雨，雷电交加。石家庄市长安区西北通镇南石家庄村，一正在建设的临街房屋拥入大量群众避雨。9点15分左右，房屋突然倒塌，20名避雨群众被埋。

事件发生后，当地政府高度重视，迅速组织力量进行抢救。在抢险救援的同时，石家庄市委、市政府要求认真查明事故原因，及时对社会公布。截至当晚7点，现场抢救工作结束。事故共造成17人死亡、3人受伤。受伤人员经过救治，已无生命危险。

此事本来是一起因自然灾害引发的典型突发事件。但是，由于当时出现了两个情况，公众产生了疑问。

一是事发当天，多家媒体的数十名记者到事故现场采访。虽然当地政府工作人员和部分警察在现场维持秩序，但媒体的正常采访遭到了一些不明身份人员的恶意阻拦。他们多次试图抢夺记者的摄像机和相机，并驱打记者。新华社记者的摄像机架被损坏，河北电视台记者的摄像机被抢夺并砸坏，《燕赵都市报》《燕赵晚报》等媒体的多名记者的相机遭抢夺，多名记者遭到推搡和殴打。

二是政府对倒塌房屋的有关情况说法不一。最初，河北省官方网站河北新闻网发布消息称，"石家庄一旧楼大雨中倒塌"。但发布到网上的照片显示，未倒塌部分的楼上连窗户都没安装，分明就是一座在建的新楼，随即引起了网友的质疑。于是，官方重新发布消息称，这是一座在建厂房。这条消息刚发布完，官方又马上改口，说是调查失误，倒塌的不是厂房，而是一座民房。

8月6日晚，石家庄市政府新闻办公室召开新闻发布会，通报了2009年8月4日石家庄市长安区南石家庄村一村民自建房屋遭雷击坍塌的有关情况。经国家、省气象专家和省市建筑工程质量专家综合分析确认：雷击是造成房屋坍塌的直接原因。新闻发布者宣读完通报后，匆匆离场，新闻发布会结束。

【案例剖析】

在新闻发布会现场，面对众多疑问，既没有安排记者提问，也没有把有关问题说清，引起了新闻媒体和社会公众的质疑。

新华网、新浪网、《广州日报》等主要新闻网站和媒体纷纷批评指出，不许提问的新闻发布会纯属走过场。石家庄的这场新闻发布会，现场记者并没有机会提问，而只是变成了"忠实听众"，这与其说是新闻发布会，不如说是"新闻播报"，现场记者与电视机前的观众没有什么两样。

新闻发言人面对媒体和记者闪烁其词，甚至不辞而别，莫非另有隐情？新闻发布会说，经国家级、省级专家和联合调查组综合分析和实地勘查确定，这是一起雷击灾害事故。既然是"天灾"，不是"人祸"，那么还有什么可避讳的？为什么不允许记者提问？

新闻发布会搞得鬼鬼祟祟，让人难免心生疑窦，结合事件发生后围攻新闻记者、抢砸采访设备、政府说法前后不一等种种怪异现象，不免让人觉得，这起事故疑点重重。

所以，在特别事件发生、出现不正常现象和公众出现疑问等情况下，组织新闻发布时，除例行公开信息，还要注意回应受众的质疑、消除公众心中的疑点，从而避免产生不必要的猜疑。允许记者提问、回答记者提问，则是实现这一目的最便捷、最有效的方法。